X-Knowledge

建築基準法キャラクター図鑑 完全版

ビューローベリタスジャパン株式会社
建築認証事業本部／著

The visual dictionary of Personificated Building Standards Law
Perfect Edition

目次
Contents

1章 用語

たてものヨーゴ学園 007

ここは、基準法の用語たちが学生生活を謳歌する世界。生徒会活動に勤しむ子、塾通いの真面目っ子など、さまざまな子たちの学園生活。女の子たちの頭部や洋服に注目して、基準法の理解に必要な用語を覚えましょう！

2章 敷地・面積

しきちまち 023

しきちまちの住人は、ときには一緒に、ときには場所をゆずり合って、整って暮らしやすい街の形成に力を注いでいます。
まちにある「面積服装学院」では、生徒のみんなは区画線をあしらって敷地面積や床面積を表した服装をいつもほめ合っています。

3章 高さ

建物高さ見守り隊！ 041

天空に住む正義感にあふれた7人組！トライアングル・カッターで建物の高さを制限して周辺環境を向上させ、近隣住民とのトラブルを未然に防ごうと大奮闘。区別がつきにくい3つの斜線制限も、キャラクターの力で一目瞭然！

Bouka事務所 055

防火に関するさまざまな決まり事を体現したアイドルやモデルが所属する芸能事務所。社訓は「炎上禁止！」。
防火の重要性を啓蒙するため、社長を中心に互いに励まし合い、競い合いながら芸能活動をしている。

4章 防火

5章
避難

避難レンジャー 069

20XX年、人々を火災や事故から安全に避難させるため、美女3姉妹と8人のチビレンジャーが立ち上がった！

謎に包まれた彼女ら「避難レンジャー」が、基準法の力を身にまとい、切った張ったの大立ち回り！

6章
設備

セツビレッジ 089

のどかなこの村の人々は、純朴で生真面目な人柄が特徴です。そのため、人目につくことをあまり好まず、
縁の下の力持ちとして活躍することも少なくありません。そんな彼女たちの、影ながらの努力は必見です。

7章
居室

KST《きょしつ》神 7《セブン》 093

プロ彼女とは、著名人と付き合いながらも、その事実を一切外部に漏らすことのない一般人女性のこと。

外では地味な彼女たちの楽しみは、室内デート♡部屋着も抜かりなくおしゃれします。

採光と換気を意識したほどよい露出に注目です！

8章
構造

KOZO英才塾 103

CITYの中でも、早期英才教育に力を入れているのがここ。天才肌の子がしのぎを削って切磋琢磨しています。

天才ゆえにクールなところもありますが、それは完璧な設計を求める裏返し。彼女たちの知能を支えるアイテムも要チェック。

9章
関連規定など

かんれんきてーエリア 111

きじゅんほーCITYの外に広がるエリアには、CITYのみんなを見守るたくさんの住人が住んでいます。

CITY住民の親戚から、人間離れした子まで、バラエティ豊かなともだちの世界観を楽しみましょう。


本書は、建築知識2017年12月号を加筆修正し、再編集したものです

たてものともだちワールド（法規相関図）

the Building character World

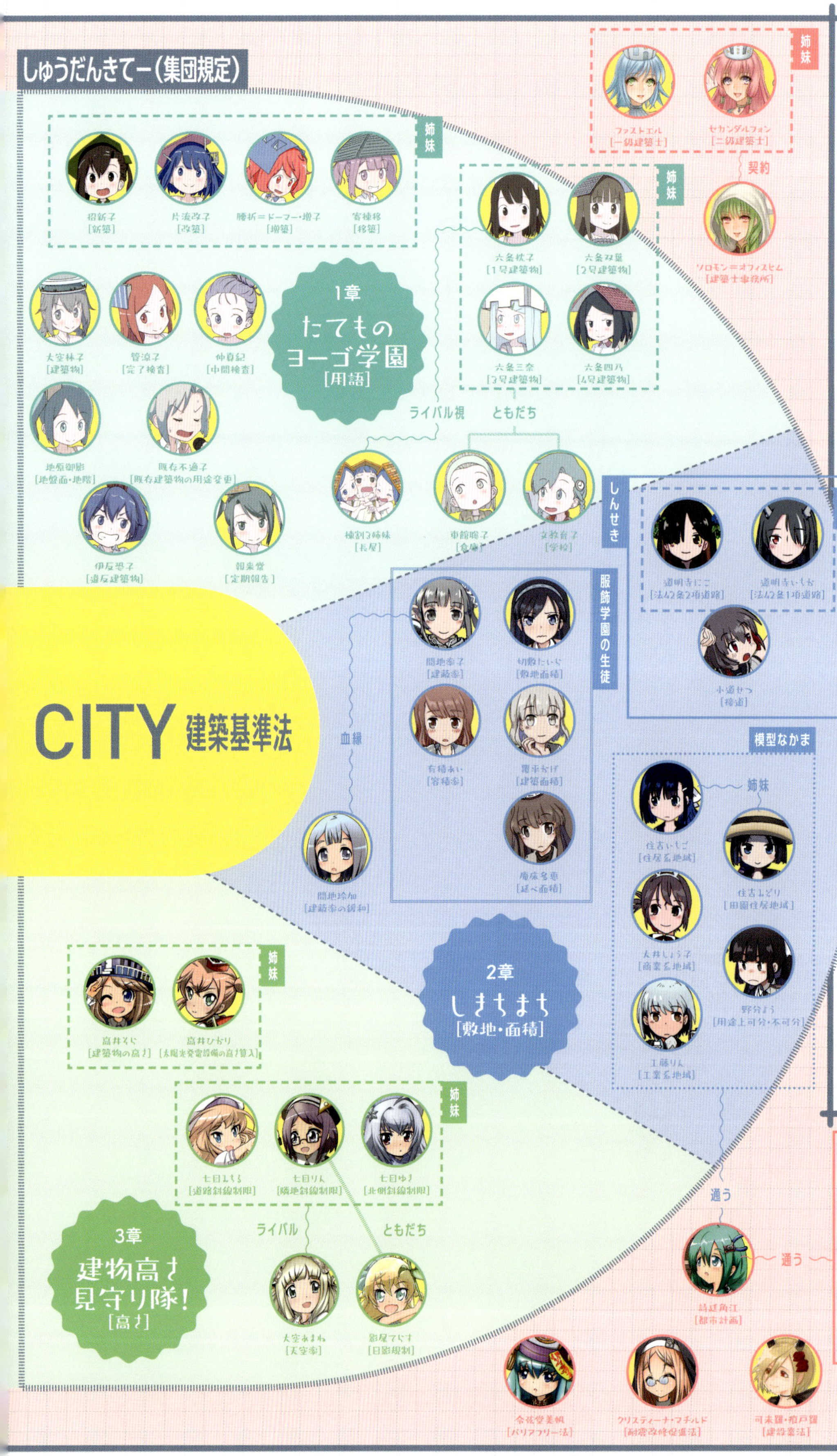

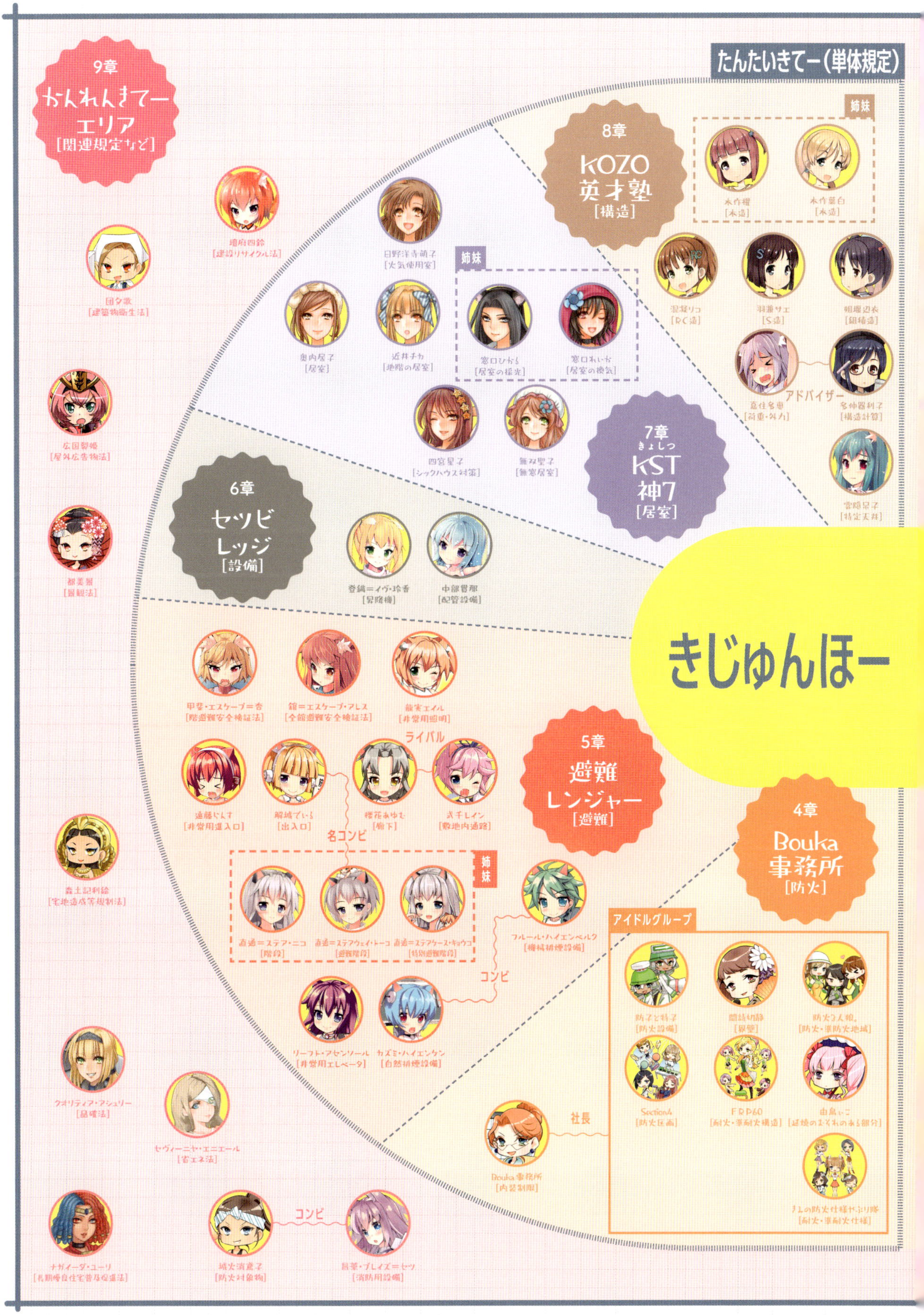

9章
かんれんきてーエリア
[関連規定など]
壇府四鈴
[建設リサイクル法]
団夕歌
[建築物衛生法]
広国梨姫
[屋外広告物法]
都美景
[景観法]
森土記利絵
[宅地造成等規制法]
クオリティア・アシュリー
[品確法]
セヴィーニヤ・エニエール
[省エネ法]
ナガイーダ・ユーリ
[長期優良住宅普及促進法]
城火消意子
[防火対象物]
コンビ
昌華・ブレイズ＝セツ
[消防用設備]
たんたいきてー（単体規定）
8章
KOZO
英才塾
[構造]
姉妹
木作櫂
[木造]
木作菜白
[木造]
混凝リコ
[RC造]
羽瀬サエ
[S造]
組堰辺衣
[組積造]
アドバイザー
嘉住多恵
[荷重・外力]
多仲器利子
[構造計算]
雲隠吊子
[特定天井]
7章
KST《きょしつ》
神7
[居室]
日野洋寺萌子
[火気使用室]
奥内居子
[居室]
近井チカ
[地階の居室]
姉妹
窓口ひかる
[居室の採光]
窓口れいか
[居室の換気]
四宮星子
[シックハウス対策]
無双聖子
[無窓居室]
6章
セツビ
レッジ
[設備]
登織＝イヴ・玲香
[昇降機]
中部貫那
[配管設備]
きじゅんほー
5章
避難
レンジャー
[避難]
甲斐・エスケープ＝杏
[階避難安全検証法]
舘＝エスケープ・アレス
[全館避難安全検証法]
龍実エイル
[非常用照明]
遠藤じんす
[非常用進入口]
解城でいる
[出入口]
ライバル
櫻花あゆむ
[廊下]
式千レイン
[敷地内通路]
名コンビ
姉妹
直通＝ステア・ニコ
[階段]
直通＝ステアウェイ・トーコ
[避難階段]
直通＝ステアケース・キョウコ
[特別避難階段]
フルール・ハイエンベルク
[機械排煙設備]
コンビ
リーフト・アセンソール
[非常用エレベータ]
カズミ・ハイエンケン
[自然排煙設備]
4章
Bouka
事務所
[防火]
社長
Bouka事務所
[内装制限]
アイドルグループ
防子と特子
[防火設備]
間詩切静
[界壁]
防火3人娘。
[防火・準防火地域]
Section4
[防火区画]
FRP60
[耐火・準耐火構造]
由島いこ
[延焼のおそれのある部分]
まるの防火仕様やぶり隊
[耐火・準耐火仕様]

擬人化キャラクターたちの見方

How to read

❺本文、図、表
text, charts
該当する法規の概説と、その関連図表です。小見出しだけ、キャラクターが語りかけます。

❷プロフィール
the character's profile
キャラクターの性格・特徴を紹介します。関連するほかの法規との関連性も分かっちゃう!

❹建築基準法のポイント
points of the Law
必ず押さえておきたい法規のポイントです。キャラクターの衣装や持ち物と照らし合わせることで、基準法が頭に入ります!

❸建築基準法キャラクター
the Building character
各章ごとに存在する学園やグループを舞台にした、キャラクターたちの活躍に注目!

❶建築基準法
the Building Standards Law
ここで擬人化されている基準法と、そのキャラクターの性格を表しています。

法令の省略表記

法令の名称は、以下のように略して記述しています。
法もしくは基準法=建築基準法、令=建築基準法施行令、
規則もしくは施行規則=建築基準法施行規則
都計法=都市計画法
バリアフリー法=高齢者、障害者等の移動等の円滑化の促進に関する法律
耐震改修法=建築物の耐震改修の促進に関する法律
品確法=住宅の品質確保の促進等に関する法律
省エネ法=建築物のエネルギー消費性能の向上に関する法律
宅造法=宅地造成等規制法
建築物衛生法=建築物における衛生的環境の確保に関する法律
建設資源リサイクル法=建設工事に係る資材の再資源化等に関する法律
長期優良住宅普及促進法=長期優良住宅の普及の促進に関する法律

告示の名称は、以下のように略して記述しています。
平12建告1399号=平成12年建設省告示第1399号、
平26年国交告860号=平成26年国土交通省告示第860号

通達・技術的指導の名称は、以下のように略して記述しています。
平12住指発682号=平成12年建設省住指発682号(日付は省略)、
平23国住指4936号=平成23年国土交通省住指発4936号(日付は省略)

平成30年法改正に関する部分には、★で注を付け、欄外で解説しています。

Chapter 1 用語

たてものヨーゴ学園

ここは、基準法の用語たちが学生生活を謳歌する世界。
生徒会活動に勤しむ子、塾通いの真面目っ子など、
さまざまな子たちの学園生活。女の子たちの頭部や洋服に注目して、
基準法の理解に必要な用語を覚えましょう！

The visual dictionary of
Personificated Building Standards Law
Perfect Edition

建築物の定義

用・強・美を備えた、頼もしいともだち

大空《おおぞら》林《りん》子《こ》　長身で遠くの見通しが効く、たてものヨーゴ学園の学級委員長。構造と意匠を兼ねたドレスがチャームポイント。その安定感から、みんなからも信頼を得ている。

さ〜て、今日も
地に足つけてこ〜！
工作物
屋根
建築物
観覧場
壁
広告塔
4m超
高速道路
地下に設ける
事務所など
①テレビ塔（工作物）
高架工作物内に設けた展望室は建築物に該当し、それより上の部分は工作物に該当する［法2条1号］
②観覧のための工作物（建築物）
野球場・競馬場の観覧場など屋根がない観覧施設も、建築技術により築造され建築物の用途に類似しているため、建築物として扱われる［法2条1号、2号］
③高さが4mを超える広告塔（準用工作物）
基準法の規定が一部適用される準用工作物に該当する。煙突や擁壁なども準用工作物［※］に含まれる。そのほかの準用工作物は［図］を参照［法88条、令138条］
④高架下に設ける事務所など
高架工作物は建築物には該当しないが、高架工作物の下部に設けた事務所・店舗などは建築物に該当する［法2条1号］
⑤建築物
土地に定着する工作物で、屋根・柱・壁のあるものは建築物に該当する［法2条1号］
⑥地下に設ける事務所など
地下街にある店舗・事務所・倉庫も建築物扱いとなる［法2条1号］

図｜準用工作物となるもの

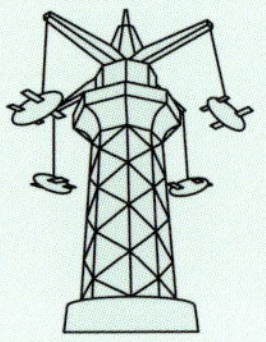

令138条2項
観光用の昇降機、ウォーターシュート、飛行塔など

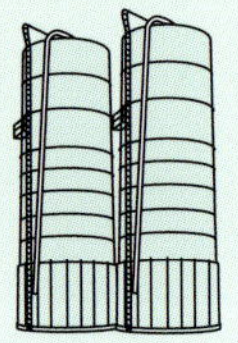

令138条3項
製造施設、貯蔵施設、遊戯施設など

建築物はわ・た・し☆だけじゃないから！

基準法上の建築物とは、土地に定着する工作物のうち、次のものをいう。

(1)屋根および柱または壁を有するもの（これに類する構造のものを含む）

(2)：(1)に付属する門や塀

(3)：観覧のための工作物

(4)：地下または高架の工作物内に設ける事務所などの施設

なお、建築物に設ける電気・ガス・給水・排水などの設備、煙突や昇降機、避雷針などの建築設備も、建築物に該当する。必ずしも建築物の内部になくても建築設備とされる。工作物のなかでも、特定の工作物［図］は、準用工作物として建築物に関する規定を準用する［法2条1号、3号、法87条の2、法88条、令138条］。

※ 煙突は高さ6m超、広告塔などは高さ4m超、高架水槽などは高さ8m超、擁壁は高さ2m、柱は高さ15m超のもの［令138条1項］

建築の定義

学園を仕切る4人組

招《まねき》新《にい》子《こ》、片《かた》流《ながれ》改《かい》子《こ》、寄《よせ》棟《むね》移《うつり》、腰《こし》折《おれ》＝ドーマー・増《まし》子《こ》

招き屋根のように万能型の新子、片流れのように思い切りのよい改子、寄棟のように斜線を含めた色々なものをかわすのが得意な移、ドーマーがポイントのアメリカ帰りの帰国子女の増子の生徒会4人組。

①新築
建築物のない更地に建築物をつくること。ただし、別の敷地から古い建物を曳家しても、特定行政庁の認定を受けた場合を除き、基準法では新築となる［法2条13号、法86条の7第4項、令137条の16］

③改築
建築物の一部または全部を除去した後、または災害などで滅失した後、同じ敷地に従前の用途・構造・規模と著しく異ならない建築物をつくること［法2条13号、昭28住指発1400号］

②増築
敷地内の既存建築物の延べ面積を増加させること。既存建築物の面積を、1棟として増加させる増築は、集団規定［※1］、単体規定［※2］ともに増築扱い［Ⓐ］。既存建築物の面積を、別棟として増加させる増築は、単体規定については新築、集団規定については増築扱いとなる［Ⓑ］［法2条13号］

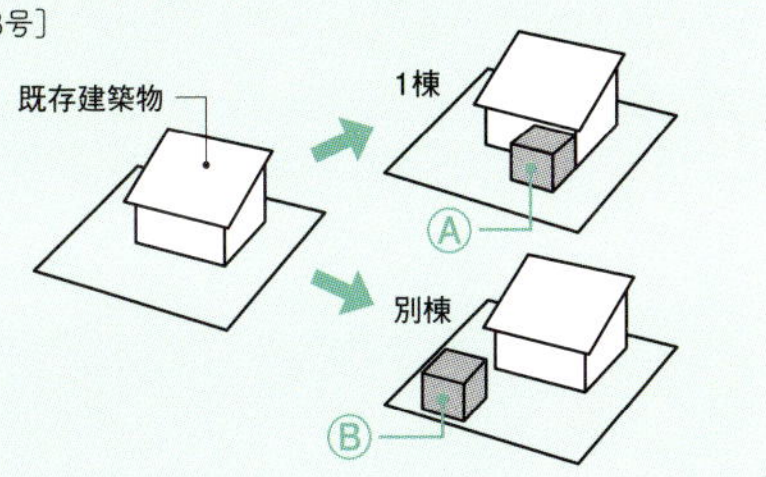

④移転
既存建築物を移動すること。同一敷地内での移動の場合は、現行基準に適合しない部分は既存不適格扱いとなる（相当する従前の規定に違反するものを除く）。ほかの敷地から移転する場合、原則として現行規定に適合した改修が必要だが、特定行政庁の認定を受けられれば既存不適格扱いが可能［法2条13号］

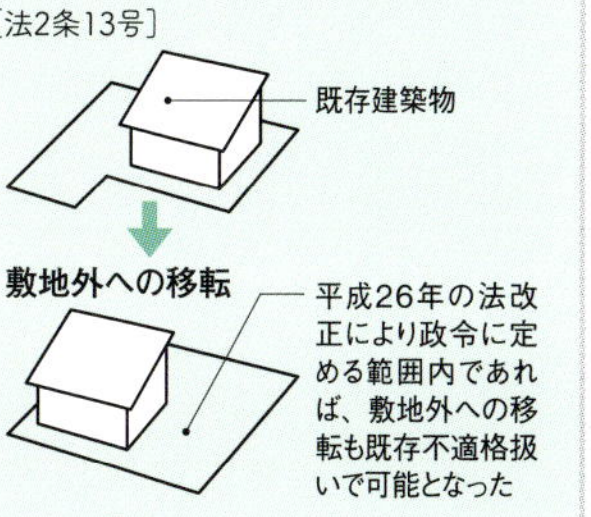

表｜大規模の修繕・模様替えの定義

大規模の修繕	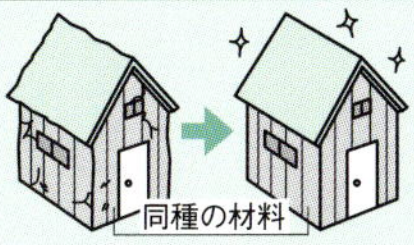	建築物としての経年変化により、構造上の性能や品質が劣化した部分を、既存のものとおおむね同じ形状、寸法、材料に取り換えるために行われる工事。建築物の主要構造部［※3］のどれかが過半であれば、大規模の修繕となる
大規模の模様替え	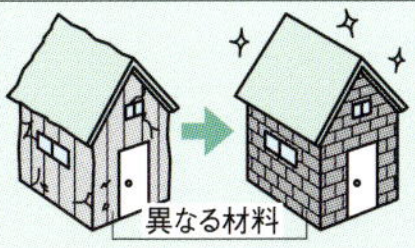	建築物としての経年変化により、構造上の性能や品質が劣化した部分を、既存のものとおおむね同じ形状、寸法で、異なる材料や仕様などに取り換える工事。建築物の主要構造部のどれかが過半であれば、大規模の模様替えとなる

基準法上の建築とは「建築物を新築、増築、改築、または移転すること」と定義される。建築と似た用語に、基準法上で「大規模の修繕」「大規模の模様替え」と定義される建築行為がある。これらを行う場合は、いわゆる4号建築物［14頁］の小規模建築物を除き、建築確認が必要となる［表・法2条13号～15号、法6条］。

「修繕」と「模様替え」もチェックするのだ!

※1 建築物を集団として捉え、都市計画的な視点から建築物に適用する規定で、基準法の第3章で基準を定める。原則として、都市計画区域・準都市計画区域に限り適用｜※2 個々の建築物に適用する規定で、基準法の第2章で定める。全国一律に適用｜※3 壁・柱・床・梁・屋根または階段をいい、建築物の構造上重要でない間仕切壁、間柱、附け柱、揚げ床、最下階の床、廻り舞台の床、小梁、庇、局部的な小階段、屋外階段、その他これらに類する建築物の部分を除く［法2条5号］

特殊建築物

厳しい規制をクリアしたエリート仲間

六《ろく》条《じょう》枕《まくら》子《こ》、車《くるま》館《だち》聡《そう》子《こ》、文《ぶん》教《きょう》育《いく》子《こ》

進学校への入学を目指す塾とも3人組。実際、学年トップクラスの成績を収めている。棟割《むねわり》3姉妹［左頁］に一方的にライバル視されているが、特に気にしていない。

今日もいろんな人が来そうだね〜〜
車館聡子［倉庫］
文教育子［学校］
六条枕子［共同住宅］

①就寝室を備えた施設
就寝室があるため、災害時、迅速に避難しにくく、避難上の問題が起きやすい用途。共同住宅や病院などが該当する［法別表1(い)欄(2)項、令19条1項、令115条の3第1号］

②倉庫、自動車車庫
倉庫などには可燃物が大量に保管されることがあり、可燃物対策が必要な用途なので特殊建築物とされる。また、自動車車庫などは出火の危険性が高く、防災上の配慮が必要なため、特殊建築物扱いとなる［法別表1(い)欄(5)項、(6)項、令115条の3第4号］

③興行施設・商業施設
一時的に不特定多数の人が集中するため、避難上の問題が起きやすい劇場などの用途の建物や、商業施設・風俗的営業施設のように不特定多数の人が集まり、防災対策が必要な用途の建物は、特殊建築物となる［法別表1(い)欄(1)項、(4)項、令115条の3第3号］

④教育・文化・スポーツ施設
学校や体育館、美術館など一定の管理下に多数の人が利用する施設［法別表1(い)欄(3)項、令115条の3第2号］

表｜特殊建築物に該当する用途

法別表1による区分	用途
(1)項【興行施設】	劇場、映画館、演芸場、観覧場、公会堂、集会場など
(2)項【就寝室をもつ施設】	病院、診療所（有床）、ホテル、旅館、下宿、共同住宅、寄宿舎、児童福祉施設等[※2]など
(3)項【教育・文化・スポーツ施設】	学校[※3]、体育館、博物館、美術館、図書館、ボーリング場、スキー場、スケート場、水泳場、スポーツの練習場など
(4)項【商業施設】	百貨店、マーケット、展示場、キャバレー、カフェー・遊技場・待合・料理店（風俗店）、ナイトクラブ、バー、ダンスホール、公衆浴場、飲食店、物品販売業を営む店舗[※4]など
(5)項【倉庫】	倉庫
(6)項【自動車車庫】	自動車車庫、自動車修理工場、映画スタジオ、テレビスタジオなど
なし[※5]	工場、危険物の貯蔵場、卸売市場、火葬場、と畜場、汚物処理場、ごみ焼却場、ごみ処理施設、産業廃棄物の処理施設、廃油処理施設など

私たちだけ、なんかテスト厳しくない？？

特殊建築物とは、火災発生のおそれが大きいなど用途上の理由から、防火や避難などに関する規制が、ほかの建築物より厳しく適用される建築物のこと［※1・法2条2号］。また、周辺環境への公害その他の影響の大きさから、建築する位置を事前に都市計画で決定する必要がある特殊建築物もある［表・法51条、法別表1］。

※1 用途だけで規制を受けるわけではなく、階段、用途に供する階、床面積など一定の条件に該当する建築物が対象となる［法2条2号、法別表1］｜※2 児童福祉施設のほか、有料老人ホーム、障害者支援施設なども含まれる［令19条1項］｜※3 学校には専修大学・各種学校のほか、幼稚園も含まれる。ただし、保育所は学校ではなく(2)項の児童福祉施設等に分類される｜※4 床面積が10㎡以下のものは除く｜※5 法51条、令130条の2の2、令130条の2の3に規定される、特別な配慮が必要な用途

長屋

共有部がなくたって、みんなで暮らせる

棟割《むねわり》なな、賀郁《があや》、ヤエ

片時も離れることのない三つ子。枕子〔右頁〕には同類と間違われ過ぎたことで、ライバル意識をもっている。間詩切静香《まじきりしずか》〔59頁〕の公演によく行っている。

②重層長屋
住戸を垂直方向に重ねた形式の長屋を重層長屋という

基準法上、界壁の規定はあるが、界床（住戸間の床）の規定はない

①長屋（棟割）
住戸を分ける界壁が縦に通ったものを棟割長屋と呼ぶ

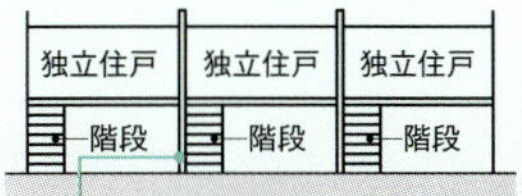

住戸どうしを区画する界壁には、遮音性能、耐火性能の基準が定められている［59頁］

③共同住宅と長屋
長屋には共用部がなく、各戸が独立している。これに対して、共同住宅は道路から廊下や階段など、共有部から各住戸へ通じているものを指す

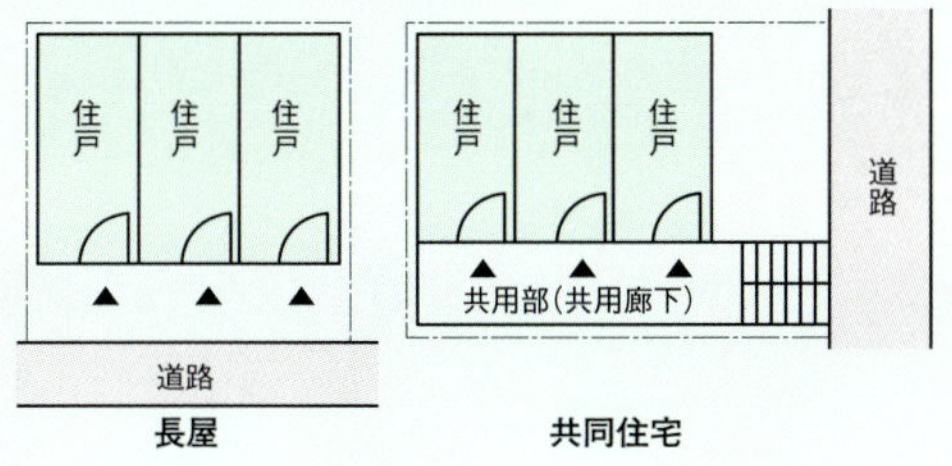

④二世帯住宅の扱い
二世帯住宅のように複数世帯で建物を利用する場合に、使用する部分が完全に分かれていれば長屋扱いとなる［※1］。その際、世帯間の壁は、準耐火構造の界壁とする必要がある。また、廊下などで住戸間を行き来できる場合は戸建住宅扱いとなり、その場合は界壁を設ける必要はない

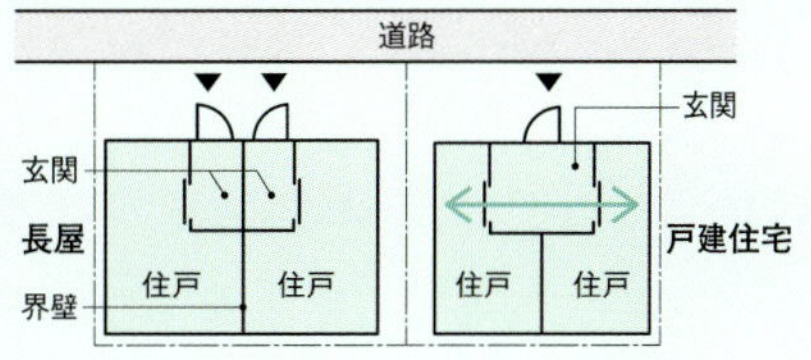

図｜シェアハウスの例

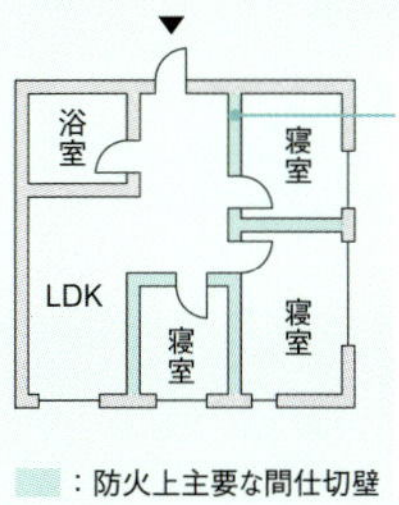

各寝室が1つの居室として扱われ、その寝室間の壁は防火上主要な間仕切壁に該当するので、耐火または準耐火構造とする必要がある。ただし、戸建住宅からの転用を容易にするため、平成26年7月に基準の一部が改正、平成26年8月に告示が公布・施行され、防火上支障がない部分については、準耐火構造とする必要がなくなった［令112条2項、令114条2項、平26国交告860号］

共同住宅、寄宿舎、長屋ともに集合型の住宅であるが、共同住宅と寄宿舎が特殊建築物扱いであるのに対し、長屋は特殊建築物に該当しない。共同住宅は、規模や構造により防火や避難規定など長屋よりも厳しい制限を受ける［※2］が、各戸間の界壁は、遮音性・耐火性の確保のため、長屋も特殊建築物と同様の規制を受ける。シェアハウス［図］は寄宿舎扱いなので、特殊建築物に該当する［※3・法30条、令22条の3］。

※1 住戸間で使用する部分が完全に分離されており、さらに共用の廊下または階段がある場合は共同住宅扱いとなる｜※2 長屋は特殊建築物には該当しないが、特定行政庁の条例で、避難通路の確保や接道義務などの規制を設けていることが多いので注意｜※3 平25国住指4877号

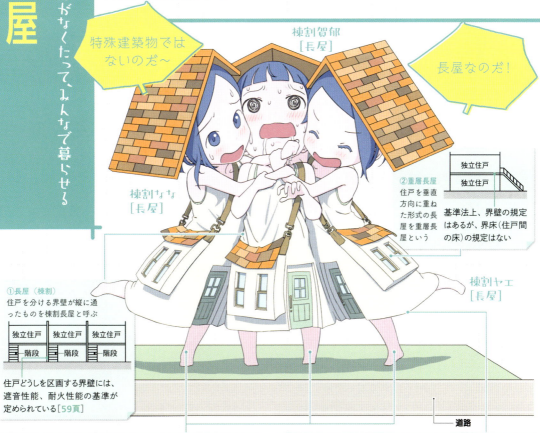

地原御影《ちはらみかげ》

足先を地面に埋め込んだときのひんやり感が好き。几帳面な性格で、水平垂直を常に気にしている。傾いているところに立って、そこに映る自分の影を見るのが趣味。

地盤面・地階

建物たちの身長はここで決まる!!

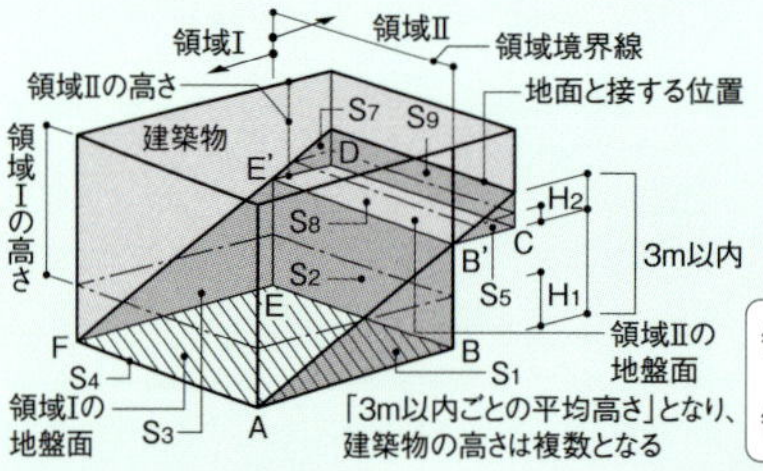

「3m以内ごとの平均高さ」となり、建築物の高さは複数となる

②高低差が3mを超える場合

建築物が地面と接する位置の高低差が3mを超える場合、3m以内ごとに平均の高さを算定するので、地盤面は複数になる［※2・令2条2項］

$$領域Ⅰの地盤面H1=\frac{S_1+S_2+S_3+S_4}{AB+BE+EF+AF}$$

$$領域Ⅱの地盤面H2=\frac{S_5+S_6+S_7+S_8}{B'C+CD+DE'+B'E'}$$

①地盤面の基準

地盤面は、建築物の周囲の地面が建築物の壁や柱と接する位置、あるいは、ピロティのような上階の張り出し位置の水平投影線の平均の高さで求めた水平面のこと。ただし、日影規制の平均地盤面の考え方はこれと異なるので注意［※1・令2条2項］

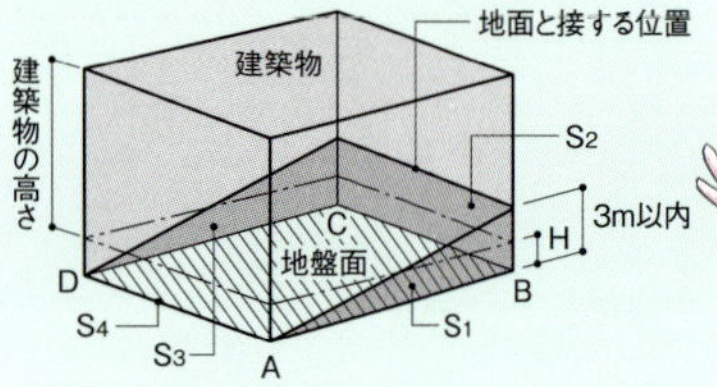

$$地盤面H=\frac{S_1+S_2+S_3+S_4}{AB+BC+CD+AD}$$

建築物の周囲が接する地面に高低差がある場合、その高さの平均となる

③地階

床が地盤面よりも下にあり、床面から地盤面までの高さがその階の天井高の1／3以上である階を地階という。床が地盤面よりも下にある階のうち、その床の周長の過半が地盤面よりも低い位置にあるものを地階とする特定行政庁もあり、事前に確認が必要［※3・令1条2号］

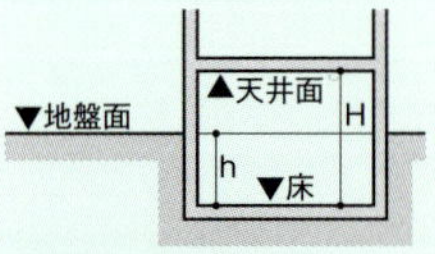

地盤面よりも下に床があり、$h \geqq 1/3 \times H$であれば地階

H：天井高

h：床から地盤面までの高さ

図｜階の算定

吹抜けやスキップフロアなどがあって断面の位置によって床の数が異なる場合は、数が最大になる断面で階数を算定する

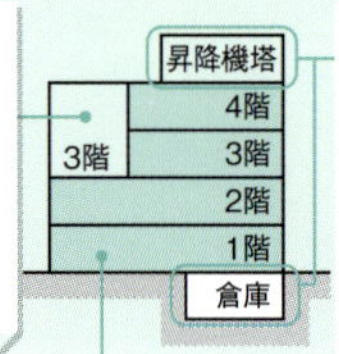

水平投影面積の合計面積が建築面積の1／8以下である昇降機塔や装飾塔、地階の倉庫や機械室などは、階数に算入しない

この図の場合、階段室と倉庫それぞれの水平投影面積の合計が建築面積の1／8以下である場合、この建物の階数は4となる

建築物の高さを算定する際の基準となるのが地盤面。地盤面は原則として、「建築物の外壁や柱の中心線が建築物の周囲の地面と接する位置」の平均の高さで求めた水平面である。上階が下階よりも張り出すピロティのような部分は、その部分を地盤面に水平投影し、投影された外壁などの中心線の位置と、周囲の地面とが接する位置で地盤面を算定する［※4］。また階数は、床の数が異なる場合は、階の数が最大になる断面で算定する［図・令1条2号、令2条1項8号、2項］。

地盤面が高さの基準になるから大事なんや～

※1 日影規制の平均地盤面の考え方については52頁参照｜※2 高低差3mごとの設定は、どこで区切ってもよい。最低点から区分して算定するのが一般的｜※3 地階を判定する際の地盤面の算定方法は、地方公共団体の条例で別に定めることができる［法52条5項］｜※4 地域により取り扱いが異なることもある

計画変更・軽微な変更

直前までコーデにこだわりたい！

六《ろく》条《じょう》四《し》乃《の》

新年度を前に、さりげなく、かつ校則にはひっかからない範囲で個性を出したいと考えている計画的な四乃。少し扱いが難しいお年頃に突入した。

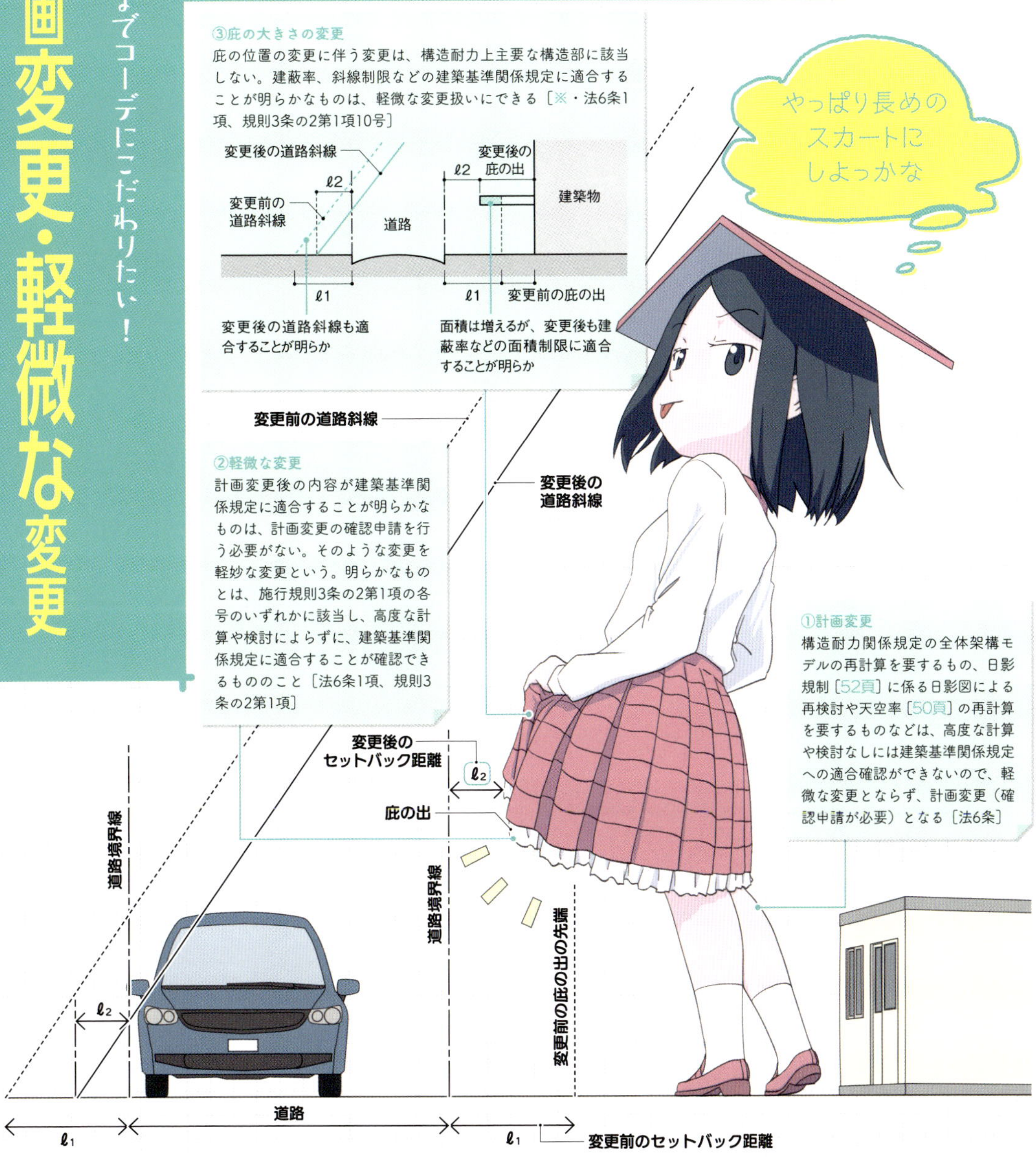

③庇の大きさの変更

庇の位置の変更に伴う変更は、構造耐力上主要な構造部に該当しない。建蔽率、斜線制限などの建築基準関係規定に適合することが明らかなものは、軽微な変更扱いにできる［※・法6条1項、規則3条の2第1項10号］

②軽微な変更

計画変更後の内容が建築基準関係規定に適合することが明らかなものは、計画変更の確認申請を行う必要がない。そのような変更を軽妙な変更という。明らかなものとは、施行規則3条の2第1項の各号のいずれかに該当し、高度な計算や検討によらずに、建築基準関係規定に適合することが確認できるもののこと［法6条1項、規則3条の2第1項］

①計画変更

構造耐力関係規定の全体架構モデルの再計算を要するもの、日影規制［52頁］に係る日影図による再検討や天空率［50頁］の再計算を要するものなどは、高度な計算や検討なしには建築基準関係規定への適合確認ができないので、軽微な変更とならず、計画変更（確認申請が必要）となる［法6条］

図｜軽微な変更の手続きフロー

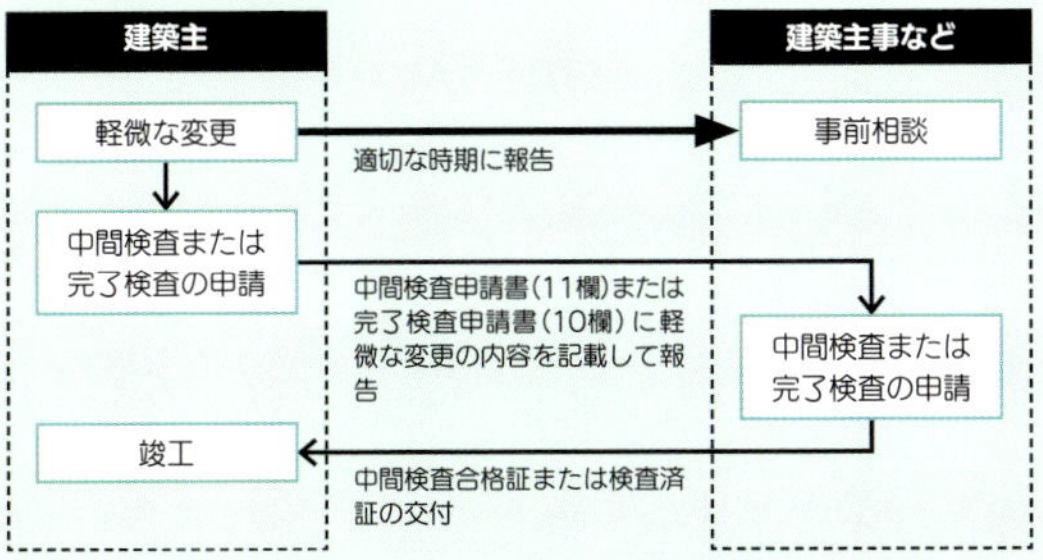

建築確認が済んだ後に計画変更をする場合、計画変更にかかわる部分の工事を開始する前に、計画変更の確認申請を行い、改めて建築確認を受けなければならない。ただし、変更後の計画内容が、建築基準関係規定に適合することが明らかな場合は、軽微な変更扱いとすることができ、再度の確認申請を行う必要はない。ただし、その場合も工事着工前までに届出を行わなければならない［図・法6条］。

確認申請後の変更は「計画変更」よ！

※ これは、軽微な変更に該当するが、該当する変更および該当する変更に伴って付随的に生じる変更がほかの号に該当しない場合であっても、変更後の計画が建築基準関係規定に適合することが明らかなものであれば、「軽微な変更」の対象になる。（『建築確認申請手続き等の運用改善マニュアル』編集：建築行政情報センター、発行：新・建築士制度普及協会、協力：国土交通省住宅局建築指導課）

建築確認

これがなきゃ工事は始まらない!

六《ろく》条《じょう》枕《まくら》子《こ》、双葉《ふたば》、三奈《みな》、四乃《しの》

長女で優等生の枕子、努力家の二女・双葉、小柄だが芯の強い三女・三奈、ゆとり世代の四女・四乃の4姉妹。四乃だけテストのないクラスに通っている。

①1号建築物
法別表1い欄の用途に該当する特殊建築物［10頁］で、その用途に供する部分の床面積が100㎡★を超えるもの［法6条1項1号、法別表1］

③3号建築物
木造以外の建築物のうち、(1)、(2)のいずれかに該当するもの。
(1)階数≧2、
(2)述べ面積>200㎡
地下1階がRC造で、地上2階が木造の木造一部RC造戸建住宅は3号建築物に該当する。構造計算が必要となる［法6条1項3号］

④4号建築物
1～3号建築物以外の建築物。地上2階建て以下、延べ面積500㎡以下、高さ13m以下、軒高9m以下の木造建築物で、都市計画区域・準都市計画区域・準景観地区・知事指定区域内における建築物は、4号建築物扱いとなる。非木造であっても、階数が1（平屋）、延べ面積が200㎡以下で1号の特殊建築物以外の場合は4号建築物となる。確認申請時に構造計算書・構造図の添付が不要となる場合がある［法6条1項4号］

⑤建築確認の特例
以下の表に該当する物については、単体規定の多くの部分（令10条に定める規定）が審査対象から除外される。確認申請書についても、これらのほとんどの規定に関する設計図書を添付する必要がない［法6条の4、令10条］

確認の特例

1	法68条の10第1項の認定形式に適合する建築材料を用いる建築物
2	法68条の10第1項の認定形式に適合する建築物の部分を有する建築物
3	法6条1項4号の建築物で建築士の設計によるもの

②2号建築物
木造建築物のうち、(1)～(4)のいずれかに該当するもの。
(1)階数≧3、
(2)延べ床面積>500㎡、
(3)高さ>13m、
(4)軒高>9m
また、高さ13m以上または軒高9m以上の木造建築物は、令82条の2に定める許容応力度等計算による構造計算で建築物の安全性を確かめなければならない［法6条1項2号、法20条1項2号］

※1 令137条の18第3号、6号の用途に供する建築物が第1・2種低層住居専用地域もしくは田園住居地域内にある場合、または同7号の用途が第1・2種中高層住居専用地域、工業専用地域内にある場合、または同9号の用途で準住居地域もしくは近隣商業地域内にある場合は、類似の用途でも建築確認が必要
★ 平成30年6月27日から1年以内に、100㎡から200㎡に改正される

確認申請とは、工事着手の前に、建築内容が基準法に適合していることを確認してもらう手続きのことである。建築主事または指定確認審査機関に申請書を提出する確認申請が必要な建築物は、建築する地域、建築物の用途、規模、構造、工事種別に応じて、法6条1項で1号から4号までに分類される［表1］。法別表1に掲げる特殊建築物の一部または全部の用途を変更し、その部分の床面積が100㎡★を超える場合には確認申請が必要である。ただし、類似用途に変更する場合は、確認申請が不要なケースもある［表2・※1・法87条、137条の18］。

手続きは、設計図書を添えて提出された建築確認申請書を審査して進められる。審査の結果、基準法および建築基準関係規定［※2］に適合していると認められれば、確認済証が交付される。平成29年より、省エネに関する判定も加わったことにも注意。申請は原則として建築主が行うが、内容が設計と密接にかかわるため、設計者が代理で行うのが一般的である［法6条、法6条の2］。

表1 以下の建物は確認申請が必要だから

適用区域	条文	用途・構造・規模	工事種別	確認期限
全国	法6条1項1号	特殊建築物で、その用途に供する床面積＞100㎡★	・建築（新築、増築、改築、移転） ・大規模の修繕 ・大規模の模様替え ・特殊建築物への用途変更	35日
	法6条1項2号	木造で、下記のいずれかに該当 ・階数≧3 ・延べ面積＞500㎡ ・高さ＞13m ・軒高＞9m		
	法6条1項3号	木造以外の建築物で、下記のいずれかに該当 ・階数≧2 ・延べ面積＞200㎡		
都市計画区域 準都市計画区域 知事指定区域	法6条1項4号	上記以外の建築物	・建築（新築、増築、改築、移転）	7日

防火地域、準防火地域以外では、延べ面積10㎡以下の建築物は、新築する場合を除き確認申請は不要

表2 似たような用途間の変更なら確認申請は必要ないんだってさ

同じ欄にある用途間で変更する場合は、建築確認が不要となる［令137条の18］

条文	用途
1号	劇場、映画館、演芸場
2号	公会堂、集会場
3号	診療所（患者の収容施設があるものに限る）、児童福祉施設等
4号	ホテル、旅館
5号	下宿、寄宿舎
6号	博物館、美術館、図書館
7号	体育館、ボーリング場、スケート場、水泳場、スキー場、ゴルフ場、バッティング練習場
8号	百貨店、マーケット、その他の物品販売業を営む店舗
9号	キャバレー、カフェー、ナイトクラブ、バー
10号	待合、料理室
11号	映画スタジオ、テレビスタジオ

図1 確認済証の受領までの手順は知ってるでしょ？ 省エネ適判も忘れちゃダメだよ～［※3］

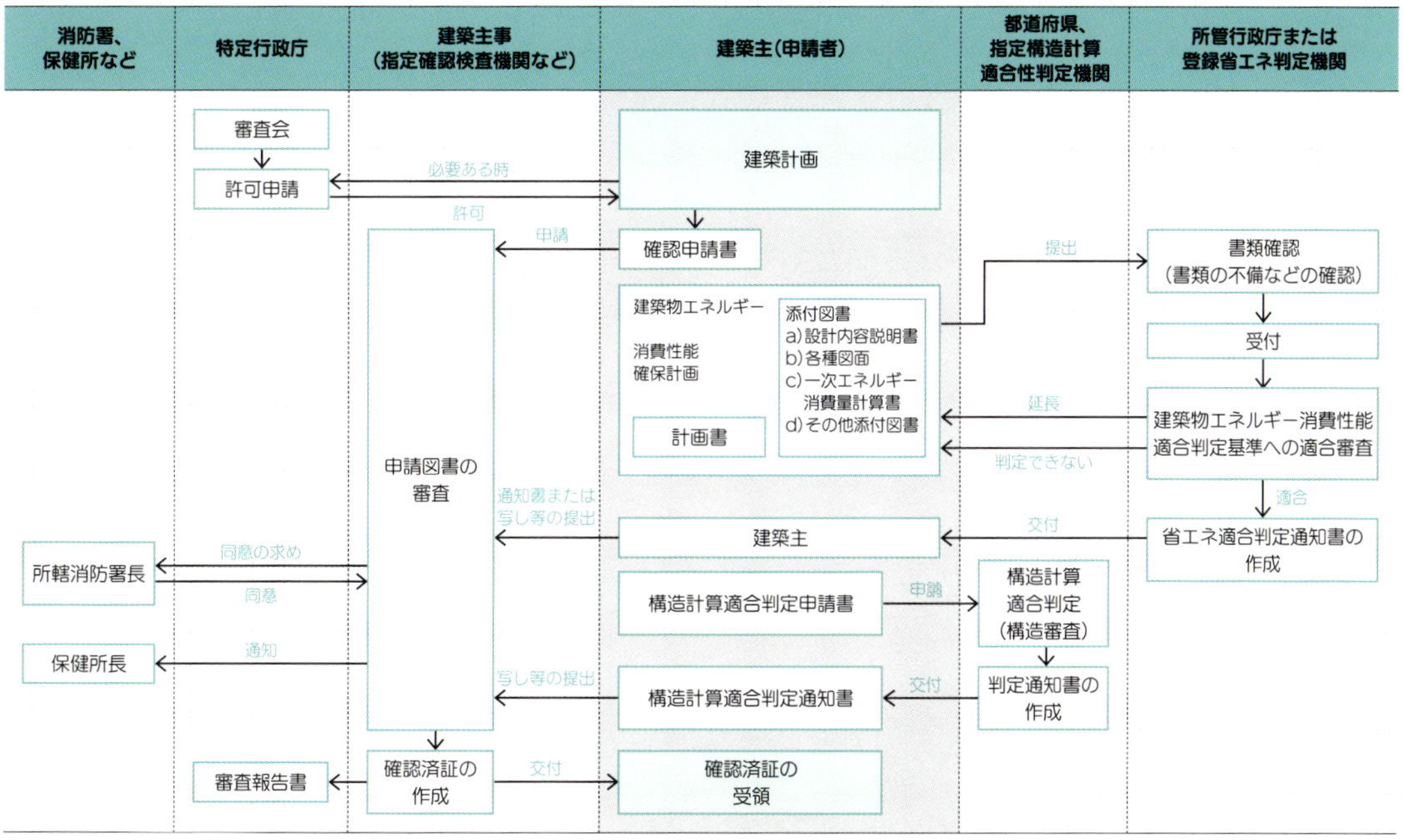

※2 令9条に示されている各法令や、それらに基づく条例で、建築物の敷地、構造、設備に関するものなど
※3 構造計算適合判定と建築物エネルギー消費性能適合判定は、必要な場合のみ。構造計算適合判定を要する場合、その結果は14日以内に通知される（審査期間は35日に含む）。ただし、合理的な理由で構造審査期間がさらに35日延長された場合、合計審査期間が最大で70日となる［法6条、法6条の3］

完了検査・中間検査

中間も期末も気を抜けない!

管《かん》涼《りょう》子《こ》、仲《なか》真《ま》紀《き》

ヨーゴ学園の先生。期末試験を担当する管涼子は、思いやりのある指導で人気。選抜クラスの中間試験を担当する真紀は、赤点を取ると追試が終わるまで下校できないので恐れられている。

①完了検査

建築主は、確認済証を受けた工事を完了したとき、4日以内に建築主事または指定確認検査機関に検査申請をしなければならない［法7条］

②中間検査

建築主は、特定工程を含む工事の場合、特定工程終了後4日以内に建築主事又は指定確認検査機関に中間検査を申請しなければならない。指定確認検査機関が検査を引き受けた場合、検査を引き受けた旨を証する書面を建築主に交付するとともに、建築主事に通知する。検査結果が法に適合する場合、建築主に対して中間検査合格証を交付する［法7条の3、4］

③特定工程

階数が3以上である共同住宅の床及び梁に鉄筋を配置する工事の工程のうち令11条で定める工程［※］と、それ以外で特定行政庁が指定する工程［法7条の3］

④仮使用認定

原則として、①法6条一号1項〜三号建築物の新築工事、②①の建築物の増築・改築・移転等の大規模な修繕もしくは大規模な模様替の工事で、「避難施設等に関する工事」を含むものについては、検査済証の交付後でないと建築物（共同住宅以外の住宅および居室を有しない建築物を除く）を使用できない。ただし、以下の場合、検査済証の交付を受ける前でも仮使用できる［法7条の6］

①	特定行政庁が安全上、防火上および避難上支障がないと認めたとき
②	建築主事または指定確認検査機関が安全上、防火上および避難上支障がないとして大臣が定める基準に適合していることを認めたとき
③	完了検査申請が受理された日から7日を経過したとき

※ 2階の床およびこれを支持する梁に鉄筋を配置する工事の工程

ちゃんと工事されてるか、私たちが確かめるわ！

完了検査とは、建築物の使用を開始するにあたり、建築確認申請の通りに施工されていることを確認する検査のことである。建築主事は申請受理日から7日以内に検査を行う。検査結果が法に適合している場合、建築主に検査済証を交付しなければならない。また、指定確認検査機関は、工事完了日または検査引受け日のいずれか遅い日から7日以内に検査を行う。検査結果が法適合の場合は建築主に検査済証を交付する。検査後、完了検査報告書等を作成し、特定行政庁に提出しなければならない〔法7条、法7条の2〕。

中間検査とは、施工の不備をなくすために設けられたもので、特定工程の工事が終わった時点での検査を義務付けるもの。建築主は、特定工程終了後4日以内に建築主事または指定確認検査機関に中間検査を申請する。建築主事または指定確認検査機関は、建築物の部分およびその敷地について検査を行う。検査結果が法に適合している場合、中間検査合格証を交付しなければならない〔法7条の3、法7条の4〕。

表1 以下の建築物では、完了検査・中間検査の際に一定の規定の検査が省略されるわ！〔法7条の5・68条の20第2項〕

①	認定型式に適合する建築材料を用いる建築物
②	認定型式に適合する建築物の部分を有する建築物
③	小規模戸建木造住宅のような法6条1項四号対象建築物で建築士が設計したもの

図1 各検査の流れも要チェック！（※指定確認検査機関へ申請した場合の例）

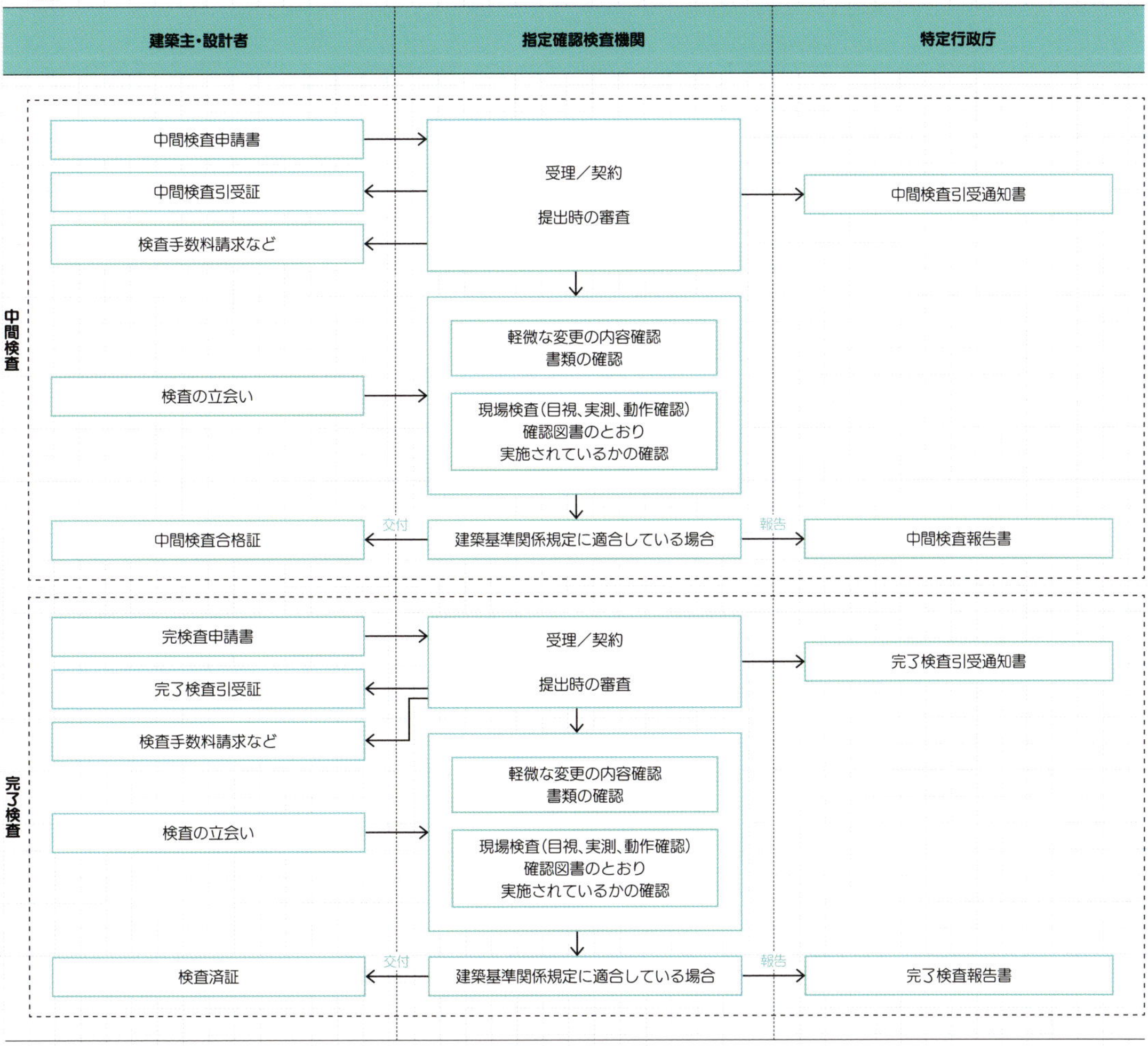

定期報告

完成したあとも大事！

報《ほう》来《らい》常《つね》　ヨーゴ学園の保育の先生。学園OGたちを陰ながらフォローしている。涼子、真紀［16頁］の後輩でもあり、三人でよく生徒の相談などをしている。

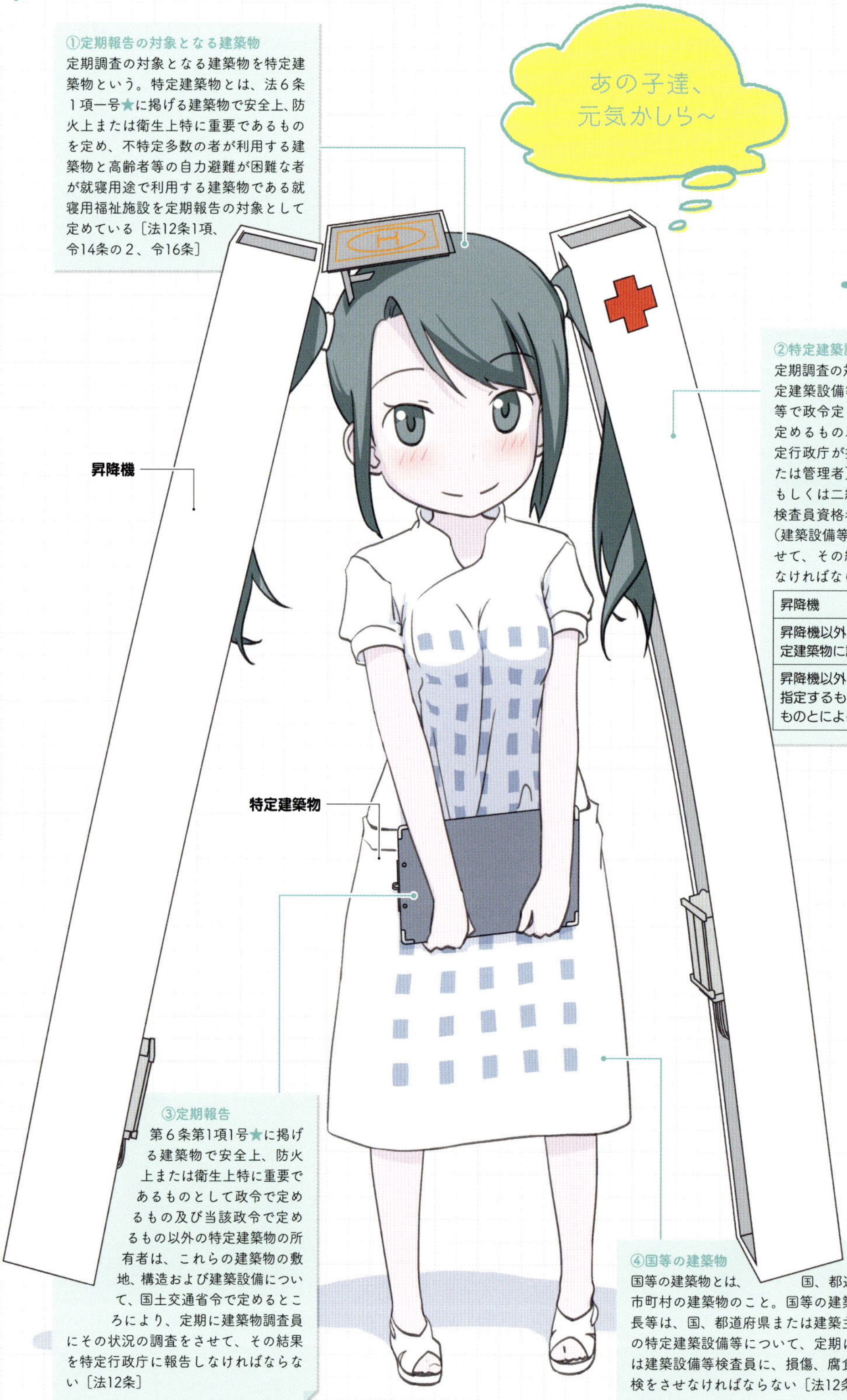

①定期報告の対象となる建築物

定期調査の対象となる建築物を特定建築物という。特定建築物とは、法6条1項一号★に掲げる建築物で安全上、防火上または衛生上特に重要であるものを定め、不特定多数の者が利用する建築物と高齢者等の自力避難が困難な者が就寝用途で利用する建築物である就寝用福祉施設を定期報告の対象として定めている［法12条1項、令14条の2、令16条］

②特定建築設備

定期調査の対象となる建築設備等は「特定建築設備等」という。特定建築設備等で政令定めるものおよび当該政令で定めるもの以外の特定建築設備等で特定行政庁が指定するものの所有者（または管理者）は、定期に、一級建築士もしくは二級建築士または建築設備等検査員資格者証の交付を受けている者（建築設備等検査員という）に検査をさせて、その結果を特定行政庁に報告しなければならない

昇降機
昇降機以外の建築設備と防火設備は特定建築物に設置されているもの
昇降機以外の建築設備は政令で政令で指定するものと特定行政庁で指定するものとによる

③定期報告

第6条第1項1号★に掲げる建築物で安全上、防火上または衛生上特に重要であるものとして政令で定めるもの及び当該政令で定めるもの以外の特定建築物の所有者は、これらの建築物の敷地、構造および建築設備について、国土交通省令で定めるところにより、定期に建築物調査員にその状況の調査をさせて、その結果を特定行政庁に報告しなければならない［法12条］

④国等の建築物

国等の建築物とは、　国、都道府県及び建築主事を置く市町村の建築物のこと。国等の建築物について、国の機関の長等は、国、都道府県または建築主事を置く市町村の建築物の特定建築設備等について、定期に、一級・二級建築士または建築設備等検査員に、損傷、腐食その他の劣化の状況の点検をさせなければならない［法12条1項、4項］

★ 平成30年6月27日に改正法公布。公布後1年以内に施行される

建築基準法では、特定建築物について、構造、敷地、設備を、一級・二級建築士または建築物調査資格者証の交付を受けている者が調査し、特定行政庁へ結果を報告することが定められている。当該調査には、これらの建築物の敷地、構造および建築設備についての損傷、腐食その他の劣化の状況の点検を含んでいる〔法12条1項・※1〕。国等の建築物について、国、都道府県または建築主事を置く市町村の特定建築物の管理者である国、都道府県もしくは市町村の機関の長またはその委任を受けた者は、当該特定建築物の敷地および構造について、定期に、一級・二級建築士または建築物調査員に、損傷、腐食その他の劣化の状況の点検（12条4項の防火設備の点検を除く）をさせなければならない〔法12条2項〕。

特定行政庁・建築主事・建築監視員は、建築物の所有者・建築主・設計者・工事監理者・工事施工者等に対して、敷地・構造・建築設備・用途・工事計画・施工状況に関する報告を求めることができる〔法12条5項〕。

図1｜ 定期報告に係わる建築物・特定建築物よ～

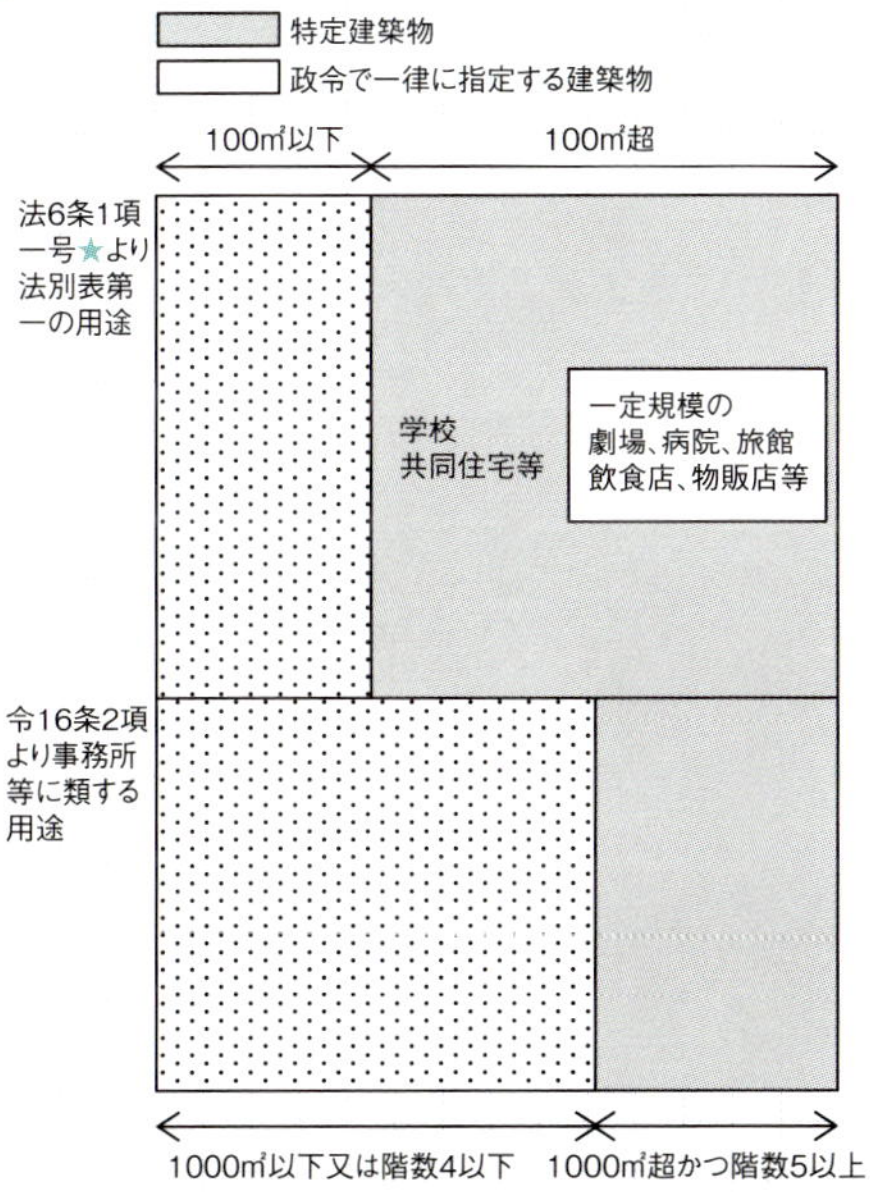

図2｜ 定期報告に係わる建築設備・特定建築設備等です～

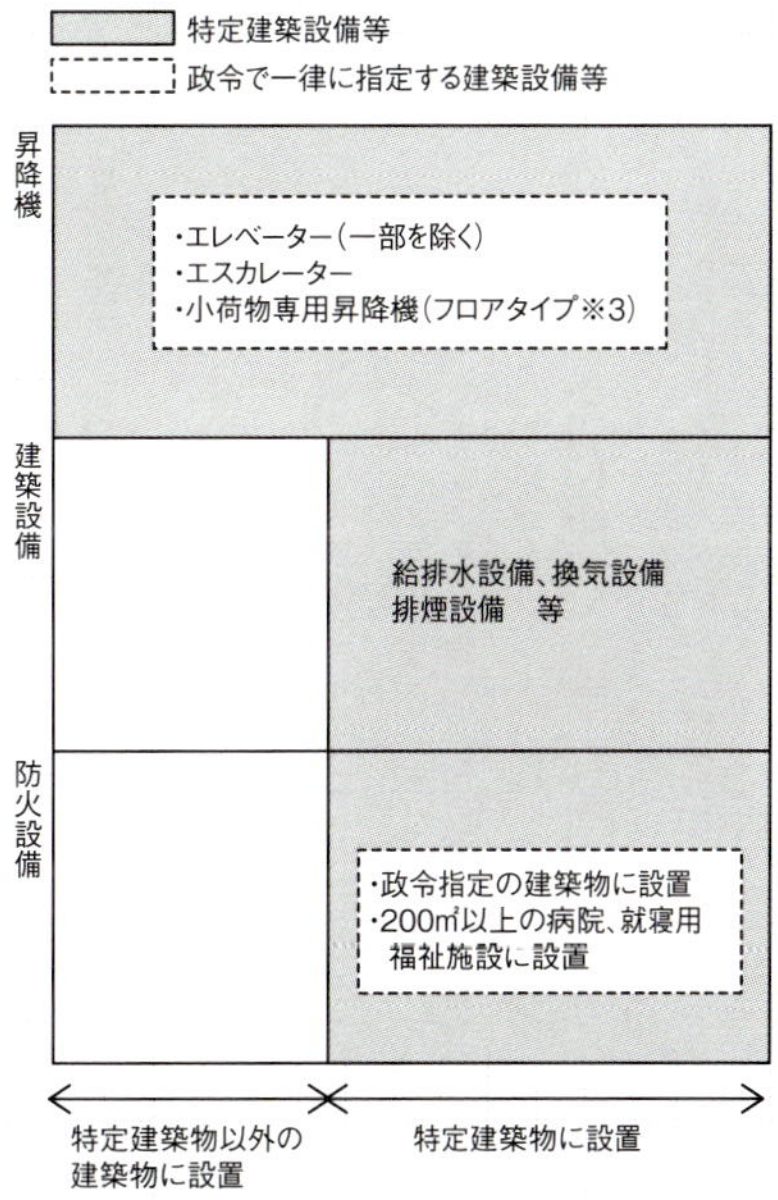

表1｜ 定期報告を要する建築物はこれよ～〔令16条〕

①	地階または3階以上の階が劇場、映画館、演芸場、観覧場、公会堂、集会場などの用途の建築物、または当該用途の床面積の合計が100㎡以上の建築物
②	劇場、映画館または演芸場の用途に供する建築物で、主階が1階にないもの
③	地階または3階以上の階が病院、診療所［患者の収容施設があるものに限る］、ホテル、旅館、共同住宅、寄宿舎などの用途の建築物、または当該用途の床面積の合計が200㎡以上の建築物
④	3階以上の階が学校、体育館などの用途の建築物、または当該用途の床面積の合計が2,000㎡以上の建築物
⑤	地階または3階以上の階が百貨店、マーケット、展示場、キャバレー、カフェ、ナイトクラブ、バー、ダンスホール、遊技場などの用途の建築物、または当該用途の床面積の合計が200㎡以上の建築物

表2｜ 資格者の業務範囲も決まっているわ～

資格者の種類	調査・検査の対象
特定建築物調査員	特定建築物
建築設備等検査員［防火設備検査員］	防火設備［防火ダンパーを除く］
建築設備等検査員［建築設備検査員］	建築設備、防火ダンパー
建築設備等検査員［昇降機等検査員］	昇降機、遊戯施設

※1 これらの建築物の建築設備および防火戸その他の政令で定める防火設備［※2］についての法12条3項の検査は除外される［法12条］
※2 建築設備等という
※3 フロアタイプとは、昇降路の全ての出し入れ口の下端が当該出し入れ口が設けられる室の床面よりも50㎝未満

イメージチェンジも楽じゃない？

既存建築物の用途変更

既《き》存《ぞん》不《ふ》適《かな》子《こ》　もとは古風な性格であったが、学園への転校を機に心機一転、クラスで目立とうと大幅なキャラクターチェンジを決意。しかし、想像より校則が厳しく、段階的に変身しようと画策している。

①確認申請が必要な用途変更

既存建築物の用途変更は、建築物の用途を変更して法6条1項1号の特殊建築物のいずれかとする場合に変更手続きを行う［法87条1項］

- 変更後の用途は法別表1(い)欄に掲げる特殊建築物に該当するか？
  - 該当しない → 確認申請は不要
  - 該当する → 変更後、特殊建築物に該当する部分の床面積の合計が100㎡★1を超えるか？
    - 100㎡★1以下 → 確認申請は不要
    - 100㎡★1超 → 変更前後の用途は令137条の18で指定する類似の用途に該当するか？
      - 該当する → 確認申請は不要
      - 該当しない → 確認申請が必要

③用途を変更する部分以外には適用しない規定

下表の規定は適用対象の範囲が居室や壁など限定的であるため、用途変更を行うことで影響のある範囲のみに遡及《そきゅう》適用される［法87条3項、4項］

条・項	規定の概要
法28条1項、3項	居室の採光および換気
法29条	地階における住宅等の居室
法30条	長屋・共同住宅等の各戸の界壁
法35条の3	無窓居室等の主要構造部
法36条	単体規定の実施のための基準［※2］

②既存不適格建築物

建築当時は適法だったが、その後の法改正や、都市計画法上の地域・地区の変更などで、現行法規に適合しなくなった建築物を、既存不適格建築物という［法3条2項］

④現行基準が適用される規定

既存不適格建築物を用途変更する場合、建築物全体に現行の基準を適合させなければならない規定がある［左頁表・法87条3項、4項］

⑤区画方法と適用が緩和される法規定

開口部のない耐火構造の床や壁で区画されている場合、1つの建築物であってもそれぞれの区画を別の建築物とみなされる（独立部分という）。既存不適格建築物を用途変更するとき、それぞれが独立部分となっていれば、用途変更をする独立部分以外の独立部分については、避難規定の一部は、既存不適格のままで用途変更が可能［令117条2項1号、令137条の14第2号、3号］

既存不適格建築物の区画と避難規定の緩和

(1) 避難規定の緩和

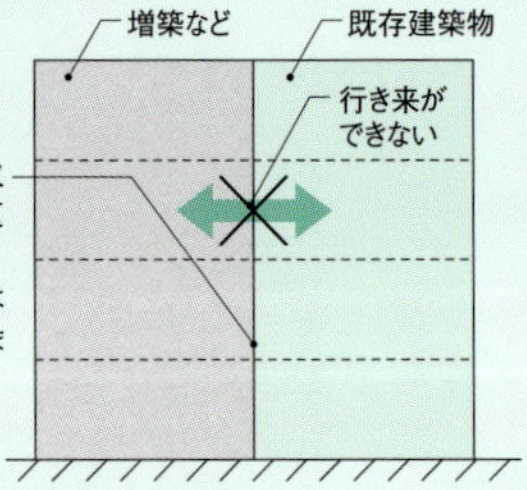

(2) 排煙設備規定の緩和

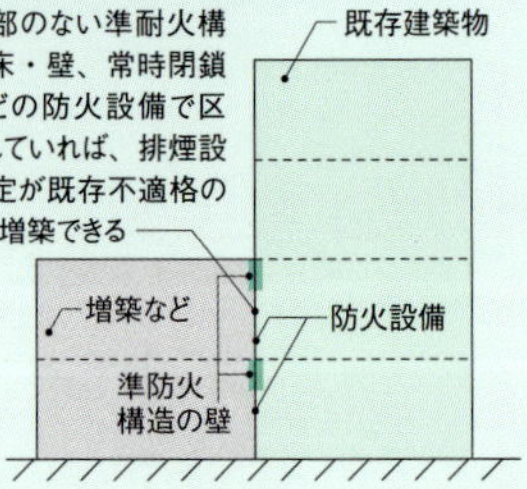

※1 廊下、避難階段、出入口、非常用照明などの規定
★1 平成30年6月27日から1年以内に、100㎡から200㎡に改正される ｜ ★2 平成30年6月27日から3ヶ月以内に廃止される ｜ ★3 平成30年6月27日から3ヶ月以内に、2項から3項に改正される

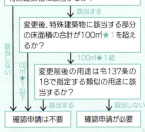

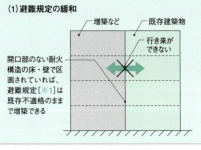

リノベするときゃあ要確認よ

既存建築物をほかの用途に変更する「用途変更」は、法87条で建築物を新築するなどの「建築」行為についての基準を準用するとしている。適格建築物の用途変更に準用されるのは、用途地域の制限［法48条］や、卸売市場等の位置の制限［法51条］などである。既存不適格建築物の用途変更の場合に遡及適用されるものは、建築物全体にかかわるもの［表1］もあれば、用途を変更する部分以外には適用されないものもある。また、用途変更する部分から区画され、独立している部分は、別の建築物とみなされ、避難規定などの一部の規定について、遡及適用が緩和されるものもある［表2］。ただし、類似の用途間での変更の場合は、確認申請の必要がない場合がある［15頁］。

検査済証のない建築物の遵法性を確認するには、法適合状況調査がある［図］。国土交通省がガイドライン［※2］を策定したことで、調査により増改築が可能になる事例も出てきた。ただし、この報告書は検査済証に代わるものではないことに注意する［法87条］。

図1 ガイドラインに基づいた法適合状況調査のフロー図［※3］だべぇ

依頼者

- 検査済証のない建築物［＊］
- ↓
- 確認済証の有無
  - 有（確認済証と確認済証に添付された図書はセット）
    - 調査の使用目的などに応じて、必要な図書を準備する
    - ↓
    - 確認済証に添付された確認図書などと現地状況を照合する
    - ↓
    - 図書と現地の状況の間に不整合（増改築・用途変更を含む）がある場合、当該部分について現状に基づく復元図書を作成する（必要に応じて構造計算書を作成 ⇢）
  - 無
    - 依頼者が建築士に依頼し、復元図面（規模等に応じて復元構造計算書）を作成する
    - ↓
    - 調査の目的などに応じて、必要な図書を準備する
- ↓
- 調査者に提出する図書を取りまとめ
- ↓

調査者

- 依頼者からの申請に基づき、法適合状況調査を実施
- ↓
- 図上調査：依頼者から提出された図書に基づき、調査対象建築物の建築時点における法適合状況を図面上で調査する
- ↓
- 現地調査：
  - ・調査対象建築物を目視または計測、動作確認し、提出図書の照合を行う
  - ・調査対象建築物の劣化状況を調査する
  - ・図書どおりではない部分が見つかった場合は、調査者は当該部分についてさらに詳細な調査を行う
- ↓
- 報告書の作成

＊ 検査を受検し合格しているが、検査済証を紛失した場合

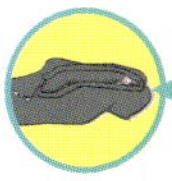

表1 用途変更のとき現行の基準が適用される規定なんだぁ

条	項	規定の概要
法24条★2		木造建築物等である特殊建築物の外壁等
法27条		耐火建築物等としなければならない特殊建築物
法28条	1項、3項	居室の採光および換気
法29条		地階における住宅等の居室
法30条		長屋または共同住宅等の各戸の界壁
法35条		特殊建築物等の避難および消火に関する技術的基準
法35条の2		特殊建築物等の内装
法35条の3		無窓居室等との主要構造部
法36条		単体規定の実施のための基準（採光および法35条に関する部分のみ）
法39条	2項	条例による災害危険区域内の建築制限
法40条		地方公共団体の条例による制限の付加
法43条	2項★3	敷地等と道路の関係
法43条の2		条例による幅員が4m未満の道路にのみ接する敷地に帯する制限の付加
法48条	1項～14項	用途地域等
法49条		条例による特別用途地域内の制限
法49条の2		条例による特別用途制限地域内の用途制限
法50条		条例による用途地域等における建築物の敷地、構造または建築設備に対する制限
法51条		卸売市場等の特殊建築物の位置
法68条の2		地区計画等の区域内における市町村の条例に基づく制限
法68条の9	1項	条例による都市計画区域および準都市計画区域以外の区域内の建築物に係る制限

既存不適格建築物の用途の変更であっても、令137条の19で規定する類似の用途相互間における用途の変更［15頁］は現行基準への遡及適用を要しないとしている

表2 独立部分がありゃあ現行基準の適用も緩くなるべ

条	項	規定の概要
法35条		特殊建築物等の避難および消火に関する技術的基準

用途変更する独立部分以外の独立部分については、現行基準への遡及適用を要しないとしている。廊下の幅員、直通階段、避難階段、排煙設備、非常用照明の設置などの規定が適用から除外される

※2「検査済証のない建築物に係る指定確認検査機関を活用した建築基準法適合状況調査のためのガイドライン」（平26国住指1137号）。報告書は、既存建築物の増築等について法第86条の7の規定の適用を受ける場合に準備する既存不適格調書に添付する資料の一部として活用することも可能 ｜ ※3「検査済証のない建築物に係る指定確認検査機関を活用した建築基準法適合状況調査のためのガイドライン」より作成

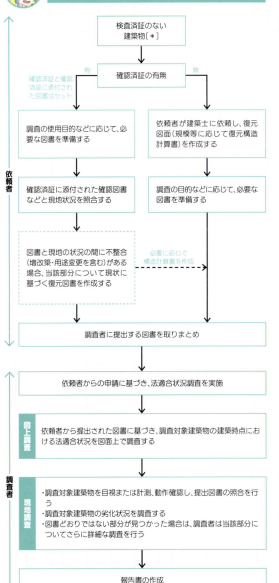

違反建築物

よそに迷惑をかけてはいけません！

六《ろく》条《じょう》四《し》乃《の》、伊《い》反《たん》恐《きょう》子《こ》

四乃をやたらと振り回す転校生の恐子は、いかに校則を破るかに日々腐心している

①違反建築物
建築基準法などの規定に適合しない建築物、または建築物の敷地のこと。これに対して、特定行政庁は是正のために必要な措置を命ずることができる［法9条1項］

②是正措置命令
建築主や請負人等に対し、特定行政庁は工事の施工停止を命じ、または相当の猶予期限を設け、当該建築物の除却、修繕、使用禁止などの措置をとることができる。その場合、特定行政庁は、あらかじめ通知書を交付し、建築主が意見書などを提出する機会を与える必要がある。［法9条］

③行政代執行
特定行政庁の命令に対して十分な是正が粉割れない場合、是正義務のある建築主等に代わり、特定行政庁が違反建築物の実質的な是正を行うことができる。なお、違反者に対しては、免許の取り消しなどの行政処分、または懲役などの行政刑罰が課される［法9条12項、法9条の3、法98条〜106条］

図｜違反建築物を正す命令・代執行・罰則

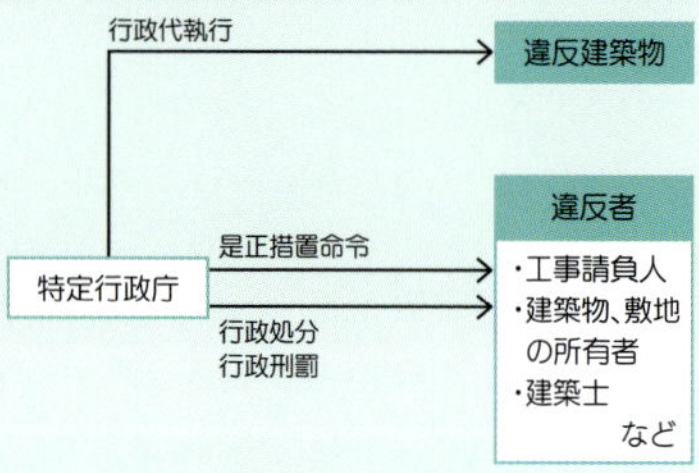

特定行政庁は、違反建築に対して3つの命令を出すことができる。法9条1項にもとづく是正命令では、工事の施工停止を命じることができる。法9条7項に基づく命令は、急を要する場合などに、一時的な使用禁止や使用制限を行うことができる。命令を受けたものは、意見の聴取を請求することができる。法9条10項にもとづく命令は、工事中の建築物が建築基準法等に違反している場合に出されるもので、建築主、請負人、現場管理者に対して、工事の施工停止を命じることができる［法9条1項〜12項、法9条の2］。

Chapter

2

敷地・面積

しきちまち

しきちまちの住人は、ときには一緒に、ときには場所をゆずり合って、
整って暮らしやすい街の形成に力を注いでいます。
まちにある「面積服装学院」では、生徒のみんなは区画線をあしらって
敷地面積や床面積を表した服装をいつも合っています。

The visual dictionary of
Personificated Building Standards Law
Perfect Edition

用途地域

模型オタク3人娘

住吉《すみよし》いちご、大井《おおい》しょう子、工藤《くどう》りん

模型屋［120頁］に通う、模型オタクの3人娘。いちごは小柄でおとなしい性格の女子高生。戸建住宅や学校などの模型が好き。しょう子は遊びもバイトもそつなくこなす大学生。派手で大きな建物の模型が好き。りんはしょう子と同い年だが、高校卒業後、工場で働いている。手先が器用で工場など細かい建物をつくるのが得意。

④無指定地域

用途地域が指定されていない地域には原則としてどんな建物も建てられるが、床面積の合計が10,000㎡を超える劇場［※1］や店舗などは建てられない［法48条14項、法別表2(か)］

③工業系用途地域

工業の利便を増進するための地域。準工業地域・工業地域・工業専用地域の3地域に分けられる。危険性の高い工場などが建設される工業専用地域には、住宅や店舗などは建築できない［法48条11～13項、法別表2(る)～(わ)］

①住居系用途地域

良好な居住環境を確保するために設けられた地域。制限の厳しい順に第1・2種低層住居専用地域、第1・2種中高層住居専用地域、第1・2種住居地域、準住居地域、田園住居地域の8地域に分けられる［法48条1～8項、法別表2(い)～(ち)］

②商業系用途地域

商業の利便を増進するための地域。近隣商業地域と商業地域の2地域に分けられる。どちらの地域も工場等の一部を除いてほとんどの用途の建築物が建築可能だが、近隣商業地域は一部のサービス店舗などを建築できない［法48条9項、10項、法別表2(り)、(ぬ)］

※1 劇場、映画館、演芸場、観覧場の用途に供する部分にあっては、客席部分の面積に限る

建てられる場所は決まってるんですよ

都市計画法に［120頁］基づき、地方公共団体ごとに用途地域が定められている。用途地域の目的は、住宅や工場など用途が異なる建物の混在を防ぎ、地域ごとに調和のとれた環境を形成すること。住居系、商業系、工業系の3つに大きく分けられ、さらにそれらが13種類に区分され、無指定区域も含めると計14種類に分類されている［表1・法48条、法別表2］。

それぞれの用途地域の性質に応じて、建築可能な用途が制限されている［表2］が、神社、寺院、教会、保育所、公衆浴場、巡査派出所、診療所［※2］などはすべての用途地域で建築可能。店舗には物販店舗、飲食店、サービス店舗があり、地域ごとに階数や床面積に応じた制限を受ける。また、住宅と住宅以外の用途が一体となっている建築物で、内部で行き来が可能なものは、兼用住宅として扱う［※3］。工業地域・工業専用地域内にはどんな工場でも建築可能だが、それ以外の用途地域では、作業場の床面積や事業内容によって建築の可否が異なる［令130の3～9の8］。

表1｜ 地域区分はこの14種類よ♪

住居系	第1種低層住居専用地域（1低）	**商業系**	近隣商業地域（近商）
	第2種低層住居専用地域（2低）		商業地域（商業）
	第1種中高層住居専用地域（1中）	**工業系**	準工業地域（準工）
	第2種中高層住居専用地域（2中）		工業地域（工業）
	第1種住居地域（1住）		工業専用地域（工専）
	第2種住居地域（2住）	無指定	
	準住居地域（準住）		
	田園住居地域（田住）		

（　）内は略称

表2｜ 各地域に建てられる建築物も覚えておくといいよ……［※4］

用途＼地域区分（略称）		1低	2低	1中	2中	1住	2住	準住	田住	近商	商業	準工	工業	工専	無指定
住宅、共同住宅、寄宿舎、下宿		○	○	○	○	○	○	○	○	○	○	○	○	×	○
兼用住宅［※3］		○	○	○	○	○	○	○	○	○	○	○	○	×	○
店舗、飲食店など		×	△ ＊1	△ ＊2	△ ＊4	△ ＊5	△ ＊8	△ ＊8	△ ＊1 ＊11	○	○	○	△ ＊8	△ ＊7	△ ＊8
事務所		×	×	×	△ ＊4	△ ＊5	○	○	×	○	○	○	○	○	○
劇場、映画館、演芸場、観覧場		×	×	×	×	×	×	△ ＊6	×	○	○	○	×	×	△ ＊8
幼稚園、小学校、中学校、高等学校		○	○	○	○	○	○	○	○	○	○	○	×	×	○
大学、高等専門学校、専修学校		×	×	○	○	○	○	○	×	○	○	○	×	×	○
老人ホーム、身体障害者福祉ホーム		○	○	○	○	○	○	○	○	○	○	○	○	×	○
病院［※2］		×	×	○	○	○	○	○	×	○	○	○	×	×	○
ホテル、旅館		×	×	×	×	△ ＊5	○	○	×	○	○	○	×	×	○
自動車車庫（付属車庫を除く）		×	×	△ ＊3	△ ＊3	△ ＊3	△ ＊3	○	×	○	○	○	○	○	○
倉庫業を営む倉庫		×	×	×	×	×	×	○	× ＊12	○	○	○	○	○	○
自動車修理工場	≦50㎡	×	×	×	×	△ ＊9	△ ＊9	○	×	○	○	○	○	○	○
	≦150㎡	×	×	×	×	×	×	○	×	○	○	○	○	○	○
	≦300㎡	×	×	×	×	×	×	×	×	○	○	○	○	○	○
	＞300㎡	×	×	×	×	×	×	×	×	×	×	○	○	○	○
原動機を使用する一般の工場（事業内容による制限有）	≦50㎡	×	×	×	△ ＊10	△ ＊9	△ ＊9	○	△ ＊13	○	○	○	○	○	○
	50㎡＜S≦150㎡	×	×	×	×	×	×	×	△ ＊13	○	○	○	○	○	○
	＞150㎡	×	×	×	×	×	×	×	×	×	×	○	○	○	○

○…建築可能、△床面積や階数に制限があるものの建築可能、×…建築不可
＊1：3階以上に設けるもの、または150㎡を超えるものは不可　＊2：3階以上に設けるもの、または500㎡を超えるものは不可　＊3：3階以上に設けるもの、または300㎡を超えるものは不可　＊4：3階以上に設けるもの、または1,500㎡を超えるものは不可　＊5：3,000㎡を超えるものは不可　＊6：客席が200㎡以上のものは不可　＊7：物販・飲食店を除く　＊8：10,000㎡を超えるものは不可　＊9：危険性や環境を悪化させるおそれが非常に少ないもの　＊10：パン屋・米屋・豆腐屋・菓子屋など食品製造業を営むもの　＊11：農産物直売所、農家レストランのみ。2階以下　＊12：農産物および農業の生産資材を貯蔵するものに限る　＊13：農産物を生産、集荷、処理および貯蔵するもので、著しい騒音を発生しないものに限る

図1｜ 敷地が2つの地域にまたがっちゃったらどうしよう……

敷地が2種類以上の用途地域にまたがる場合、その敷地の過半が属する地域の用途制限が適用される［＊］

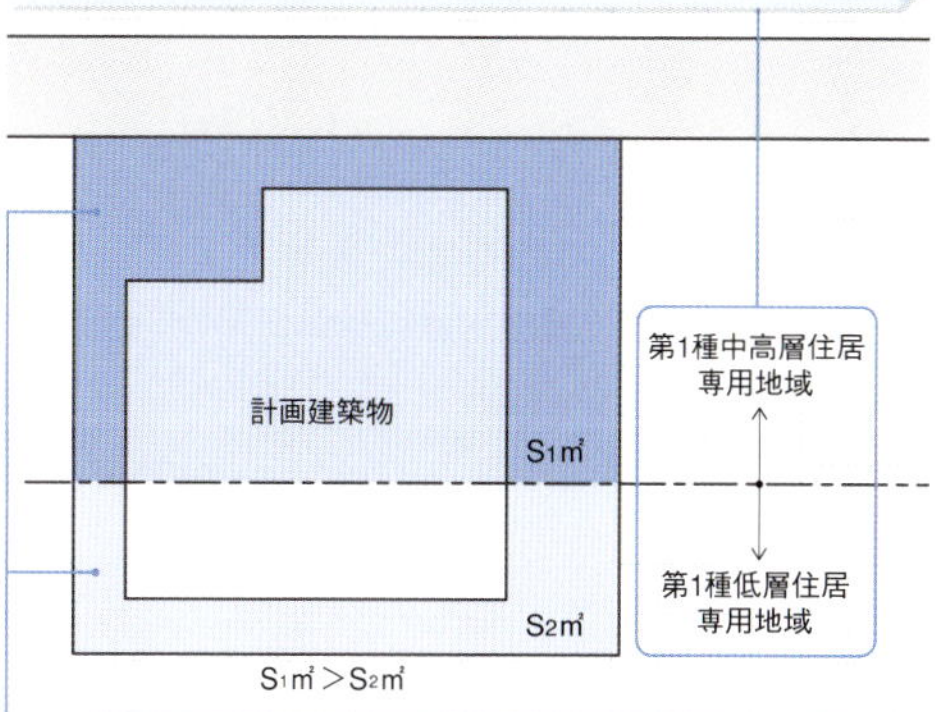

敷地の過半が属する第1種中高層住居専用地域の制限を受ける。そのため、この敷地は、第1種低層住居専用地域にかかっているが、その地域では建築できない物販店舗・飲食店など（500㎡以内、2階以下）が建築可能となる

＊ 敷地が3つ以上の用途地域にまたがり、敷地の過半が属する用途地域がない場合は、用途地域ごとに可・不可を判定し、その過半で決まる［法91条］

図2｜ 都市計画区域はこうなってるのよ♪

都市計画法により、都市計画区域内の市街化を図るべき市街化区域に用途地域が定められている［都市計画法5条、7条］

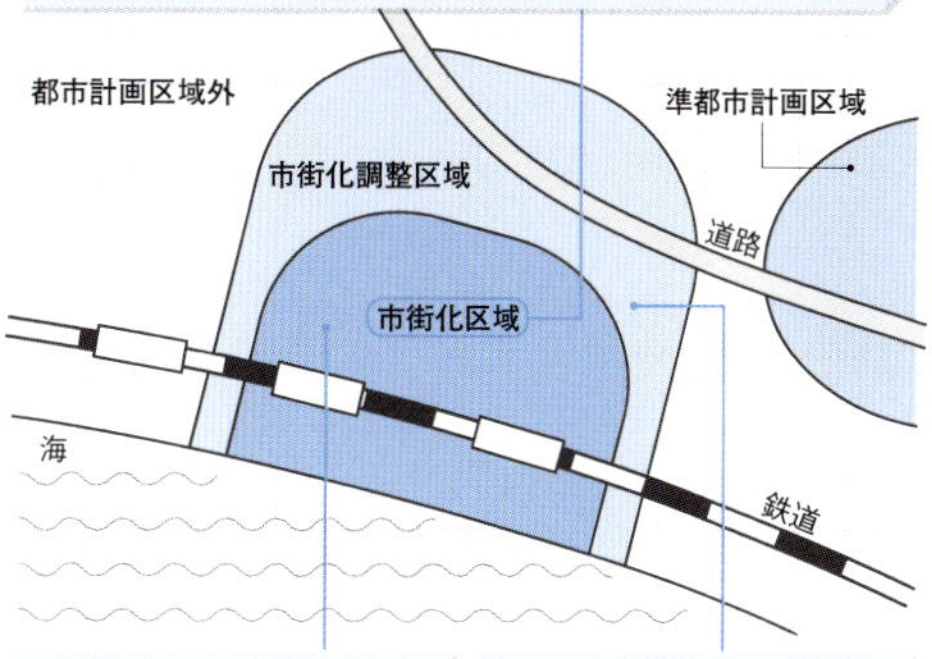

市街化を図るために、用途地域の設定や、道路・下水道などの都市インフラの整備が積極的に行われる区域

農地としての保存や自然風景の維持を図るべき区域、自然災害の発生のおそれがある区域など

※2 患者を入院させるための施設が19人以下のものは「診療所」、20人以上は「病院」と医療法で定義されている｜※3 延べ面積の1／2以上を住宅用途に供するもの。ただし、住宅以外の用途に供する部分の床面積の合計が50㎡を超えるものは除く。内部で行き来が不可能なものは併用住宅という｜※4 この表はすべての制限について記載したものではない（付録「建築知識手帳2018」に用途制限の一覧あり）

田園住居地域

自然派だけど模型も好き

住吉《すみよし》みどり

いちご〔24頁〕の通う、しきちまち高校に平成30年4月1日に入学したいちごの妹。姉のいちごとは趣味の模型づくりで意気投合し、新作をつくっては見せ合う仲。「食と農」を作品のテーマに掲げている。

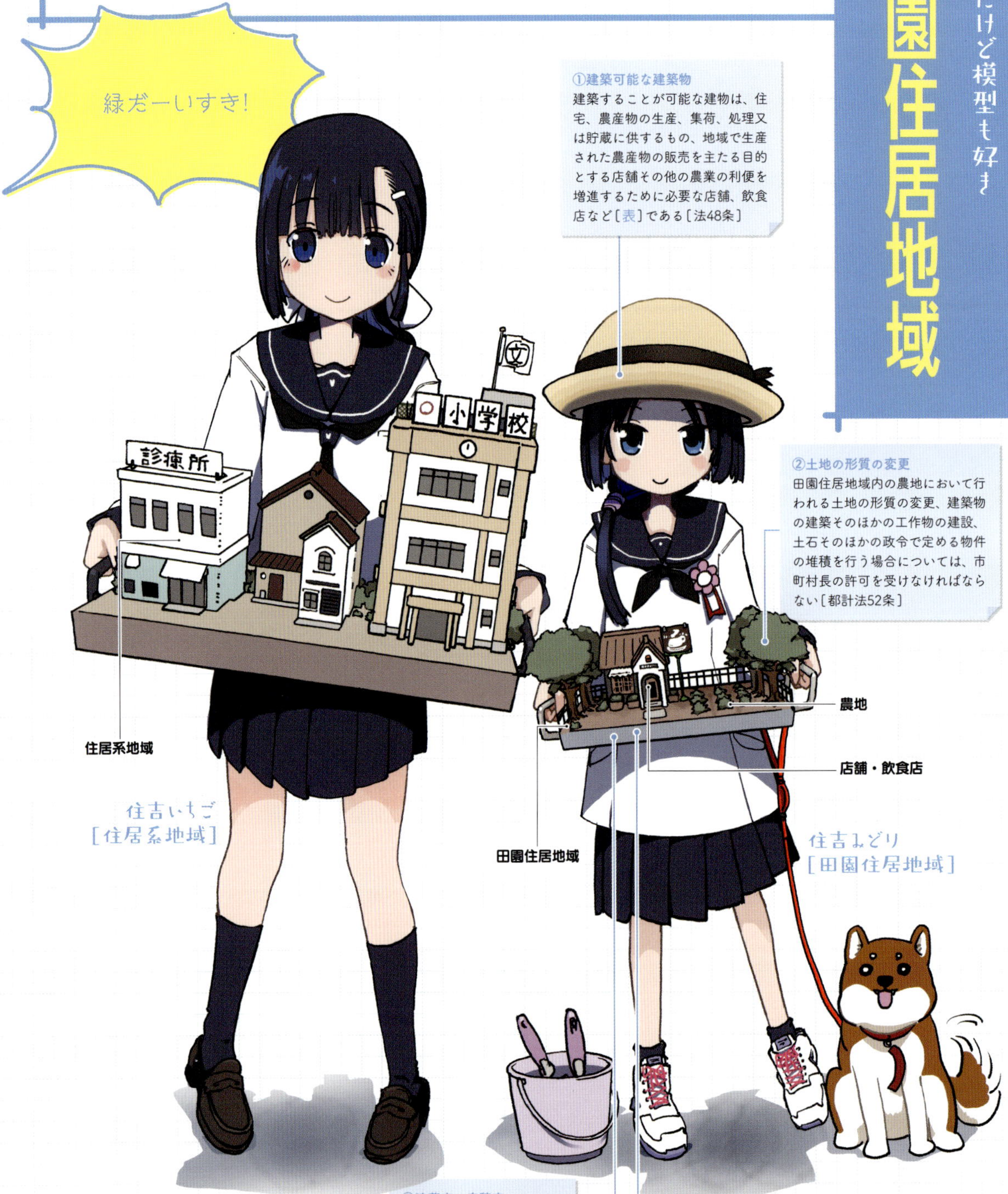

①建築可能な建築物
建築することが可能な建物は、住宅、農産物の生産、集荷、処理又は貯蔵に供するもの、地域で生産された農産物の販売を主たる目的とする店舗その他の農業の利便を増進するために必要な店舗、飲食店など〔表〕である〔法48条〕

②土地の形質の変更
田園住居地域内の農地において行われる土地の形質の変更、建築物の建築そのほかの工作物の建設、土石そのほかの政令で定める物件の堆積を行う場合については、市町村長の許可を受けなければならない〔都計法52条〕

③建蔽率・容積率
建蔽率は30、40、50、60％、容積率は50、60、80、100、150、200％の間で都市計画によって定められる〔法52条、53条〕

④高さ制限
高さ制限として10メートルまたは12メートルが適用される〔法55条〕

田園住居地域は、住居系地域に新たに加わった用途地域である。これは、平成29年5月12日に公布された「都市緑地法等の一部を改正する法律」の施行により追加されたもので、これにより用途地域は13種類となる。準住居地域と近隣商業地域の間に追加されたものである［24頁］。この法律は、公園、広場、緑地、農地等のオープンスペースについて、それらがもつさまざまな機能を生かすのと同時に、現状として抱えている課題を解決するために、都市緑地法、都市公園法、生産緑地法、都市計画法、建築基準法等の各一部を改正する法律の総称である［図］。そのなかで、この田園住居地域の創設は、〝都市の構成要素としての〟農地を、都市計画に本格的に位置付けるためのものといえる。低層住居専用地域と同様の形態規制がなされており、日影を避け、良好な宅地を形成するだけでなく、農地に影が落ちるのを避ける目的もある。そのうえで、農業用施設や農産物直売所などの建築が認められている［表・法48、52、53、55条］。

図1　緑を生かすために、一連の改正があったんだって！

図　都市緑地法等の一部を改正する法律の構成

都市緑地法等の一部を改正する法律

・公園や緑地等のオープンスペースがもつ良好な景観や環境などを、潤いのある豊かな都市の創出に生かす
・災害時の避難地としての役割
・都市内の農地を、住民が身近に自然に親しめる空間として保全する

都市公園法等
→都市公園の再生・活性化が目的

・都市公園での保育所などの設置が可能に
・民間事業者による公共還元型の収益施設の設置管理制度の創設
　－収益施設（カフェ、レストランなど）の設置（管理者を民間事業者から公募選定）
　－設置管理許可期間を10年から20年に延伸、建蔽率の緩和等
　－民間事業者が広場整備などの公園リニューアルを実施
・公園内のPFI事業に係る設置管理許可期間を10年から30年に延伸
・公園の活性化に関する協議会の設置

都市緑地法
→緑地・広場の創出が目的

・民間による市民緑地の整備を促す制度の創設
　－市民緑地の設置管理計画を市区町村長が認定
・緑の担い手として民間主体を指定する制度の拡充
　－緑地管理機構の指定権者を知事から市区町村長に変更、指定対象にまちづくり会社などを追加

生産緑地法、都市計画法、建築基準法
→都市農地の保全・活用が目的

・生産緑地地区の一律500㎡の面積要件を市区町村が条例で引下げ可能に（300㎡を下限）
・生産緑地地区内で直売所、農家レストランなどの設置を可能に
・**新たな用途地域の類型として田園住居地域を創設**
→地域特性に応じた建築規制、農地の開発規制のため

すでに行われている公園整備等に民間の活力を導入することで、貴重な緑・オープンスペースの整備・保全・活用（公園ストックの再生・再編・活用、広場空間の創出、農地の保全等）を効果的に推進。緑豊かで魅力的なまちづくりを実現

表1　田園住居地域に建てられるのは、こんな建物だよ～

1	法別表（い）項第一号から第九号までに掲げるもの
2	農産物の生産、集荷、処理又は貯蔵に供するもの（政令で定めるものを除く。）
3	農業の生産資材の貯蔵に供するもの
4	地域で生産された農産物の販売を主たる目的とする店舗その他の農業の利便を増進するために必要な店舗、飲食店その他これらに類する用途に供するもののうち政令で定めるものでその用途に供する部分の床面積の合計が五百平方メートル以内のもの（三階以上の部分をその用途に供するものを除く。）
5	上記4に掲げるもののほか、店舗、飲食店その他これらに類する用途に供するもののうち政令で定めるものでその用途に供する部分の床面積の合計が百五十平方メートル以内のもの（三階以上の部分をその用途に供するものを除く。）
6	上記1～5の建築物に附属するもの（政令で定めるものを除く。）

道路種別

地味だけどみんなの橋渡し役

道明寺《どうみょうじ》姉妹（いちか・にこ）

人や車を敷地に導く誘導員。妹のいちかは姉より体が大きいのを気にしている。姉のにこは小柄で、結構な年だが子どもっぽい性格。切敷《きりしき》たいら［31頁］によくちょっかいを出して布地の少ない服を着せる。小道《こみち》せつ［左頁］とは普段から仲がよく、面倒を見ている。

①建築基準法上の道路

「道路」は法42条1～5項で規定されている。法42条1項に基づく道路はすべて4m以上のもので、1号～5号の5種類に分類される

道路種別		内容
法42条1項	1号	道路法による道路。一般の公道（国道・都道府県道・市町村道・特別区道）
	2号	都市計画法・都市再開発法・土地区画整理法などにより築造された道路（開発道路）
	3号	都市計画区域になった際すでにあった道（既存道路）
	4号	2年以内に事業が執行される予定のもので、特定行政庁が指定したもの（計画道路）
	5号	建築基準法に基づき特定行政庁から位置の指定を受けたもの（位置指定道路）

②法42条2項道路（みなし道路）

都市計画区域等の指定の際すでにあった幅員4m未満の道路で、特定行政庁が指定したもの。一般的には道路中心線より2mまたは3m後退した線をもって4mまたは6mとみなす［法42条2項］

道明寺いちか
［法42条1項道路］

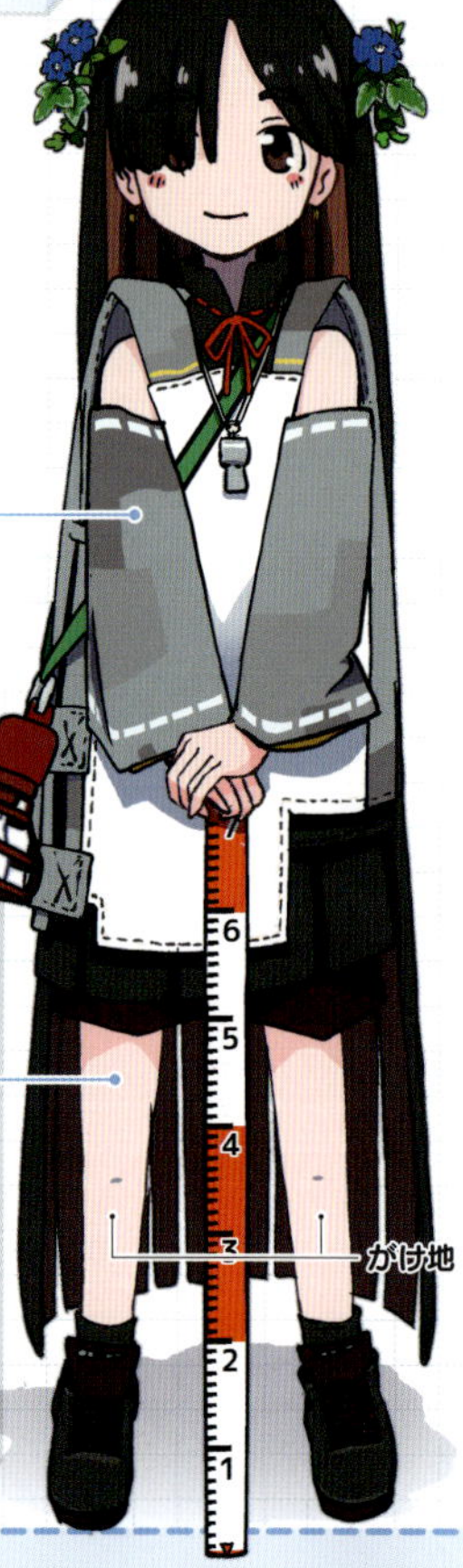

道明寺にこ
［法42条2項道路］

③道路内の建築制限

道路内での建築行為は原則として認められない。ただし公衆便所や交番など公共性の高いもので、特定行政庁が建築審査会の同意を得て許可した場合は、道路内に建築できる。また、建築物を道路の地盤面下に設けることは可能［法44条］

④がけ地や川に沿う場合

一方ががけ地、川などの場合はその境界線より4mまたは6m後退した線を道路境界線とする［法42条2項］

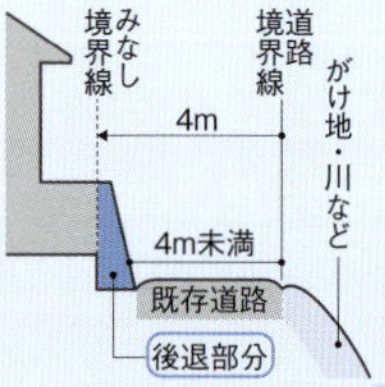

表｜法42条3～5項の道路

道路種別		内容	幅員（W）
法42条	3項	土地の状況により4mまたは6mに拡幅することを期待しがたい場合は、4m未満、2.7m以上となるように指定できる	2.7m≦W＜4m（6m）
	4項	特定行政庁が以下の①～③に該当すると認めて指定したものは、幅員6m未満でも1項道路とみなす。①周囲の状況により避難・通行の安全上支障がないと認められた幅員4m以上の道、②地区計画などに適合している4m以上の道、③6m区域指定時に現に存する6m未満の道	W＜6m
	5項	6m区域指定時に現に存していた道で、特定行政庁が指定したもので幅員4m未満のものは、6m区域指定時に境界線とみなされていた線を境界とみなす	W＜4m

基準法上の道路［※1］は原則として、都市計画区域内または準都市計画区域［120頁］内の幅員4m以上の、地下にあるもの以外を指す［※2・法42条］。道路内には、建築物や敷地を造成するための擁壁などを設けることはできない。建築物の一部である出入口や窓の扉が道路に突き出ることも不可［※3・法44条］。

※1「道路」という用語は、都市計画・準都市計画区域内に限り適用される規定で使われ、それ以外の区域にも適用される避難規定［令128条］などでは、「道」と表現される［法41条の2］｜※2 地方の気候風土の特殊性や土地の状況によって、特定行政庁が6m以上と指定する場合もある｜※3 建築物に付属する門、塀も道路内に設けることはできない

接道

寂しがり屋の甘えん坊

小《こ》道《みち》せつ

道明寺姉妹［右頁］のいとこ。重度の甘えん坊で、道明寺姉妹と手をつないでいないとすぐ泣く。たいら［31頁］とも仲がよく、道明寺姉妹とたいらとの仲を取り持っている。おかげでたいらは道明寺姉妹の可愛がり（ちょっかい）を受けている。

①敷地の接道義務
建築物の敷地は法42条に規定する道路に2ｍ以上接する必要がある［法43条］

②路地状敷地の接道要件
敷地が路地状になっている場合、接道部分が2m以上であっても、途中の路地状部分の幅員が2m未満になっている箇所があってはならない［図・法43条］

③自動車専用道路
自動車専用道路などは接道対象道路に該当しない［法43条1項、令144条の5］

④接道が2カ所以上ある場合
敷地の2カ所以上が道路に接している場合、そのうちの1カ所は必ず2m以上接していなければならない。接道部分の合計が2m以上であっても、接道義務の要件を満たしていることにはならない［図・法43条］

⑤公園や広場などによる接道の緩和措置
敷地の周囲に公園や広場がある場合、接道要件を満たしていなくても、その敷地での建築が認められることがある［法43条1項★、規則10条の2の2］

図｜敷地接道の考え方

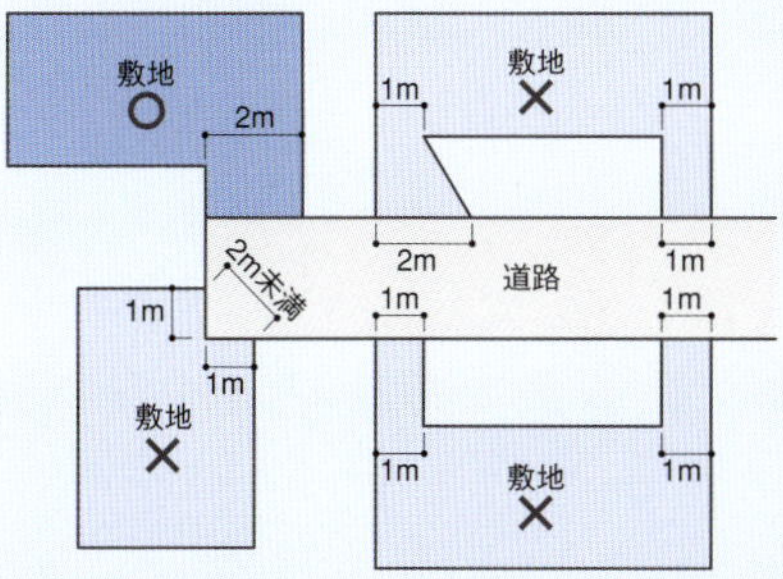

○：接道の要件を満たす　×：接道の要件を満たさない

建築物の敷地は2m以上の接道が義務づけられているが、特定行政庁が交通上支障がないと認め、建築審査会の同意を得て許可した場合や、公益上必要な応急仮設建築物などは、接道義務を免除される。特殊建築物や大規模な建築物などには、避難または通行の安全を十分に確保するために、敷地が接する道路の幅員や接道部分の長さの制限を、地方公共団体の条例で付加できる［※1］。道路と敷地に高低差がある場合などは、道路と敷地が行き来できないと接道とはみなされないので、道路に通ずる階段や傾斜路などが必要となる［※2・法43条］。

ちゃんとつかんでてください〜

※1 法43条2項★により避難または通行の安全面を考慮し、各地方の実情に合わせて定めることができる
※2 一般的には道路と敷地の間に水路がある場合は法43条のただし書き許可を得ることなどにより、接道条件を満たすことができる
★ 平成30年6月27日に改正公布。公布後3ヶ月以内に施行予定

野分《のわき》よう

いちご［24頁］の模型オタク友達で、彼女から影響を受けている。自分で決めたルールで模型が配置できなくなり、よく頭を悩ませている。マイペースな性格だがたいら［左頁］やせつ［29頁］には弱い。

模型遊びに熱中する頑固者

用途上可分・不可分

①1敷地1建築物が原則

(1)の場合、AとBが用途上可分の関係なので、敷地を分割し別敷地として建築する［※］。(2)の場合は敷地分割すると、AとBの建築物用途上の機能が満たされないため（用途上不可分）、敷地を分割する必要はない［令1条1号］

(1) 用途上可分の例

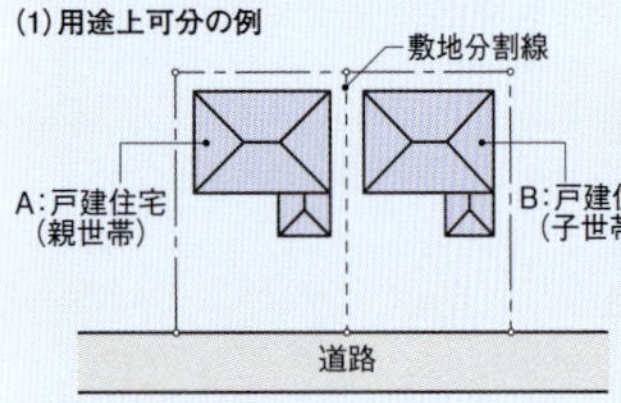

(2) 用途上不可分の例

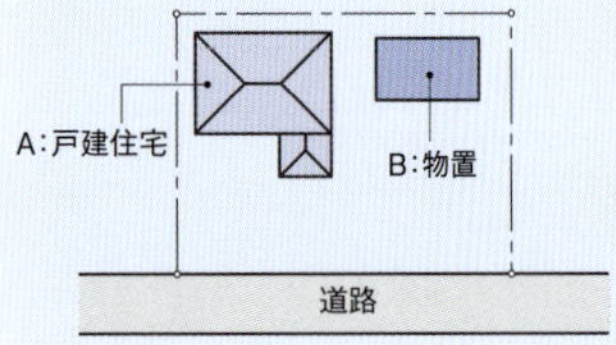

②用途上不可分

用途上不可分の建築物とは、敷地内にある2以上の建築物を分離した際、用途の目的を果たせなくなるものを指す［表］。自動車車庫や自転車置場も住宅と用途上不可分とされるため、敷地を分割せずに建築可能。ただし、住居系の用途地域で自動車車庫を計画する場合、面積や設置階について制限を受ける［法48条、法別表2］

③敷地分割時の接道義務

敷地を分割して別敷地として建築物をつくる場合は、それぞれの敷地に対して接道義務が生じる［29頁・法43条］

表｜用途上不可分の例

主要用途	用途上不可分な建築物の例
住宅	倉庫、物置、離れ［＊］など
共同住宅	自動車車庫・自転車置場、設備室、集会場、管理上必要な諸室など
旅館・ホテル	離れ（客室）、浴室棟、あずまや、自動車車庫など
工場	事務室棟、倉庫、機械室、更衣室棟、浴室棟、食堂棟、守衛室など
学校	体育館、図書館、給食室、倉庫など

＊ 原則として台所や浴室などが設置されていない室

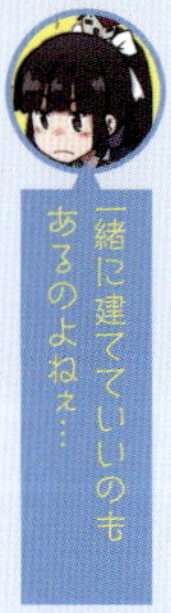

敷地は施行令において、「一の建築物または用途上不可分の関係にある二以上の建築物のある一団の土地」と定義されている。つまり1敷地に2以上の建築物を建てる場合、建築される相互の建築物が用途上不可分の関係でなければならない。相互の建築物が用途上・機能上一体として利用する必要がない場合は用途上可分となり、敷地を分割したうえで、1つの建築物ごとに1つの敷地とする必要がある［表・令1条1号］。

※ 特定行政庁の基準に従って一団地認定［法86条］された場合、1敷地1建築物の原則の例外が認められる。ただし、道路により分断される土地は所有者が同一であっても1敷地（一団の土地）とはみなされない

敷地面積

恥ずかしがり屋のいじられキャラ

切《きり》敷《しき》たいら

服飾学校の生徒。間地率子《まじりつこ》［38頁］と有積《ありづみ》あい［34頁］の同級生で、彼女らのファッションリーダー的存在。ただし、露出の多い服装は道明寺姉妹［28頁］やせつ［29頁］によって着せられたものである。

①敷地面積は水平投影面積

敷地面積は敷地の水平投影面積により算定する。敷地面積によって建築面積や延べ面積など建物の規模が決まる［令2条1項1号］

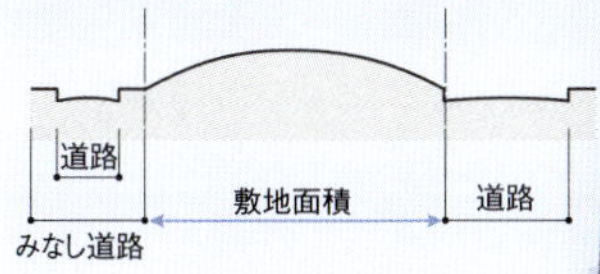

②隅切りの取り扱い

位置指定道路［28頁］や、都市計画法29条の開発許可によって設けられた隅切り部分は敷地面積に算入することはできない［※1・令144条の4第2項］

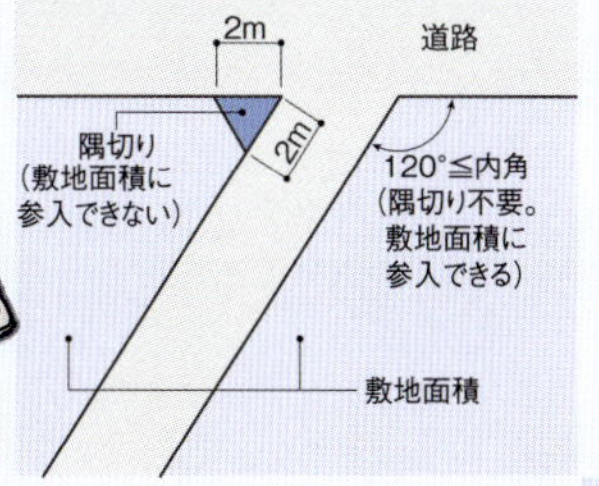

③道路後退部分は不算入

法42条2項、3項または5項の道路［28頁］の規定によって、道路の境界線とみなされる線まで後退した部分（みなし道路部分）は、敷地面積に算入しない［法42条2項、3項、5項、令2条1項1号］

④一団地認定を受けられる場合

道路により分断された土地は一団の土地に該当しない。ただし、学校の「校舎」と「体育館」などのように用途上不可分な土地［右頁］の場合は、一団地認定を受けることにより、一団の土地とすることができる［法86条］

どこまでが敷地面積なの……？

基準法で定められた敷地とは、建築物の用途や使用形態と機能上密接に関連した土地を指す。確認申請時には敷地面積求積図が必要となる。しかし、敷地面積は土地や建築物の所有権などで判断するものではないため、登記簿上の面積と必ずしも同一ではない。

敷地面積とは建築物の建つ敷地の面積のことで、土地の表面積ではなく、その水平投影面積である。建物の規模が決まる延べ面積や建築面積は、敷地面積を基準に算定される。法42条2項道路（みなし道路）に面した敷地の場合、その道路の中心から2m（もしくは3m）後退した部分が道路境界線となる。そのため、後退部分は敷地面積に算入されない［法42条2項、令2条1項1号］。

敷地内に計画道路がある場合でも、面積を算定する時点で計画決定のみの場合は、敷地面積に算入する［※2］。ただし、2年以内に事業の執行が予定され、特定行政庁により、法42条1項4号の規定による道路の指定を受けた場合、指定範囲は敷地面積に算入できない。

※1 幅員6m未満の道路が交差するかど敷地で、条例等により隅切り部分を道路状に整備し、建築物を突出させないようにしたものは、基準法の道路ではないので、敷地面積に算入できる［東京都建築安全条例2条など］｜※2 計画道路とは、将来、道路として整備することを都市計画で定めた都市施設［都市計画法11条］。計画決定のみの場合であれば、基準法上の道路には該当しない。計画道路内に建築物を建てる場合は、都市計画法53条に基づく許可が必要となる

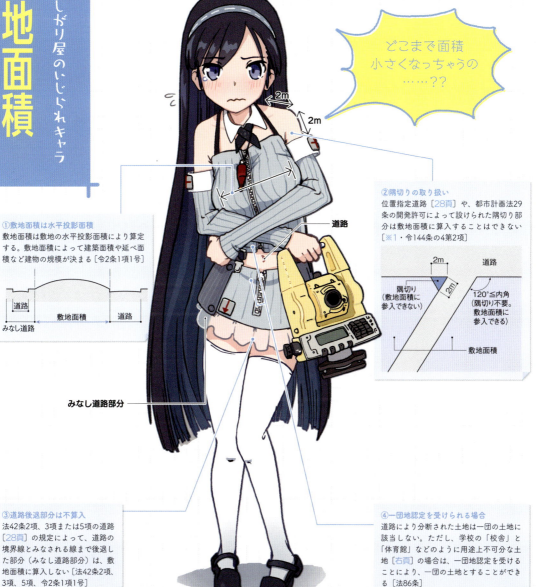

建築面積・延べ面積

服装にこだわる似たものどうし

覆《おお》平《ひら》かげ・庵《あん》床《とこ》多《た》恵《え》

2人は服飾学校の同級生。覆平かげはワンピース着用、庵床多恵は重ね着が好き。でも服の傾向が似ており、間違われやすい。

裾のステッチが大切なんです～
私たち似てるけど間違えないでね！
庵床多恵
[延べ面積]

②小屋裏物置などの床面積への不算入

小屋裏や床下などの、余剰空間を利用して設ける物置などで、最高内法高さ1.4m以下、かつ水平投影面積が存する階の床面積の1/2未満など、一定の条件を満足するもので、用途を物入れに限定している場合、階としてみなさず、床面積にも算入しない［左頁図2・※・平12国住指682号］

①建築面積

建築物が敷地を覆う部分の面積で、建築物の外壁またはこれに代わる柱の中心線で囲まれた部分の水平投影面積［令2条1項2号］

③開放性の高い部分の一部は除外

1m以上跳ね出す庇などの建築面積は、その先端から1m後退して計算する。開放性が高い建築物の場合も、条件を満たせば端から1m以内の部分は除外される［令2条1項2号、平5建告1437号］

高い開放性を有する建築物の建築面積

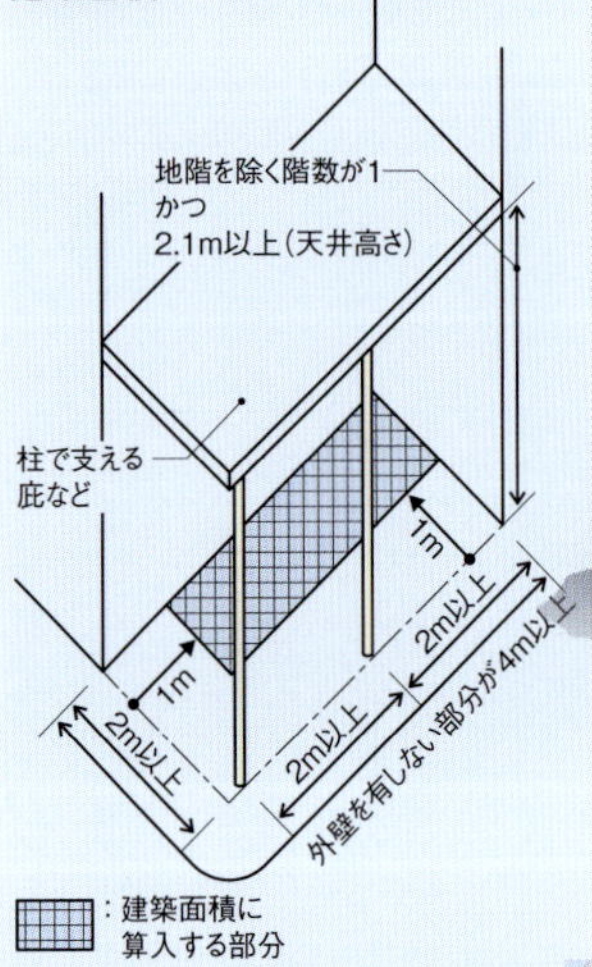

④床面積

床面積とは、建築物によって区画された内部空間の面積のことで、建築物の各階またはその一部について、壁そのほかの区画の中心線で囲まれた部分の水平投影面積を指す［※・令2条1項2号］

⑥面積の算定

区画のための壁などの中心線は、床面積を算定する際に使用。主要構造部壁体の厚みの中心線とすることが基本［令2条1項3号］

⑤延べ面積

延べ面積とは、建築物の各階の床面積の合計のこと［※・令2条1項4号］

※ 特定行政庁によっては異なる基準を設けている場合がある

ちゃんと覚えて建物の大きさを決めてね～

建築物には、いろいろな「面積」がある。それぞれ、建築基準法で算定方法が定義されていて、それらに基づき、敷地内に建てられる建築物の大きさなどが制限される［表1］。

建築物が敷地を覆う部分の面積が「建築面積」だ。建築物の外壁またはそれに代わる柱の中心線［図1］で囲まれた部分の水平投影面積、つまり建築物を真上から見たときの面積がそれにあたる。

「床面積」は、建築物の各階またはその一部において、壁そのほかの区画の中心線で囲まれた部分の水平投影面積。「延べ面積」とは、建築物の各階の床面積の合計のことである［令2条1項2～4号］。

ピロティやポーチ、屋外階段などの特殊部分は、各種の条件により、これらの面積への算入・不算入の扱いが変わってくるため、気をつけたい［表2・昭61住指発115号］。

建築面積は建蔽率［38頁］と、延べ面積は容積率［34頁］と、それぞれ密接に関係してくるので、両者の違いをしっかり把握しておく必要がある。

表1 「面積」の定義はみんなちょっとずつ違うから注意してね～

項目	関係法令	説明
建築面積	令2条1項2号 平5建告1437号	建築物（地階で地盤面上1m以下にある部分を除く）の外壁またはこれに代わる柱の中心線（1m以上跳ね出す庇などはその先端から1m後退）で囲まれた部分の水平投影面積による。ただし告示で指定する、開放性が高い建築物の場合は、端から1m以内の部分は除外される
床面積	令2条1項3号 昭61住指発115号	建築物の各階またはその一部で、壁そのほかの区画の中心線で囲まれた部分の水平投影面積をいう。ピロティ、ポーチ、吹きさらし廊下、出窓など特殊部分の床面積の算定方法は別途定められている［表2・*］ 区画の中心線の設定方法は、建築物の構造ごとに異なる［図1］
延べ面積	令2条1項4号 令2条3項	建築物の各階の床面積の合計をいう 容積率算定［35頁］の場合、自動車車庫、駐輪場部分の床面積は、敷地内建築物の各階の床面積の合計の1／5以内に限って、延べ面積の算入からは除外される。なお、平成24年9月の改正により備蓄倉庫部分は1／50、蓄電池設置部分は1／50、自家発電設備設置部分は1／100、貯水槽設置部分は1／100について、それぞれ自動車車庫等と同様に除外されることになった。ただし、容積率の最低限度に係る当該容積率の算定の基礎となる延べ面積からは除外されない
築造面積	令2条1項5号	工作物の水平投影面積による。ただし、大臣が別に算定方法を定めた工作物については、その算定方法による。工作物に対する定義はないが、工作物のうちで屋根があると建築物とされる

＊ 容積率算定の場合の延べ面積とは異なる

図1 区画の中心線の取り方は構造・工法によって変わるんだから！

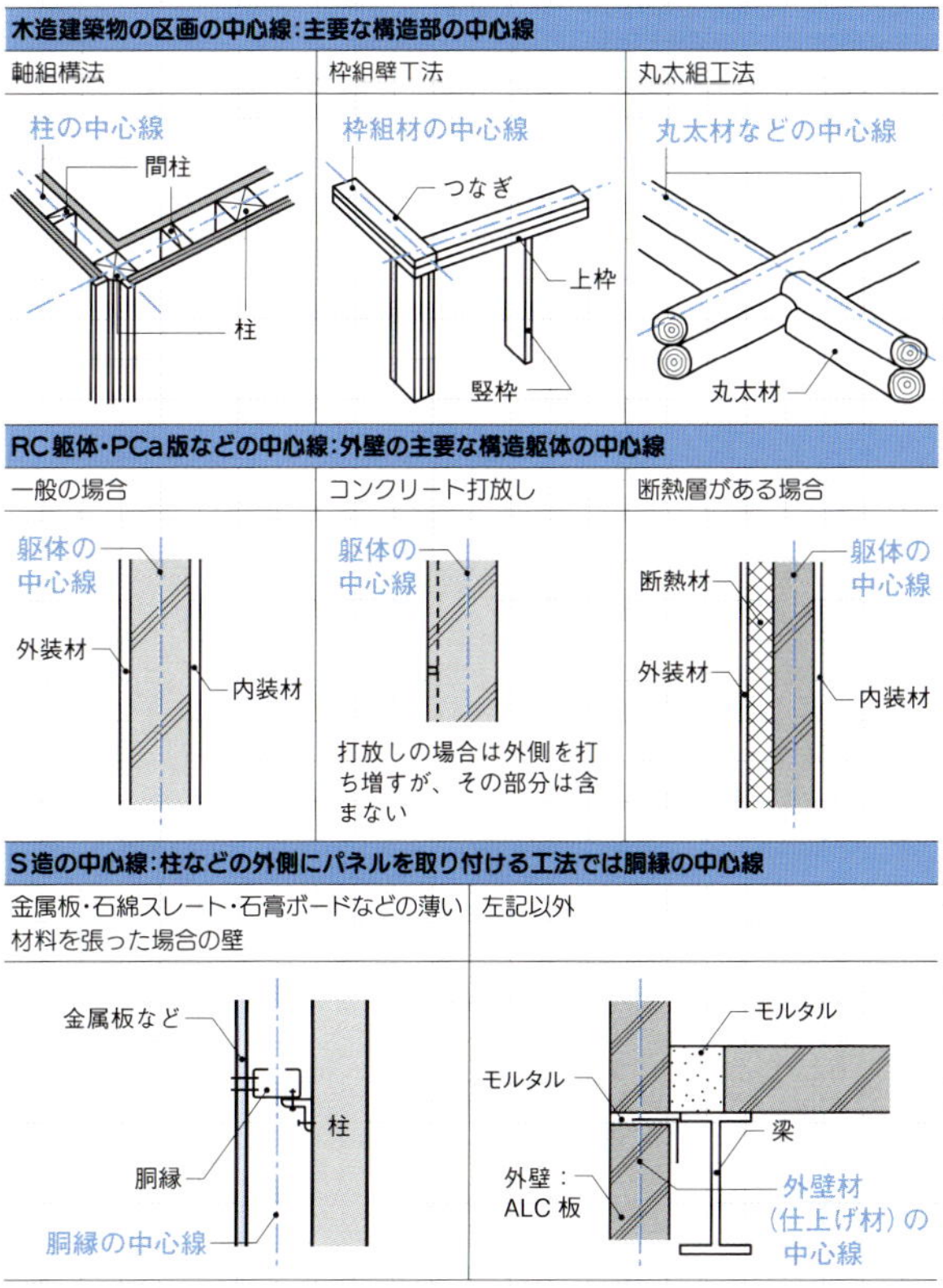

表2 特殊部分の床面積への算入・不算入をチェックしといて！

項目	説明
ピロティ	十分に外気に開放され、明らかに屋内的用途に供しない部分は、床面積に算入しない
ポーチ	原則として床面積に算入しない
吹きさらしの廊下	外気に有効に開放されている部分の高さが1.1m以上、かつ、天井の高さの1／2以上である廊下については、幅2mまでの部分を床面積に算入しない
屋外階段	外気に有効に開放されている部分の長さが当該階段の周長の1／2以上で、高さが1.1m以上、かつ当該階段の天井の高さの1／2以上である階段は、床面積に算入しない
エレベータ昇降路	原則として、各階において床面積に算入する。ただし、エレベータが停止しない階であることが明らかである階については、床面積に算入しない
出窓	下端の床面からの高さが30cm以上、周囲の外壁面からの水平距離が50cm以上突き出ていない、見付け面積の1／2以上が出窓である。以上の各構造を満たした出窓については、床面積に算入しない
機械式駐車場	床として認識することが困難な形状の部分については、1台につき15㎡を床面積として算定する
機械式駐輪場	床として認識することが困難な形状の部分については、1台につき1.2㎡を床面積として算定する

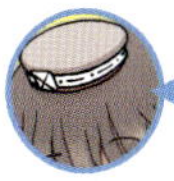

図2 この小屋裏・天井裏・床下が階だなんて言わせないわよ！

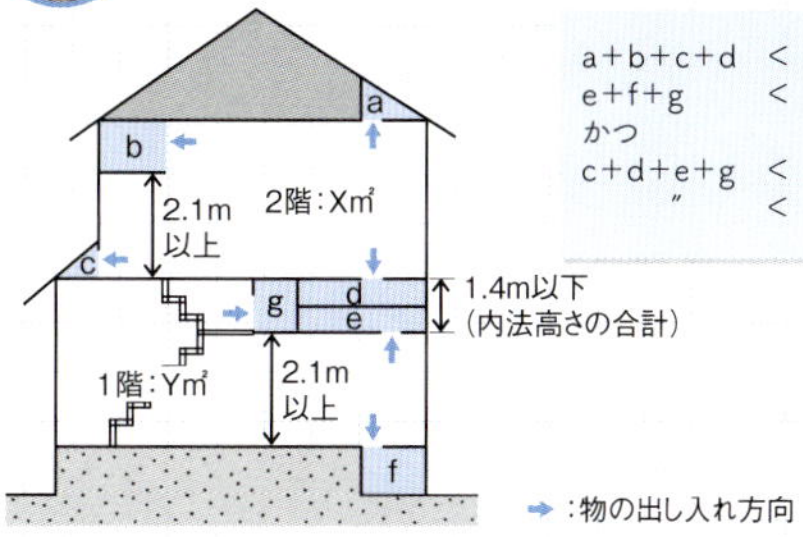

$a+b+c+d < X/2$
$e+f+g < Y/2$
かつ
$c+d+e+g < X/2$
〃 $< Y/2$

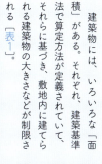

容積率

道路の大きさに右往左往する心配性

有《あり》積《づみ》あい(通常時)

率子［38頁］と同級生。たいら［31頁］や後輩の多恵［32頁］と特に仲良し。気が小さくて、荷物が多い。おとなしい性格だが表裏があるらしい……。

私のことも
気にして
くれます…？

①容積率

敷地面積［31頁］に対する延べ面積［32頁］の割合を容積率という。敷地の用途地域によっても容積率の制限（指定容積率）が異なる［左頁表・法52条］

③みなし道路幅員

都市計画による容積率の上限の範囲内で、特定道路の近くでは以下の(1)~(3)の条件を全て満たす場合、みなし道路幅員による容積率の緩和が受けられる。

(1)敷地の前面道路の幅員が6m以上12m未満

(2)幅員15m以上の特定道路に(1)がつながっている

(3)その延長が70m以内の場合

［左頁図1・法52条9項、令135条の18］

⑤敷地から特定道路までの延長の測り方［※1・法52条9項］

(1)通常の場合

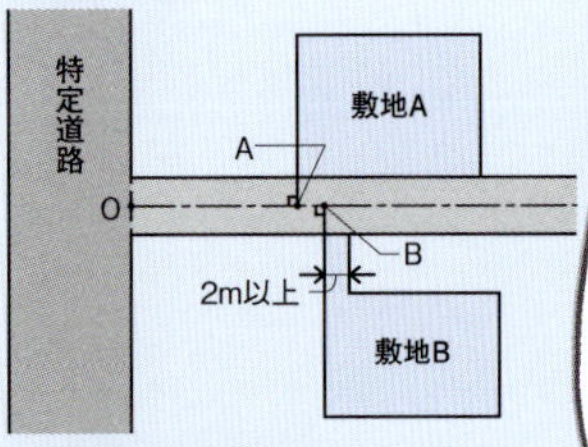

特定道路からの距離L

敷地A：$\overline{OA}$　敷地B：$\overline{OB}$

(2)道路に傾斜のある場合

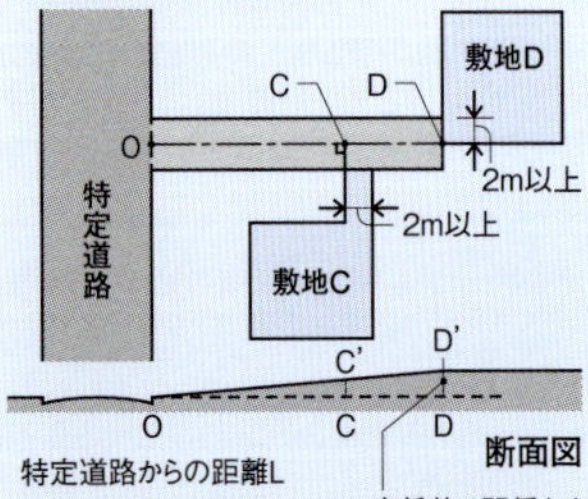

特定道路からの距離L

敷地C：$\overline{OC}$　敷地D：$\overline{OD}$　高低差は関係なく水平距離を用いる

(3)道路が屈曲している場合

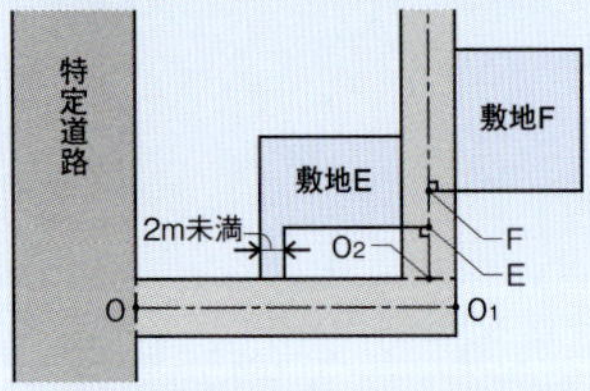

特定道路からの距離L

敷地E：$\overline{OO_1}+\overline{O_2E}$　敷地F：$\overline{OO_1}+\overline{O_2F}$

②容積率対象面積

建築物の各階の床面積を合計した面積（延べ面積）から容積率算定に除外される部分を引いた面積のこと。そのため、32頁でいう延べ面積とは異なる［令2条1項4号、3項］

④前面道路

幅員が12m未満の前面道路に面する敷地の場合、容積率は前面道路の幅員によって変化する。指定容積率を上限として、敷地に面する前面道路の幅員が大きくなれば、容積率も大きくなる［左頁表・法52条2項］

⑥吹きさらしの廊下

バルコニー・吹きさらしの廊下などで、一定の条件を満たすものは幅2m以内の部分は床面積に算入されない。屋根がない場合は距離にかかわらず算入しない［令2条1項4号、昭61住指発115号］

※1 敷地より特定道路までの延長は、基本的には前面道路が特定道路に接する部分の中心点を起点として、前面道路の中心線に対して敷地の前面道路に接する部分の特定道路に最も近い点からおろした垂線の交点までの水平距離とする。なお、個別の事例については特定行政庁において判断される

接する道路のことも考えておかなきゃ…

敷地面積［31頁］に対する建築物の延べ面積［32頁］の割合を容積率という。また、特定行政庁の都市計画で用途地域ごとに容積率の制限があり、これを指定容積率という。指定容積率は低層住居地域では小さく、商業地域では大きく設定されている［表］。

容積率は前面道路幅員でも制限される。基準法では前面道路幅員が12m未満の場合、前面道路幅での制限容積率を算出［※2］、これと指定容積率を比較して厳しいほうを採用する。建築物を計画する場合、容積率が指定容積率や前面道路幅での制限を超えないようにする。［法52条1項、2項］。

前面道路の幅員が一定でない場合は、原則として敷地が接する部分の長さが2m以上となる最大の幅員部分を前面道路として算出する。前面道路が2以上ある場合は、2mの接道義務を満たす部分の最大幅員を前面道路とみなす［図2・法52条2項、7項］。

前面道路が15m以上の特定道路に接続する場合［図1］などは、容積率の緩和が適用される［法52条9項］。

表1 容積率は道路幅員にも関係するの……

適用要件等	用途地域（略称）1低	2低	田住	1中	2中	1住［＊1］	2住［＊1］	準住［＊1］	近商［＊1］	準工［＊1］	商業	工業	工専	無指定
①指定容積率（%）	50 60 80 100 150 200			100 150 200 300 400 500							200 300 400 500 600 700 800 900 1,000 1,100 1,200 1,300	100 150 200 300 400		50 80 100 200 300 400 ［＊2］
②幅員<12mの場合（×100%）	幅員最大の前面道路幅員（m）×0.4			幅員最大の前面道路幅員（m）×0.4（ただし、特定行政庁指定区域内では前面道路×0.6）					幅員最大の前面道路幅員（m）×0.6（ただし、特定行政庁指定区域内では前面道路×0.4または0.8）					

＊1 高層住居誘導地区内では、住宅部分の床面積≧延べ面積×2／3に限り、法定容積率の1.5倍以下でかつ政令が定める方法で算出した数値内で、都市計画で定められた数値による
＊2 50〜400%で記載指定容積率のうち特定行政庁が都市計画審議会の議を経て定める

図1 みなし道路幅員の算定も忘れないでね？

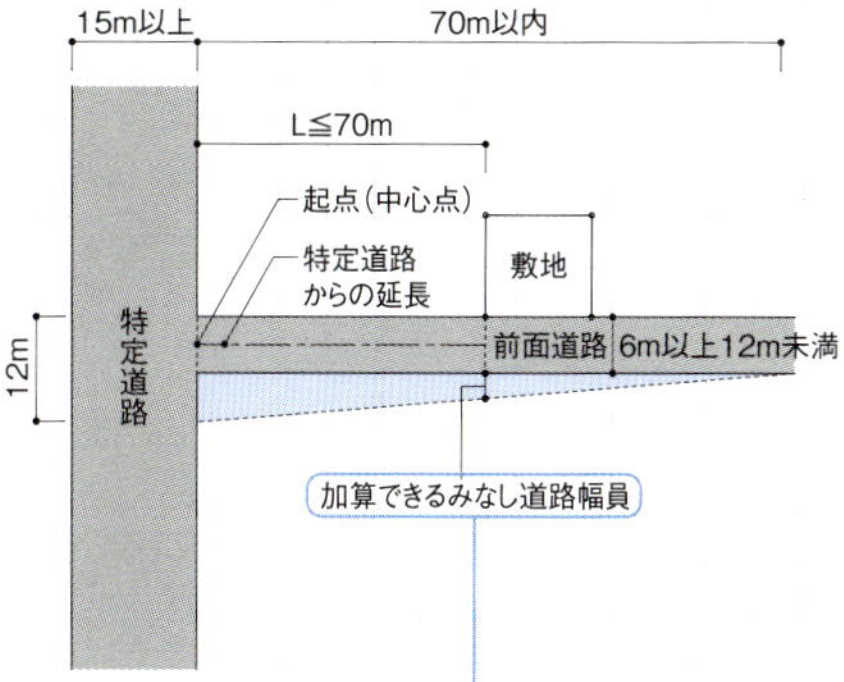

容積率算定上の前面道路幅員に特定道路からの距離に応じて算定した数値を前面道路幅員に加算されること（みなし道路幅員）で、容積率が緩和される

図2 敷地に面した道路の幅員をきちんと見極めてほしいな

①幅員が異なる道路の算定

2m以上接道して最大幅員を確保できる部分の幅が、前面道路の幅員Aとなる

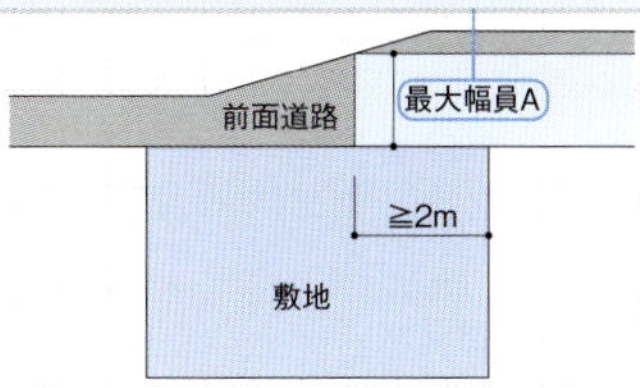

②前面道路幅員＜12mの場合の算定

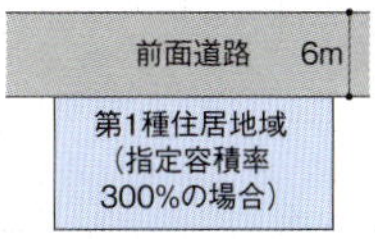

6m×0.4=2.4=（240%）
300%>240%
→この敷地の容積率=240%

前面道路幅員が12m未満の場合、その幅員に用途地域ごとに定められた割合の値を求め、その敷地の指定容積率と比べて厳しいほうの値がその敷地の容積率となる

③敷地が制限の異なる地域などにわたる場合の加重平均による容積率の算定［※3］

前面道路幅員≧12mの場合

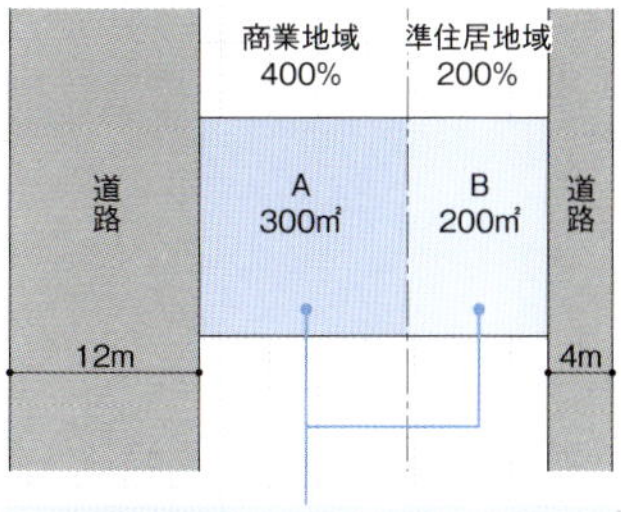

この場合、容積率は指定容積率となる
［基準容積率］
（300㎡×400%＋200㎡×200%）／（300㎡＋200㎡）＝320%
［敷地全体の延べ面積の限度］
500㎡×320%＝1,600㎡

前面道路幅員＜12mの場合

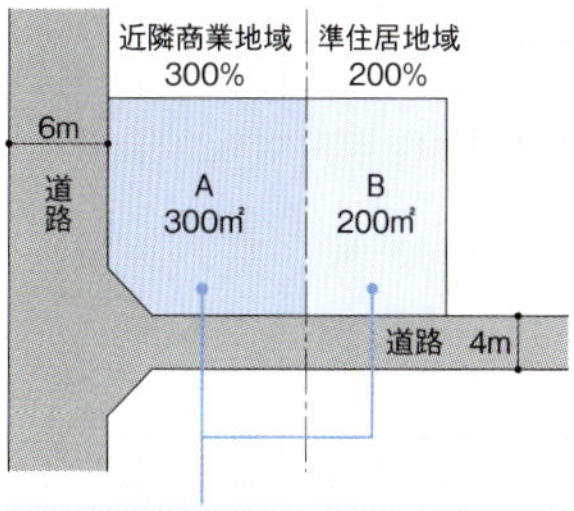

この場合、前面道路による容積率、かつ指定容積率以下となる
A：6m×0.6＝360%＞300%⇒300%
B：6m×0.4＝240%＞200%⇒200%
［基準容積率］（300㎡×300%＋200㎡×200%）／（300㎡＋200㎡）＝260%
［敷地全体の延べ面積の限度］
500㎡×260%＝1,300㎡

※2 前面道路幅（＜12m）に用途地域による係数（0.4か0.6か0.8）を乗じて算出する
※3 前面道路が2以上ある場合は、2mの接道義務を満たす部分の最大幅員を前面道路幅員とみなす

有積あいの本気の姿

容積率の緩和

有積あい（本気の姿）

通常時〔34頁〕のおとなしい性格と比べて、派手な明るい性格に変貌する。仲のよい庵床多恵〔32頁〕や切敷たいら〔31頁〕はこの姿を知っている。買い物がしたくなり、いつも荷物が多くなる。

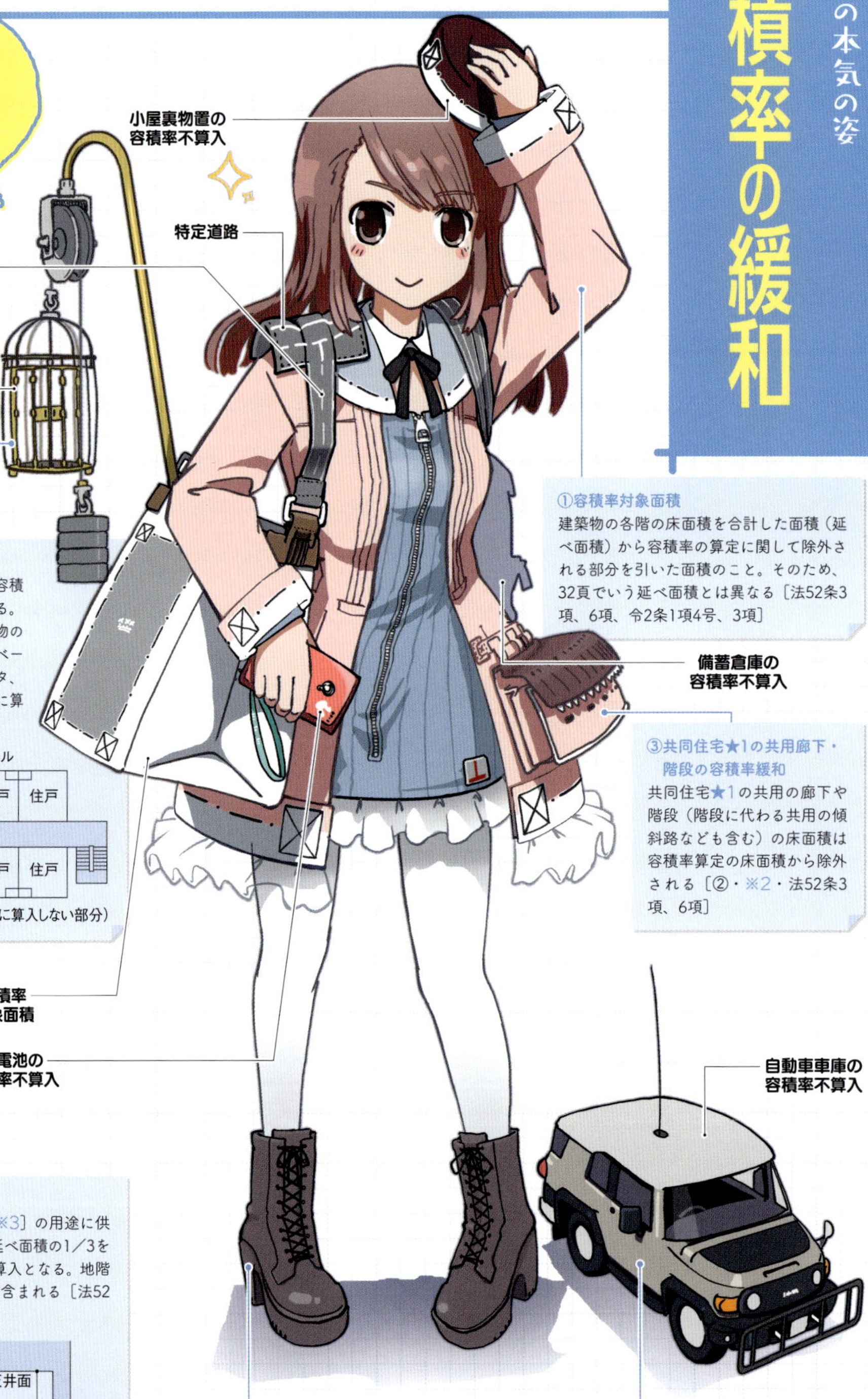

①容積率対象面積

建築物の各階の床面積を合計した面積（延べ面積）から容積率の算定に関して除外される部分を引いた面積のこと。そのため、32頁でいう延べ面積とは異なる〔法52条3項、6項、令2条1項4号、3項〕

②エレベータ昇降路

エレベータ昇降路の床面積は容積率算定の床面積から除外される。除外面積の上限はなく、建築物の用途も限定されないが、エレベータのみが対象で、エスカレータ、小荷物専用昇降機は延べ面積に算入となる〔※1〕

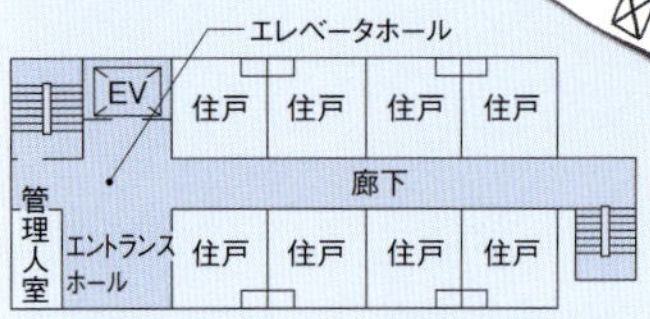

：容積率緩和の対象(延べ面積に算入しない部分)

③共同住宅★1の共用廊下・階段の容積率緩和

共同住宅★1の共用の廊下や階段（階段に代わる共用の傾斜路なども含む）の床面積は容積率算定の床面積から除外される〔②・※2・法52条3項、6項〕

④地階の容積率不算入

住宅または老人ホームなど〔※3〕の用途に供する部分の地階の床面積は、延べ面積の1/3を限度に、容積率算定面積に不算入となる。地階の判定条件には下図のものも含まれる〔法52条3項〕

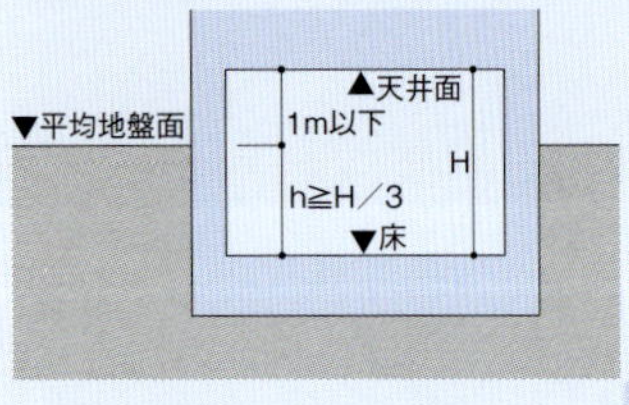

⑤自動車車庫の容積率不算入

自動車または自転車の停留・駐車のための施設（誘導車路、操車場所及び乗降場を含む）の用途に供する部分は、敷地内にある建築物の延べ面積の1/5を上限として、容積率算定面積に不算入となる〔左頁表1・令2条1項4号、3項〕

※1 工場などの生産・配送設備である垂直搬送機や、機械式駐車場などの設備は基準法上の昇降機に該当しないため、容積率不算入の対象外｜※2 昇降機機械室用の階段など居住者が住戸への通行に一般的に用いないものは、延べ面積に算入。住宅と非住宅の両方に供される共用の廊下がある場合、その廊下の床面積を住宅と非住宅の専用面積の割合を乗じて按分した面積をそれぞれの床面積として算入し計算する｜※3 老人ホーム、福祉ホームその他これらに類するもの

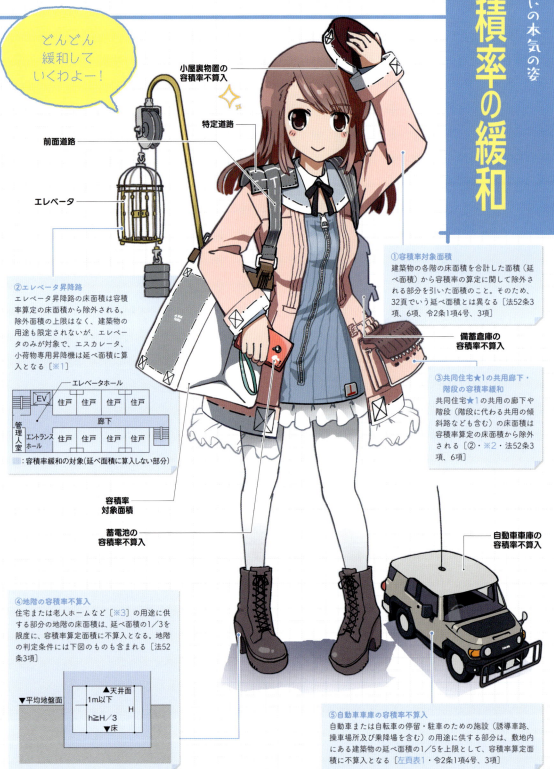

設備や条件でどんどん緩和されてウケる

自動車車庫などの床面積は、建築物の用途にかかわらず容積率［34頁］緩和の対象となる。なお、緩和される面積の上限は、敷地内にある建築物全体の延べ面積に対して割合が決まっている［表1・令2条1項4号、3項］。

地階にある住宅または老人ホームなど［※3］の用途に供する部分も、容積率の緩和対象［図1、2］。住宅の用途に供する部分で算定の対象となるのは、専用住宅・兼用住宅では専用住宅部分、長屋・共同住宅では住戸の専用部分以外にも管理人室、トランクルーム、機械室などが含まれる。この緩和規定では、対象となる床面積の1／3まで容積率算定から除外できる。地階の判定条件は、令1条2号の定義だけではなく、①対象階の床から平均地盤面までの高さが天井高の1／3以上、②天井高が平均地盤面から1m以内、という2つの条件も含まれる［④・※4・法52条3項、5項］。

加えて、空地や公園、広場との位置関係などでも、さまざまな緩和条件が設けられている［表2・法52条11項、14項］。

表1｜設備による容積率不算入の割合ぐらい覚えておいてよね！★2

対象	不算入の割合上限	条件など
自動車車庫・自転車駐輪場	1／5	機械式立体自動車車庫など床として認識することが困難な形状の床面積については1台につき15㎡、自転車用の機械式駐輪場は1台につき1.2㎡として計算
備蓄倉庫	1／50	非常用食糧・応急救助物資などを備蓄するための防災専用倉庫で、利用者に見えやすい位置に「備蓄倉庫」の表示があること。共同住宅・長屋においては住戸ごとに1室でもよいが、備蓄倉庫以外の用途で使用すると違反になる。また、壁で囲むことが条件
蓄電池		定置型の蓄電池とその蓄電池機能をまっとうするために必要不可欠な設備。床に備え付けるものが対象。屋内に設置する場合にも適用可能
自家発電設備	1／100	同一敷地の建築物において電気を消費することを目的として発電する設備。自家用に電気を供給するものや、燃料置場についても緩和対象
貯水槽		内部に人が入ることのない構造。水の用途は問われず、ポンプや屋内プール、浴槽は対象外

表2｜特定行政庁の許可による緩和措置も知らなきゃダ〜メ！

条件	説明
壁面線が指定されている場合	特定行政庁が許可した建築物は、前面道路の幅員による容積率の制限において、壁面線によるセットバックの幅を前面道路の幅員に含めて算定することが可能［＊］
地区計画により条例で定める壁面の位置の制限がある場合	
機械室などが著しく大きい建築物	特定行政庁が交通上、安全上、防火上および衛生上支障がないと認め、建築審査会の同意を得て許可した場合は、容積率の限度を超えることが可能
敷地の周囲に広い公園などがある場合	

＊ ただし、セットバックの幅分は敷地面積に不算入

壁面線による容積率の違い

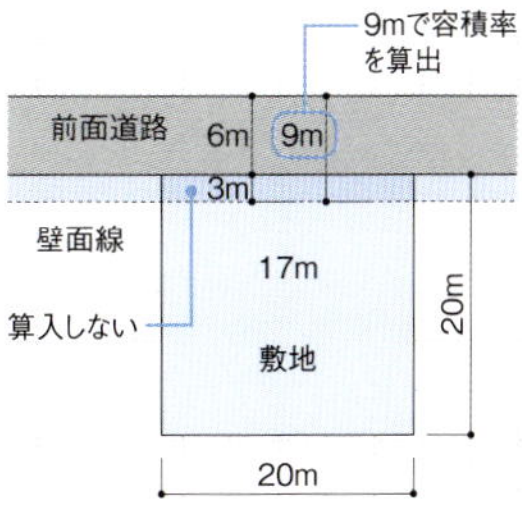

道路幅員から算出される容積率 用途地域：商業地域 指定容積率：600% 前面道路の幅員に乗じる係数：6／10		
通常の場合	通常の容積率	6m×6／10＝360%＜600%
	最大許容延べ面積	400㎡×360%＝1,440㎡
緩和適用の場合	通常の容積率	9m×6／10＝540%＜600%
	最大許容延べ面積	340㎡×540%＝1,836㎡

図1｜マジで住宅用途の地階の算定もしっかり見てよね〜

⑴地下住宅部分の容積率緩和の算定例

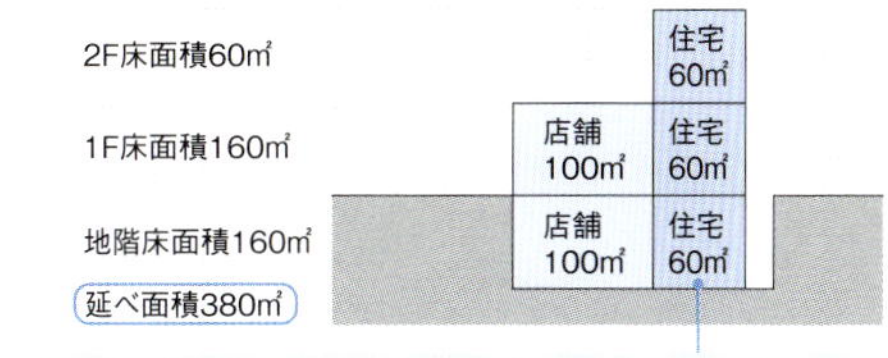

住宅用途部分の床面積＝60＋60＋60＝180㎡、
住宅部分の緩和面積＝180×1／3＝60㎡
地下住宅床面積60㎡なので住宅の地階の床面積は、すべて緩和対象となる
したがって、容積率対象面積＝380－60＝320㎡

⑵車庫などと住宅地下室の容積率緩和の算定例

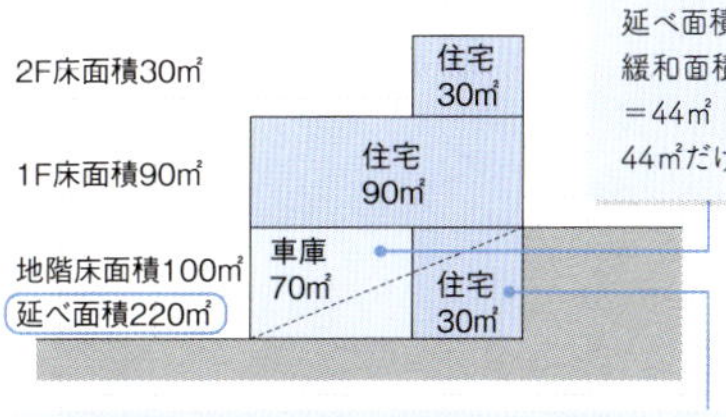

［車庫部分の緩和］
延べ面積＝220㎡
緩和面積＝220×1／5＝44㎡
44㎡だけ緩和される

住宅用途部分の床面積＝30＋90＋30＝150㎡
緩和面積の上限＝150×1／3＝50㎡
地下住宅部分の床面積30㎡なので住宅の地階床面積はすべて緩和される
したがって、容積率対象床面積＝220－44－30＝146㎡

図2｜傾斜地の地下室のこと、ちゃんと分かってるの!?

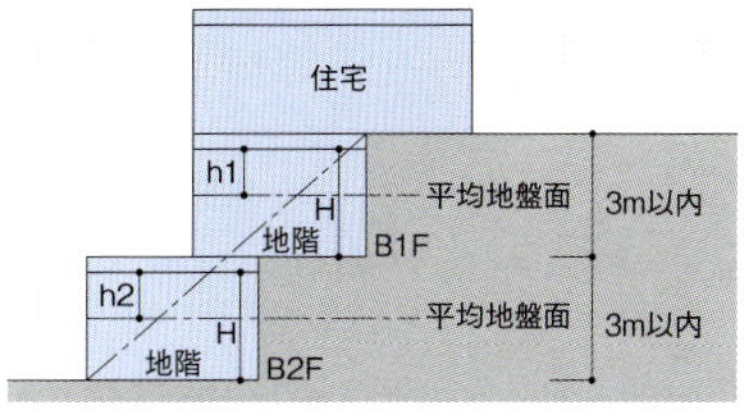

h1≦1mの場合：地下1階の住宅地下室部分は地階の容積率算定の緩和対象となる
h2＞1mの場合：地下2階の住宅地下室部分は地階の容積率算定の緩和対象とならない

※4 土地の状況などにより必要と認める場合においては、条例で地盤面を別に定めることができる
★1 平成30年6月27日から3ヶ月以内に、老人ホーム等が追加される
★2 平成30年6月27日から3ヶ月以内に、「宅配ボックス設置部分」が追加される予定

建蔽率

面積を取りまとめるしっかりもの

間《ま》地《じ》率《りつ》子《こ》

後輩のかげ〔32頁〕や同級生のたいら〔31頁〕と同じ服飾学校の生徒で、この二人とは特に仲が良い。明るく風通しのよい性格で皆から頼られている八方美人、実際はガードが固い一面も。そして車好き。

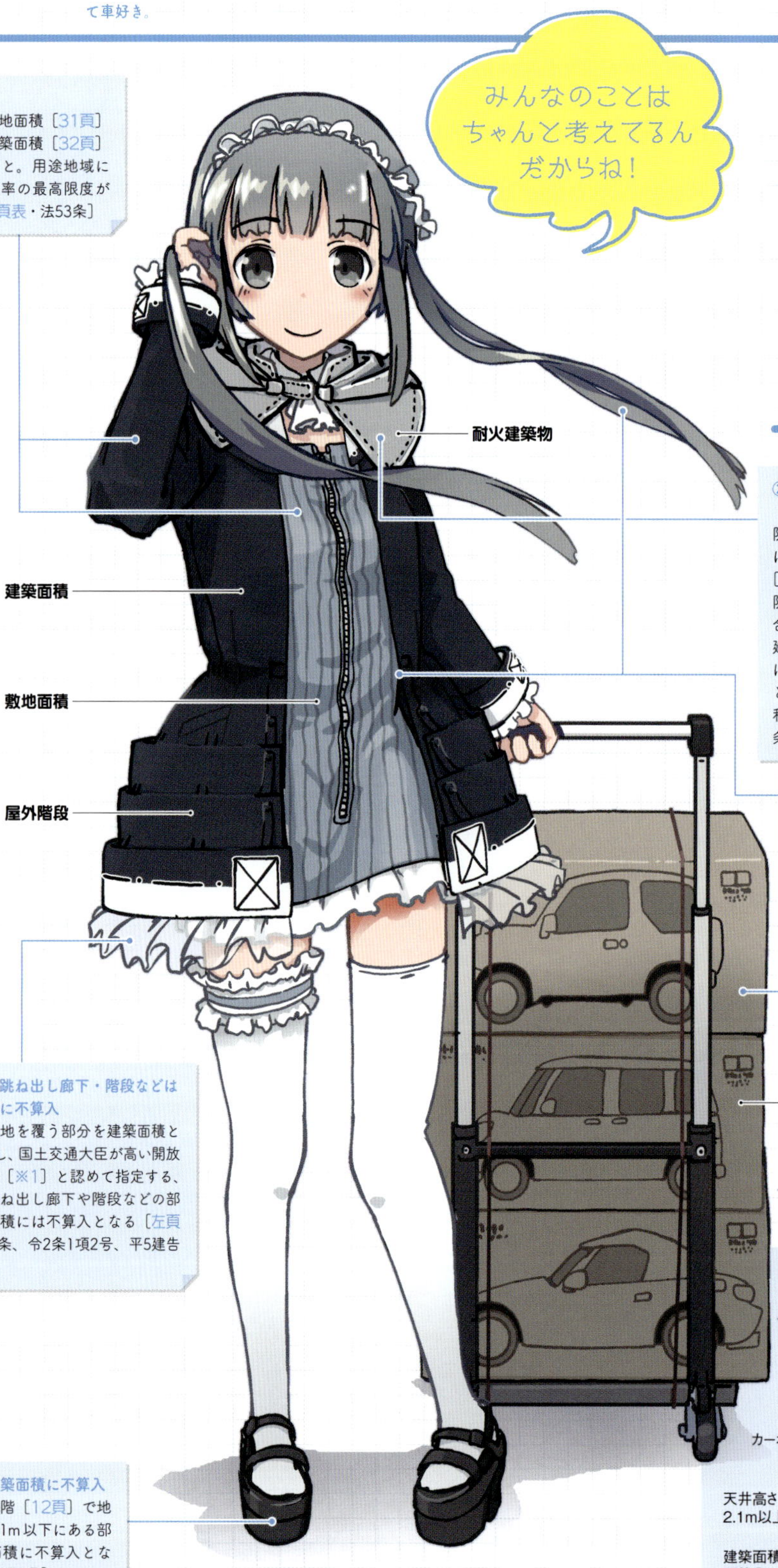

①建蔽率
建蔽率は敷地面積〔31頁〕に対する建築面積〔32頁〕の割合のこと。用途地域によって建蔽率の最高限度が異なる〔左頁表・法53条〕

②耐火建築物の建蔽率の緩和★1、★2
防火地域内の耐火建築物には建蔽率の緩和規定がある〔左頁表〕。建築物の敷地が防火地域の内外にわたる場合、その敷地内のすべての建築物が耐火建築物であれば、すべて防火地域内にあるとみなされ、こちらにも緩和規定が適用される〔法53条6項★3〕

③通風や日照を確保
建蔽率の制限は、敷地内に空きを確保し、通風や日照などを確保することが目的。災害時や避難時の安全性を確保することにもなる

④軒・庇・跳ね出し廊下・階段などは建築面積に不算入
建築物が敷地を覆う部分を建築面積とする。ただし、国土交通大臣が高い開放性を有する〔※1〕と認めて指定する、軒・庇・跳ね出し廊下や階段などの部分は建築面積には不算入となる〔左頁図1・法53条、令2条1項2号、平5建告1437号〕

⑤車庫の建蔽率緩和
開放性を有する〔※1〕平屋の自動車車庫（カーポート）も、建蔽率の制限が緩和される〔32頁・平5建告1437号〕

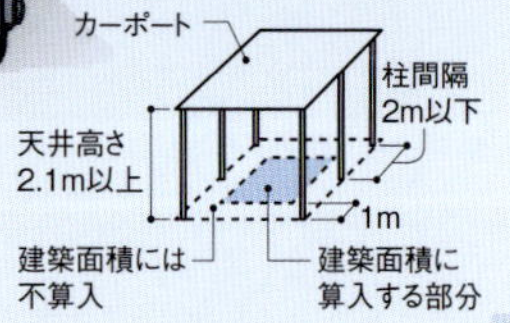

⑥地階は建築面積に不算入
建築物の地階〔12頁〕で地盤面上から1m以下にある部分は建築面積に不算入となる〔令2条1項2号〕

※1 次の3条件すべてを満たす必要がある。①外壁を有しない部分が連続して4m以上であること、②柱の間隔が2m以上であること、天井の高さが2.1m以上であること、③地階を除く階数が1であること｜★1 平成30年6月27日から1年以内に、防火・準防火地域内にある耐火・準耐火建築物等について緩和されるようになる｜★2 平成30年6月27日から1年以内に、耐火建築物等に改正される

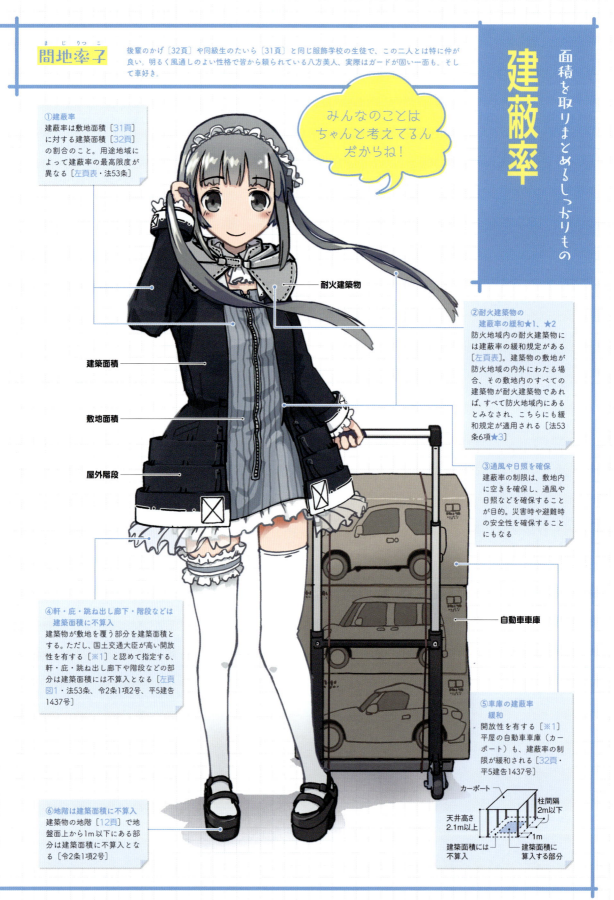

建築面積と敷地面積の関係を考えてね！

敷地面積［31頁］に対する建築物の建築面積［32頁］の割合を建蔽率という。この規定は、敷地内に空きを確保し、日照や通風などを十分に保ち、防火の備えや避難時の安全を図ることを目的としている。建蔽率の最高限度は都市計画で定められており、用途地域の種別や建築物の構造によって異なる［表・法53条］。

2以上の道路に接する敷地（角地）などで特定行政庁が指定するもの、防火地域内にある耐火建築物［※2］は、建蔽率をそれぞれ+10%加算できる［法53条2項、6項★1、★3］。

また、敷地面積の最低限度を、行政庁が都市計画で200㎡以内に定めることができる［法53条の2］。これは敷地の細分化による、日照、通風、防災などにおける住環境の悪化を防止するためである。

ただし、第1・2種住居地域などで建蔽率の限度が8/10で、かつ防火地域内にある耐火建築物や、巡査派出所のように公益上必要なものなどについては、この規定は適用されない［表2・法53条の2］。

表1｜建蔽率の限度は用途地域に合わせて考えなきゃ！

	敷地の条件	用途地域（略称）1低	2低	1中	2中	1住	2住	準住	田住	近商	商業	準工	工業	工専	無指定
原則	一般の敷地（A）	30 40 50 60				50 60 80			30 40 50 60	60 80	80	50 60 80	50 60	30 40 50 60	30 40 50 60 70 ［＊1］
緩和	① 角地等［＊2］	A +10				A +10				A +10	A +10	A +10	A +10	A +10	A +10
緩和	② 防火地域内の耐火建築物［★1 ＊3］	A +10				A +10				A +10	—	A +10	A +10	A +10	A +10
緩和	③ 上記①+②	A +20				A +20				A +20	—	A +20	A +20	A +20	A +20
緩和	④ 敷地が建蔽率制限の異なる2以上の地域・地区にわたる	それぞれの地域に属する敷地の部分の面積比の加重平均で建蔽率を算定する 建蔽率制限を受けない区域にわたる場合、受けない部分を100%として加重平均で建蔽率を算定する ［法53条2項］													
緩和	⑤ 敷地が防火地域内外にわたる★1	敷地内の建築物がすべて耐火建築物の場合、敷地はすべて防火地域内にあるとみなされ緩和が適用される ［法53条6項★3］													
建蔽率の制限を設けない建築物		壁面線の指定があり、特定行政庁が許可した建築物［法53条4項］													
		防火地域内で建蔽率が80%の地域内の耐火建築物★1 ［法53条5項1号★4］													
		巡査派出所・公衆便所・公共用歩廊［＊4］など 公園・広場・道路・川などの内にある建築物［＊5］ ［法53条5項2号★4、3号］													

＊1 特定行政庁が計画地方審議会の議を経て指定する区域の数値
＊2 角敷地または角敷地に準ずる敷地で特定行政庁が指定するものの内にある建築物（各特定行政庁の角地指定基準に適合するもの）
＊3 建蔽率80%以外の区域
＊4 商店街に設けるアーケードや多雪地帯の雪除けのための「がんぎ」などが該当する
＊5 特定行政庁が安全・防火・衛生上支障がないと認めて建築審査会の同意を得て許可したもの

図1｜建築面積への算定がやっかいな場所って多いのよね…

(1)庇・ポーチの建築面積算定（柱などがある場合）

図のように柱などがある場合はその中心線で囲まれた範囲を算定するが、柱などの位置によって算入する範囲が異なる

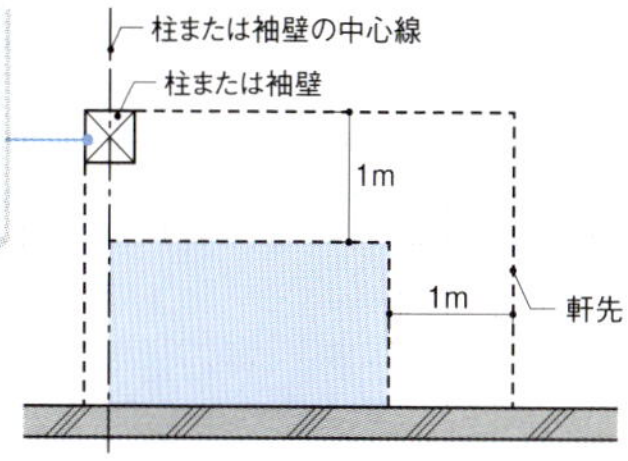

：建築面積に算入する部分

(2)吹きさらしの廊下［※3］の建築面積算定

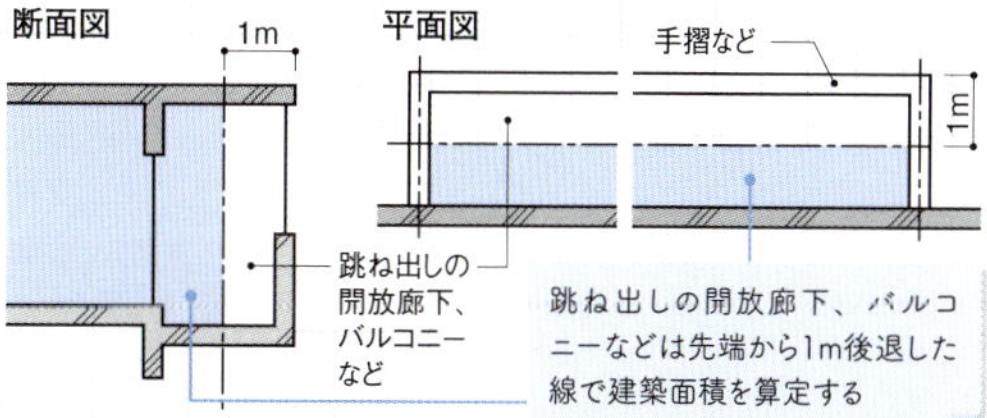

跳ね出しの開放廊下、バルコニーなどは先端から1m後退した線で建築面積を算定する

：建築面積に算入する部分

(3)屋外階段の建築面積算定

中心に壁がある階段の場合

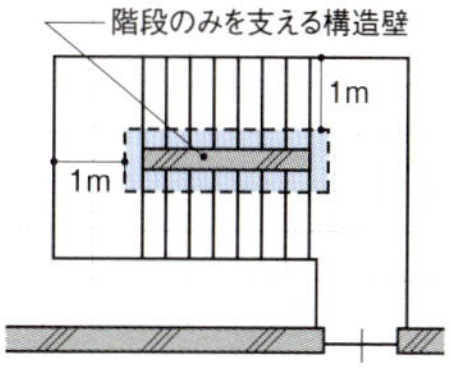

4本の柱で支える階段の場合

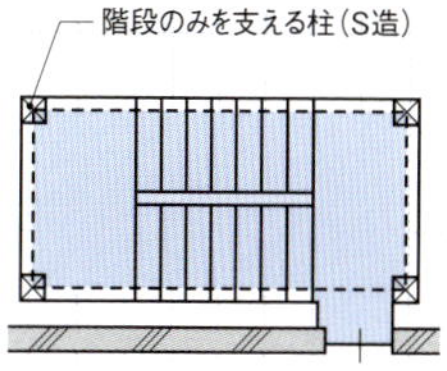

：建築面積に算入する部分

表2｜最低限度の敷地面積は、適用が除外になる場合もあるから！

適用除外の建築物	1. 第1・2種住居地域、準住居地域、準工業地域、近隣商業地域、商業地域内で建蔽率8/10の地域で、かつ防火地域内の耐火建築物★2 2. 公益上必要なもの（公衆便所、巡査派出所等） 3. 周囲に広い公園や道路などの空地を有する敷地に建つ建築物で、特定行政庁が市街地の環境を害するおそれがないと認め許可したもの 4. 特定行政庁が用途・構造上やむを得ないと認め許可した建築物
適用除外の敷地	次のいずれかの既存不適格となる敷地で、その全部を1つの敷地として使用する場合 1. 以前から建築物の敷地として使用されている敷地 2. 以前から所有権等の権利を有する土地

※2 建蔽率の限度が80%の用途地域は除く｜※3 令2条1項2号「軒、庇、跳ね出し縁、その他これらに類するもの」と同等に扱われる
★3 平成30年6月27日から1年以内に、6項から7項に改正される｜★4 平成30年6月27日から1年以内に、5項から6項に改正される

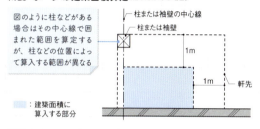

間《ま》地《ち》玲《れい》加《か》　率子［38頁］の遠い親戚。特別交換留学でしきちまちへとやってきた。いつも特注の服を着ている。

建蔽率の緩和

謎めいた留学生の正体は、率子の知り合い!?

①角地・2以上の道路に接する場合
角地や2以上の道路に接する敷地では、敷地が接する道路の幅員、敷地の全週長さと、これらの道路に接する部分の長さの割合などの各特定行政庁が条例で定めた条件を満たすことで、建蔽率を10％加算することができる［法53条3項第2号］

②敷地に複数の条件がある場合
敷地に複数の地域がまたがる場合、それぞれの地域に属する敷地の部分の面積比の加重平均が建蔽率となる［法53条2項］

③建蔽率の適用除外
以下の場合、建蔽率の適用除外となり、100％での建築が可能となる

①	建蔽率が8 ／ 10の地域内で、かつ、防火地域内にある耐火建築物★
②	巡査派出所、公衆便所、公共用歩廊等
③	公園、広場、道路、川等の内にある建築物で特定行政庁が安全上、防火上及び衛生上支障がないと認めて建築審査会の同意を得て許可したもの

敷地・道路の状況に応じて、建蔽率の制限が緩和される場合がある［①、②］。また、そのほか、建蔽率の適用そのものが除外となる場合もある［③、39頁表］。左図のように複数の地域にまたがる場合、それぞれの条件を当てはめて計算する［法53条2項、3項］。

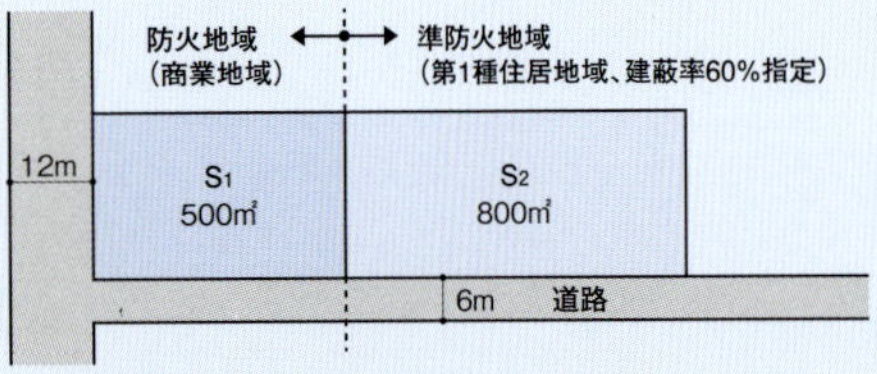

左図の土地に耐火建築物を建築するとき、土地（S）=S_1+S_2 =1,300㎡とする。
- 商業地域（S_1）の建蔽率は1.0（=100%）
- 敷地の一部が防火地域にかかり、かつ角地（特定行政庁指定）に建つ耐火建築物なので、S_2に対しての建蔽率は 0.6+0.1+0.1→0.8（=80%）

したがって、建てられる建築面積の限度は、500×1+800×0.8=1,140㎡

★ 平成30年6月27日から一年以内に、「耐火建築物」から「耐火建築物等」、「法53条6項」から「法53条7項」に改正される

Chapter 3

高さ

建物高さ見守り隊！

天空に住む正義感にあふれた7人組！
トライアングル・カッターで建物の高さを制限して周辺環境を向上させ、
近隣住民とのトラブルを未然に防ごうと大奮闘。
区別がつきにくい3つの斜線制限も、キャラクターの力で一目瞭然！

The visual dictionary of
Personificated Building Standards Law
Perfect Edition

高《たか》井《い》そら

高井ひかり［左頁］の姉。自分より歳下のひかりと同じ身長であることを気にしている。普段は飾りのついた帽子を被って身長を高く見せている。リーダーシップが強く、斜線制限3姉妹［44～49頁］からの信頼も厚い。

みんなのリーダー的存在

建築物の高さ

③絶対高さ制限の緩和

絶対高さの限度が10mの地域で、敷地面積が1,500㎡以上であり、かつ建蔽率の限度に空地率1割を上乗せした空地を有する敷地で、特定行政庁が低層住宅地の環境を害するおそれがないと認めた建築物は、高さが12mまで緩和される［令130条の10］

①屋上突出物の高さ算入

軽微な突出物や小規模な建築設備などは屋上突出物として扱い、建築物の高さには算入しない［令2条1項6号］

(1)屋上突出物として扱い、建築物の高さに算入しないもの
(2)手摺で開放性が高いもの
(3)パイプスペースやダクトスペースの立上り部分などの軽微な突出部分
(4)アンテナや避雷針などの部分的かつ小規模な建築設備
(5)建築物と一体となった煙突など

②絶対高さ制限

第1・2種低層住居専用地域もしくは田園住居地域内では、建築物の高さは10mまたは12m以下にしなければならない［法55条］。この制限は、行政庁ごとの都市計画で決定される

制限は地域によって変わってくるよ～

建築物の高さは、建築物が周囲の地面と接する位置の平均水平面（地盤面）［12頁］から測定する。

建築物の高さを制限する規定には、道路・隣地・北側斜線制限、日影規制、絶対高さ制限などがあり、用途地域との組み合わせによって適用される範囲が決められる［44～53頁］。

絶対高さ制限は、第1・2種低層住居専用地域もしくは田園住居地域内で都市計画によって建築物の高さを10mまたは12m以下［※1］に制限される。その際、建築物の屋上にある階段室や昇降機塔などの屋上部分の水平投影面積の合計が建築面積の1／8以内の場合、高さに算入されない。ただしその部分の高さが、絶対高さ制限で5m、道路・隣地斜線制限では12mを超えると、高さに算入しなければならない［令2条1項6号］。ほかにも高度地区により大きく分けて2通り高さの制限があり、(1)真北方向の境界線までの距離と斜線勾配による制限、(2)建築物の高さの最高限度（絶対高さ）または最低限度の制限、がある［※2］。

※1 10mか12mかの選択は特定行政庁の都市計画で決まる
※2 この地区で建築基準法の高さ制限に加え、都市計画で決められた高さの算定が適用される［法58条、都市計画法9条17項］

太陽光発電設備の高さ算入

まだまだ成長中！ おちゃめな妹

高《たか》井《い》ひかり　太陽の下で走りまわる、元気な小学3年生。高井そら［右頁］の妹。mm単位で自分の身長を気にしており、太陽光発電付き角帽子かぶることで身長を高く見せている。

②太陽光発電設備を高さに算入する場合
屋上部分と太陽光発電設備の水平投影面積の合計が建築面積1／8超で、太陽光発電設備を高さに算入しても、建築基準関係規定に適合する場合は、太陽光発電設備の頂部が建築物の高さとなる［図⑵］

①太陽光発電設備を高さに算入しない場合
屋上と太陽光発電設備の水平投影面積の合計が建築面積の1／8以下で、太陽光発電設備を屋上部分として高さに算入しても、建築基準関係規定［※1］に適合する場合は、太陽光発電設備は屋上突出物（令2条1項6号ハ・部分的かつ小規模な建築設備）に該当し、建築物の高さに算入しない。この場合はパラペットの天端などが建築物の高さとなる［図⑴］

図｜太陽光発電設備の取り扱い

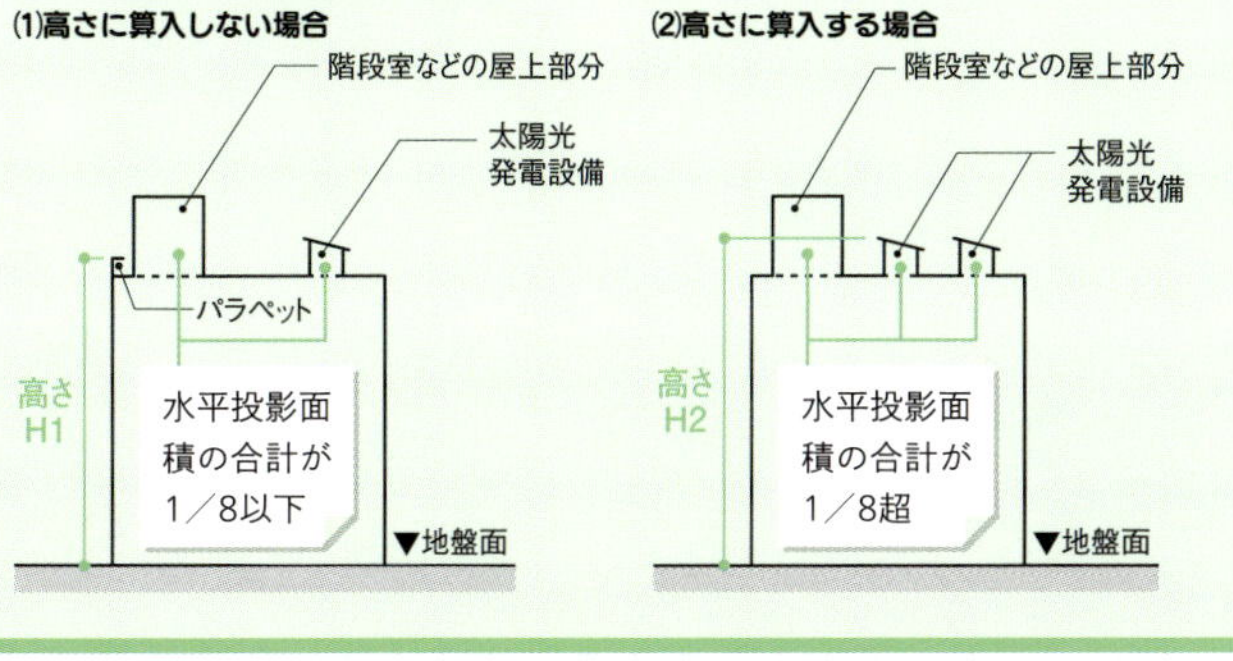

建築物の屋上に設置する太陽光発電設備などは、階段室などの「屋上部分」以外の建築物の部分として取り扱い、高さに算入される［法2条1号、令138条1項、平23国住指4936号］。

ただし、基準総則［※2］によると、階段室などの屋上部分と太陽光発電設備の水平投影面積の合計値によっては高さに算入しない場合もある［図］。

※1 建築基準法以外にも建築物を建てる際に審査対象となる法令の範囲。消防法や下水道法などの16の法がある［令9条］。このほか、「高齢者、障害者等の移動等の円滑化の促進に関する法律」（バリアフリー法）や「都市緑化法」、「建築物のエネルギー消費性能の向上に関する法律」（建築物省エネ法）なども、その一部が建築基準関係規定とみなされる｜※2『建築確認のための基準総則・集団規定の適用事例2013年度版』（編集：日本建築行政会議）

斜線制限3姉妹の長女

道路斜線制限

七《なな》目《め》みちる

予想の斜め上をいく行動で建物の規律を守る、斜線制限3姉妹の長女。出たがり屋で、3姉妹の先頭に立って行動する。しかし、目の前に障害があると一歩後ろに引いてしまう。好きな食べ物はおにぎり。

①道路斜線

道路斜線制限の起点は前面道路の反対側の境界線で、高さの基準は道路中心の高さ。斜線の勾配は、用途地域と、自治体の指定する容積率などにより1.25または1.5と異なる［左頁表・法56条1項1号、法別表3］

②屋上部分の高さの扱い方

屋上の建築物には、条件によって高さ規制の対象にならず、道路斜線の規制から除かれる部分がある。除外されるのは、屋上に突き出た階段室部分、昇降機塔、装飾塔、物見塔、屋窓など。これらの水平投影面積の合計が建築面積の1/8以下の場合は、屋上からの高さが12mまでは道路斜線の規制を受けない［令2条1項6号］

③高低差緩和

敷地の地盤面が前面道路より1m以上高い場合は、敷地の地盤面と道路中心の高さとの高低差から1mを減じた値の1/2だけ高い位置［※1］に道路面があるとみなせる［令135条の2］

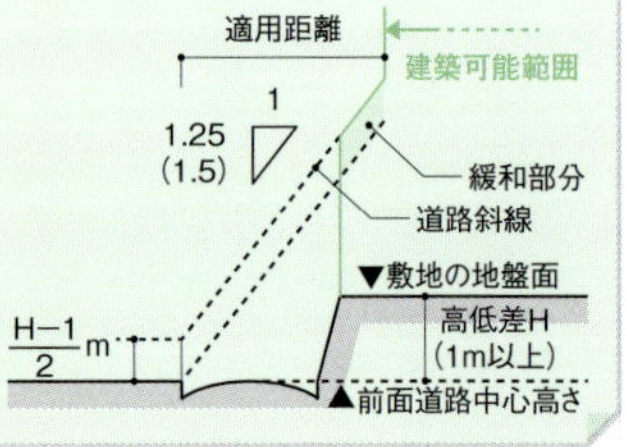

④セットバック

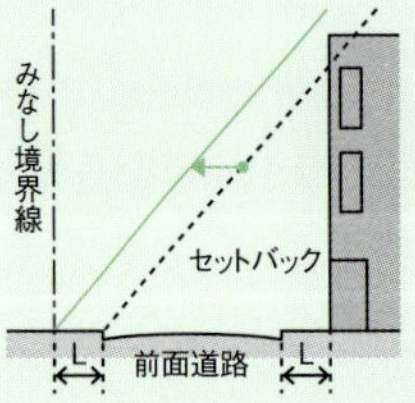

前面道路の境界線から建築物を後退（セットバック）させて敷地に空地を設けると、道路斜線が緩和され、前面道路の境界線から建築物までの最小距離（後退距離）だけ、前面道路の反対側の境界線が外側に移動したとみなすことができる［法56条2項、令130条の12］

※1 特定行政庁は、地形の特殊性に応じて、規則で地盤面を定めることができるため、事前に特定行政庁の細則などを確認する

道路斜線制限は緩和がたくさん受けられるの

道路斜線制限は、道路周辺の日照、衛生、安全性などを確保するため、建築物の高さを一定勾配の斜線の内側に納まるように規制したもの。前面道路の反対側道路境界線上を起点とし、道路の中心線上の高さから地区・区域、容積率により制限は異なる［表・法56条1項1号、法別表3］。

道路境界線から建築物までの間に空地を設けると道路周辺の環境が向上するため、制限緩和を受けることができる。後退させた空地部分「後退距離」（セットバック）でも、建築できるものもある［図1・法56条2項、令130条の12］。

緩和はほかにも、(1)建築物の敷地が2以上の道路に面する場合［図2・令56条6項、令132条］、(2)前面道路の反対側に公園など［※2］がある場合に、前面道路の反対側の境界線を公園などの反対側の境界線の位置とすることができる緩和、などがある。

また、建築物の敷地が2以上の用途地域にまたがる場合は、道路斜線制限の勾配はそれぞれの地域の制限を受ける［図3・令130条の11］。

表1 | 斜線勾配と適用距離は地域・地区または区域をチェック!

	建物がある地域・地区または区域	容積率(S)	適用距離	斜線勾配
①	第1・2種低層住居専用地域 第1・2種中高層住居専用地域 第1・2種住居地域 準住居地域 田園住居地域	S≦200	20m	1.25
		200＜S≦300	25m(20m[＊1])	1.25
		300＜S≦400	30m(25m[＊1])	(1.5
		400＜S	35m(30m[＊1])	[＊1])
②	近隣商業地域 商業地域	S≦400	20m	1.5
		400＜S≦600	25m	
		600＜S≦800	30m	
		800＜S≦1,000	35m	
		1,000＜S≦1,100	40m	
		1,100＜S≦1,200	45m	
		1,200＜S	50m	
③	準工業地域 工業地域 工業専用地域	S≦200	20m	
		200＜S≦300	25m	
		300＜S≦400	30m	
		400＜S	35m	
④	第1・2種住居地域、準住居地域、準工業地域内の高層住居誘導地区内で、住居部分の面積≧2／3×延べ面積	—	35m	1.5
⑤	用途地域の指定のない区域	S≦200	20m	1.25 または 1.5 [＊2]
		200＜S≦300	25m	
		300＜S	30m	

＊1 カッコ内は、第1・2種中高層住居専用地域（基準容積率≧400）、第1・2種住居地域、準住居地域において特定行政庁が都市計画審議会の議を経て指定する区域の数値

＊2 1.25か1.5かは、特定行政庁が都市計画地方審議会の議を経て定める

図1 | セットバック部分に建築できるものはこれよ

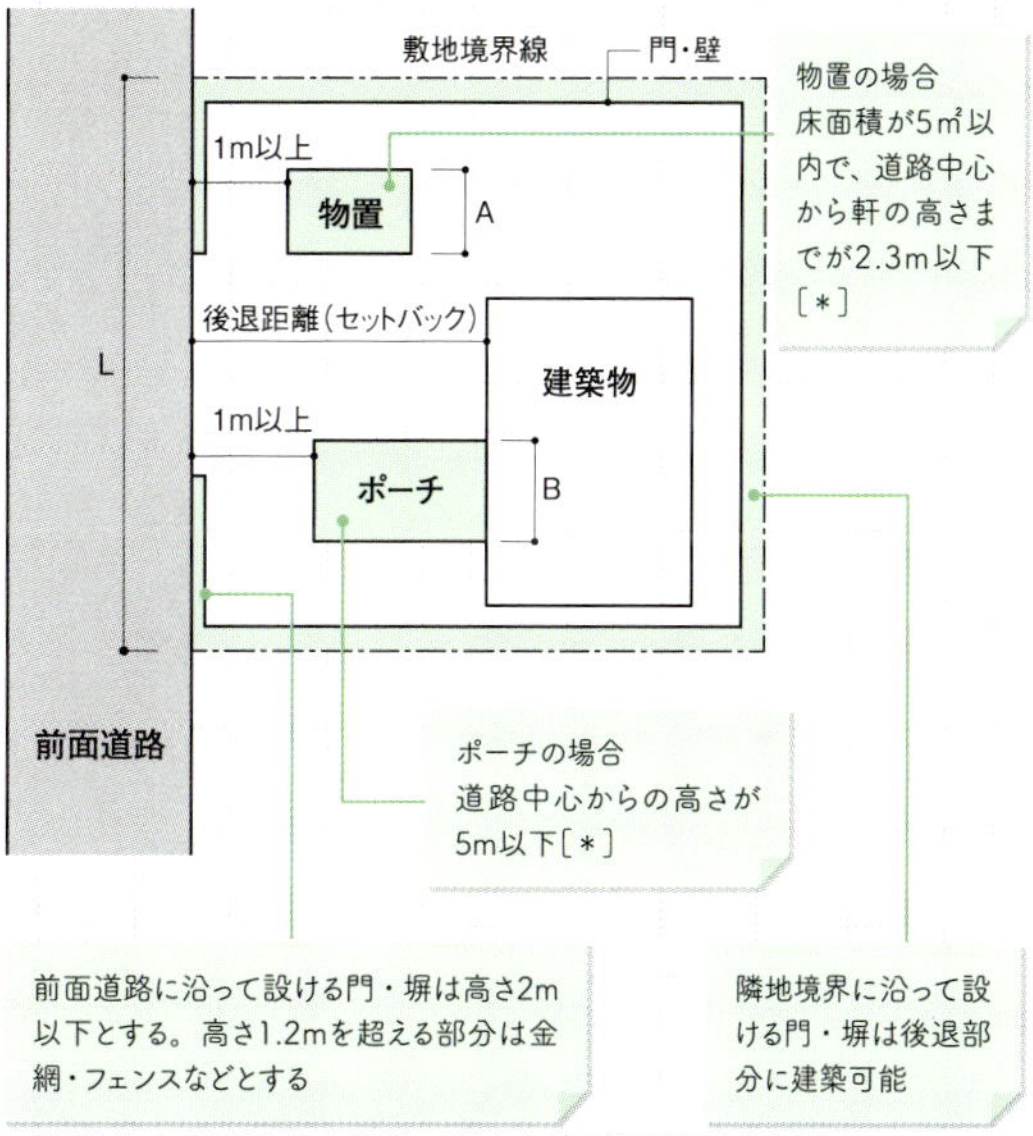

敷地境界線
門・壁
1m以上
物置
A
後退距離（セットバック）
建築物
1m以上
ポーチ
B
L
前面道路
物置の場合 床面積が5㎡以内で、道路中心から軒の高さまでが2.3m以下［＊］
ポーチの場合 道路中心からの高さが5m以下［＊］
前面道路に沿って設ける門・塀は高さ2m以下とする。高さ1.2mを超える部分は金網・フェンスなどとする
隣地境界に沿って設ける門・塀は後退部分に建築可能

＊ 物置やポーチの開口率を、A・B≦L／5としなければ緩和対象にはならない

図2 | 2以上の前面道路に面する場合、狭い道路の斜線は緩和が受けられるのよ

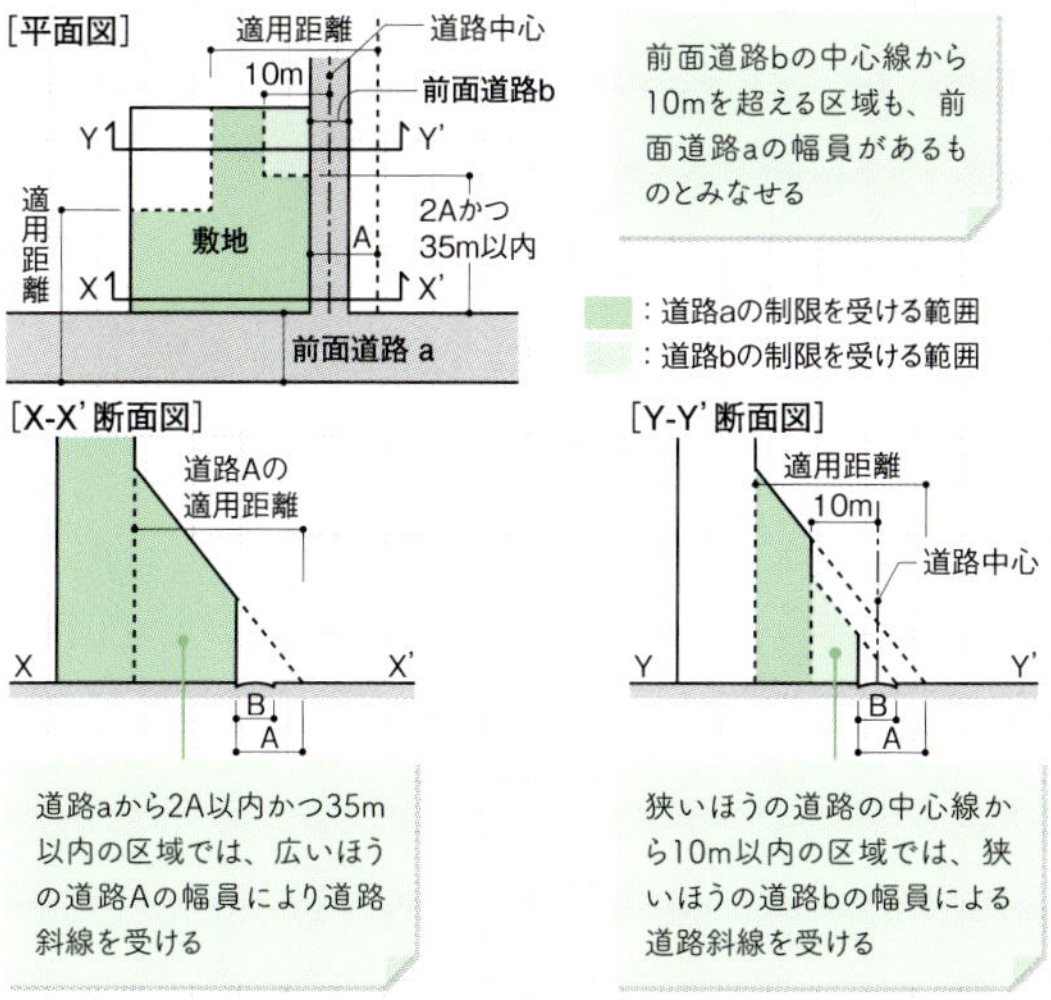

[平面図]
適用距離
道路中心
10m
前面道路b
Y
Y'
適用距離
2Aかつ35m以内
敷地
A
X
X'
前面道路 a
前面道路bの中心線から10mを超える区域も、前面道路aの幅員があるものとみなせる
：道路aの制限を受ける範囲
：道路bの制限を受ける範囲
[X-X' 断面図]
道路Aの適用距離
X
X'
B
A
道路aから2A以内かつ35m以内の区域では、広いほうの道路Aの幅員により道路斜線を受ける
[Y-Y' 断面図]
適用距離
10m
道路中心
Y
Y'
B
A
狭いほうの道路の中心線から10m以内の区域では、狭いほうの道路bの幅員による道路斜線を受ける

図3 | 2以上の用途地域にまたがる場合はそれぞれの制限を受けるのよ

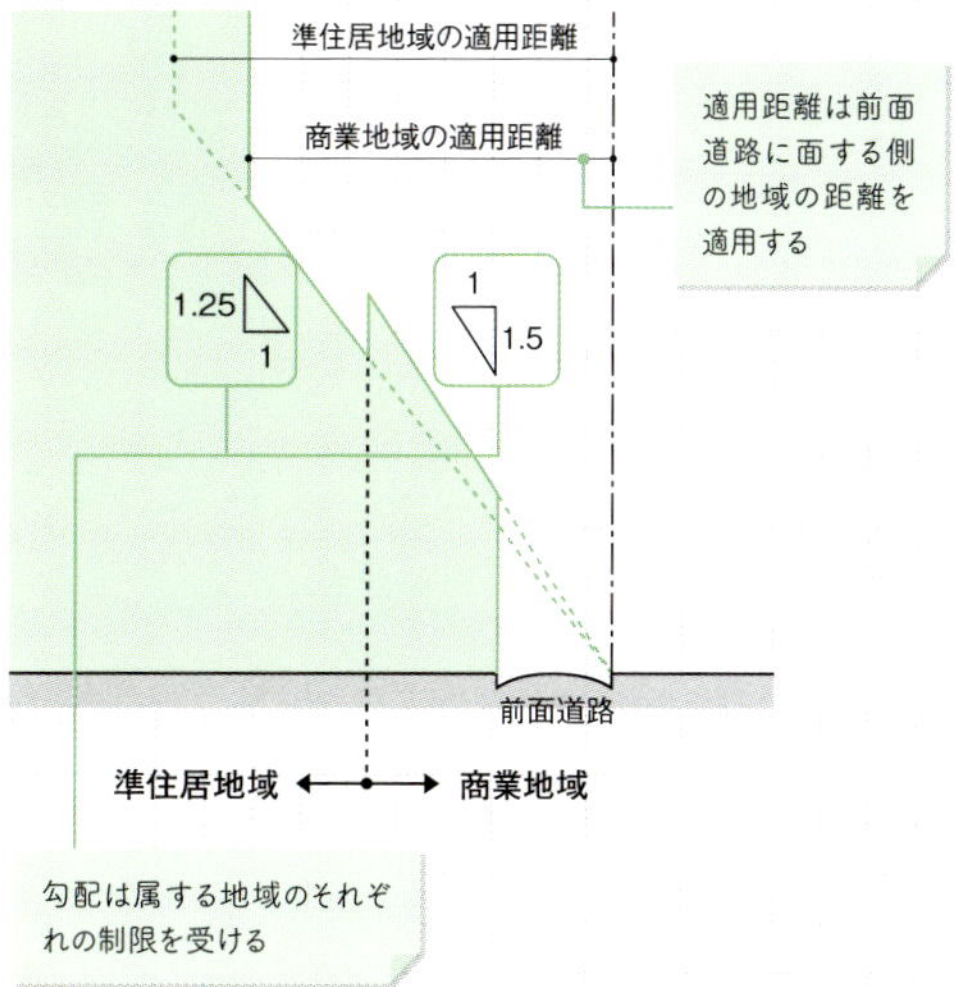

準住居地域の適用距離
商業地域の適用距離
適用距離は前面道路に面する側の地域の距離を適用する
1.25
1
1
1.5
前面道路
準住居地域
商業地域
勾配は属する地域のそれぞれの制限を受ける

※2 公園のほか、広場や水面、線路敷きなどの場合も同様の緩和が受けられる

斜線制限姉妹の次女
隣地斜線制限

七目《なな め》りん

斜線制限3姉妹の次女。出たがりの長女・みちる〔44頁〕とは異なり、周囲に気を使う慎重派。足元や洋服にこだわりはないが、髪形や帽子の位置には人一倍のこだわりがある。好きな食べものは八ツ橋。

③屋上部分隣地斜線制限の緩和

屋上部分の階段室や昇降機塔、装飾塔、物見塔、屋窓、その他これらに類する建築物の、屋上部分の水平投影面積の合計が建築面積の1/8以下の場合は、屋上から12mまでの部分は高さに算入されない［令2条1項6号ロ］

①隣地斜線制限

隣地境界からの距離に応じて建築物の高さを制限するものを、隣地斜線制限という。隣地斜線制限は、用途地域ごとに定められた高さ・勾配の規制を受ける。なお、隣地斜線には道路斜線のような適用距離の制限がないため、敷地内すべてに制限がかかる［法56条1項2号］

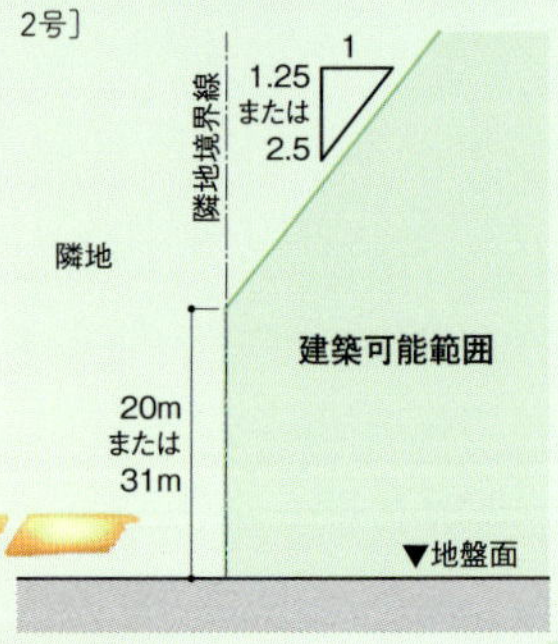

②隣地斜線制限の基本高さと勾配

用途地域[＊1]	立上がりの基本高さ	斜線勾配
第1・2種中高層住居専用地域、第1・2種住宅地域、準住居地域、田園住居地域	H＞20m	1.25
	H＞31m[＊2]	2.5[＊2]
近隣商業地域、商業地域、準工業地域、工業地域、工業専用地域	H＞31m[＊2] 特定行政庁が定める区域は適用除外	2.5
用途地域の指定のない区域	H＞20m	1.25
	H＞31m[＊3]	2.5[＊3]

＊1 高層住居誘導地区内で、住宅部分の延べ面積が建築物全体の延べ面積の2／3以上の建築物は立上りの基本高さ31m、勾配2.5で隣地斜線制限を受ける｜＊2 特定行政庁が都市計画審議会の議を経て定める｜＊3 指定のない区域は特定行政庁が定める

隣地との仲をとりもつのが私の役目よ

隣地斜線制限は、都市計画区域・準都市計画区域内で適用される高さ制限。建築物の高さを制限し、周辺の日照、採光、通風を確保する目的がある〔法56条1項2号〕。住宅系地域では、当該敷地の地盤面から20mを越える建築物の部分から制限がかかるが、第1・2種低層住居専用地域、田園住居地域には10mまたは12mの絶対高さ制限があるので、隣地斜線制限は適用されない〔42頁・法55条〕。

道路斜線制限と同様に、(1)セットバックによる緩和〔図1〕、(2)公園などによる緩和〔図2・法56条6項、令134条〕、(3)高低差による緩和〔図3・法56条6項、令135条の3〕の3つの緩和規定がある。ただしセットバックによる緩和は、道路斜線制限と取り扱いが異なる。隣地斜線制限では、建築物の高さが20m（または31m）以上の部分でセットバックした距離を測定し、それよりも低い位置にある部分は問わない。また、敷地が2以上の地域にまたがる場合、建築物は、それぞれの部分が属する地域の制限が適用される〔図4・令130条の11〕。

図1｜セットバックによる緩和は みちるお姉ちゃんとちょっと違うんです

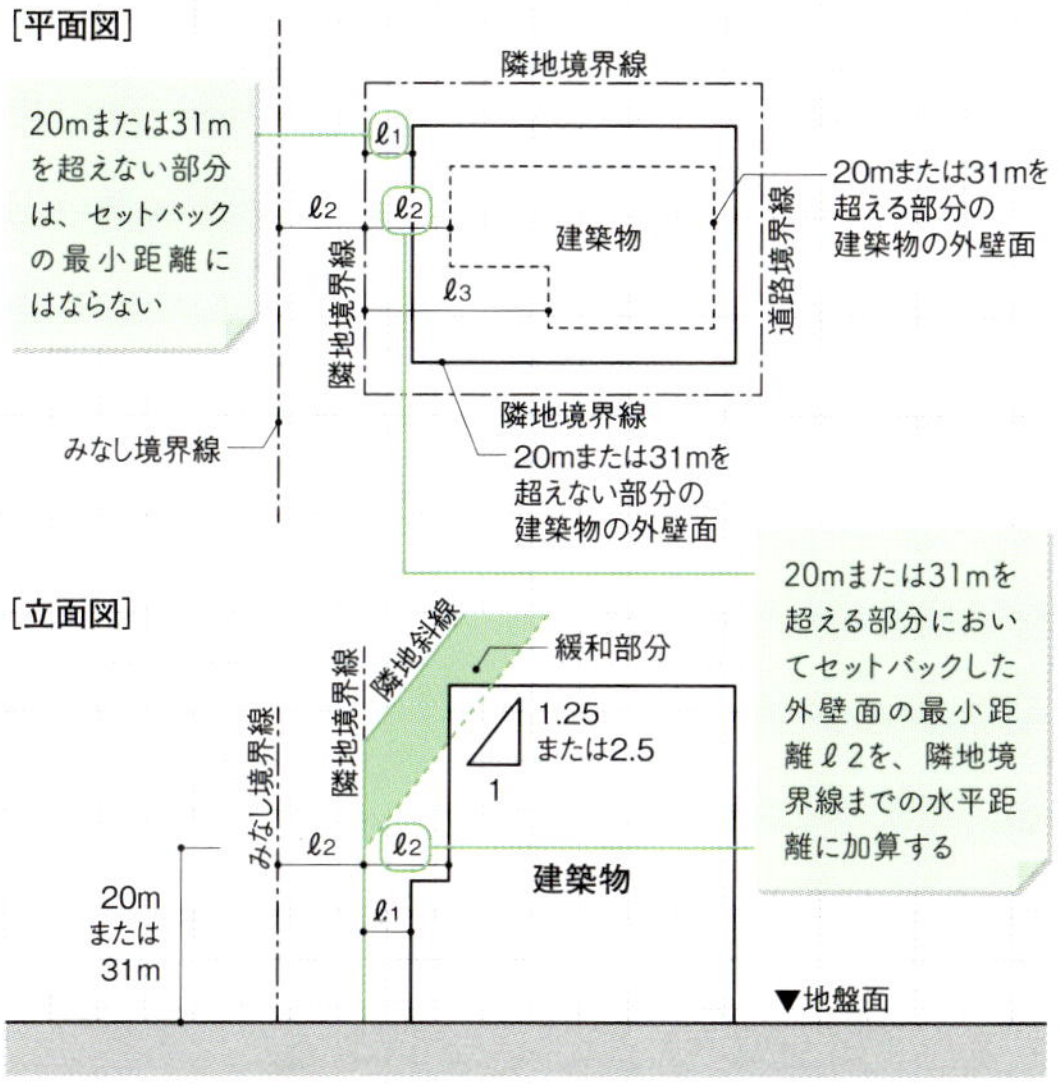

図2｜お隣に公園があるときは ちょっと注意です

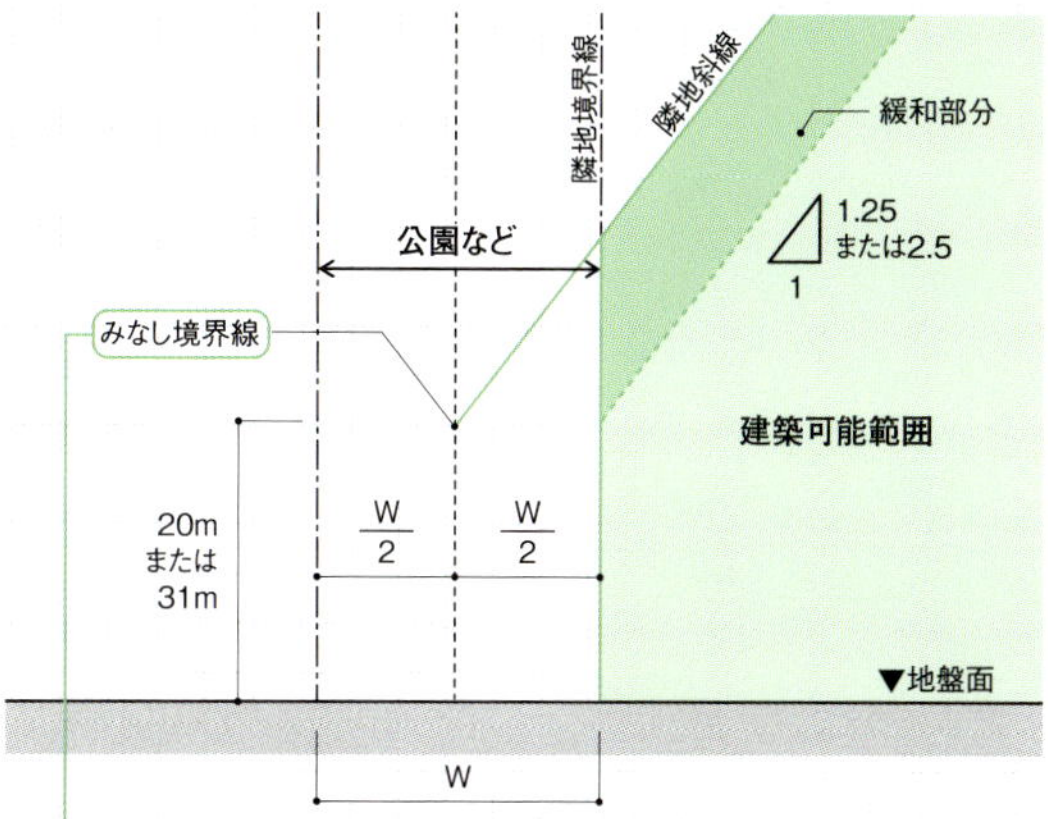

敷地が公園や広場、水面（水路・川など）その他これらに類するもの[※]に接する場合は、隣地境界線はそれらの幅の1／2だけ外側にあるものとみなす。ただし、道路斜線制限と異なり、公園等の反対側の境界線ではなく、中心線をみなし境界線とするので注意する

図3｜お隣と高低差があるときも 仲良くね

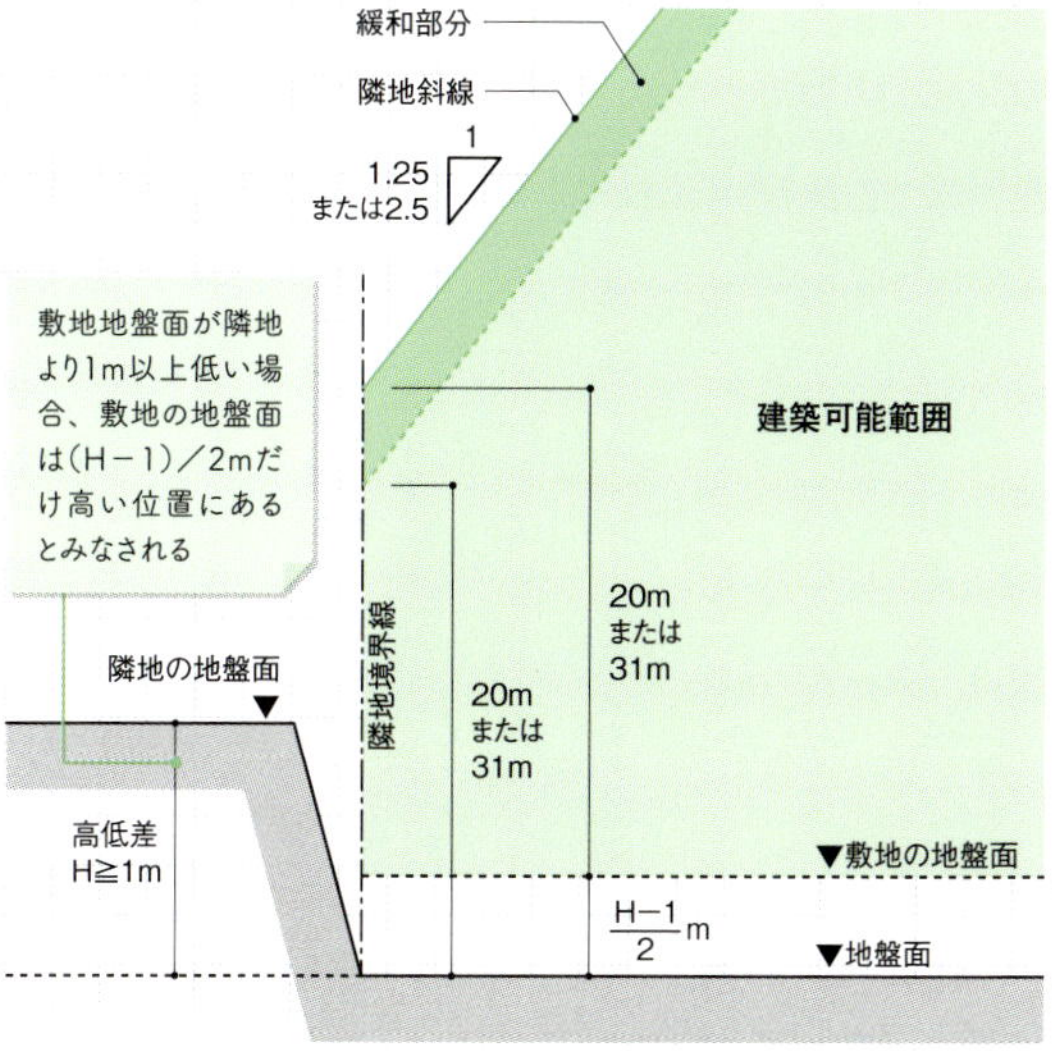

図4｜2以上の地域にまたがる場合の 隣地斜線制限も覚えてほしいニャ

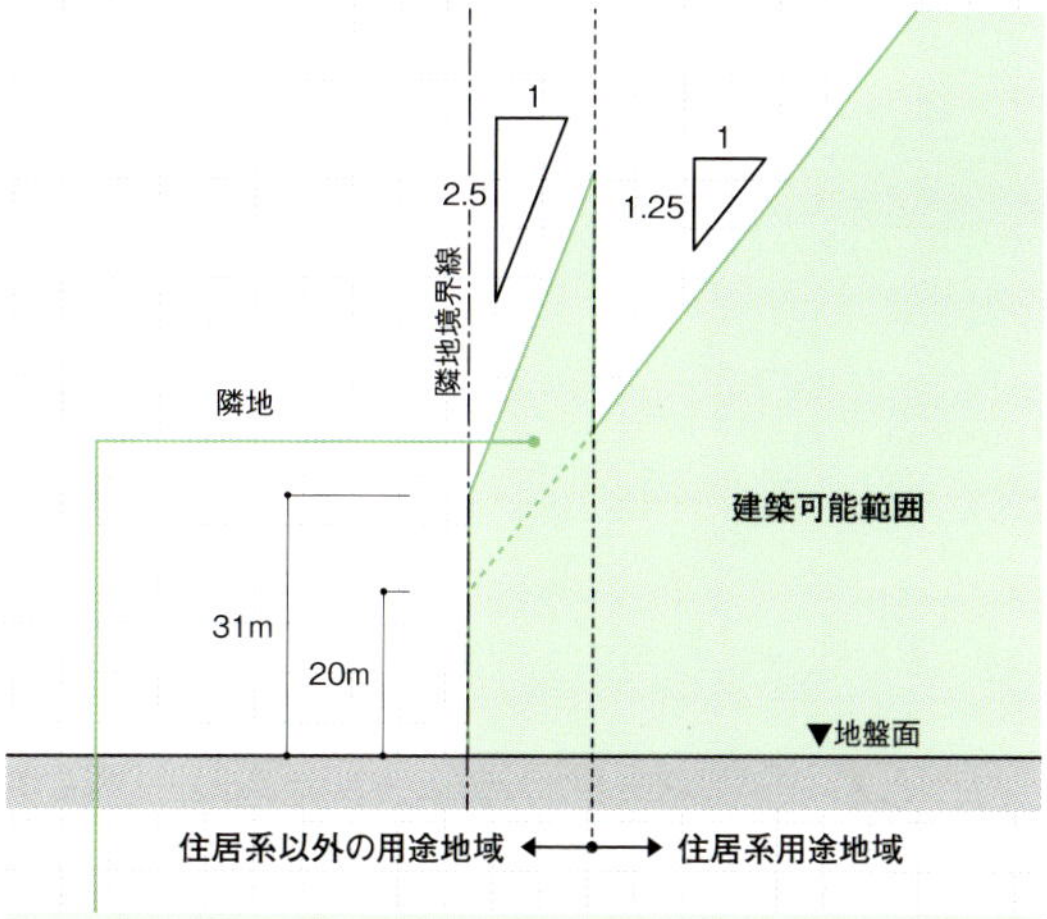

建築物の敷地が2以上の用途地域にまたがる場合の建築物の高さは、勾配、立上りともに、それぞれの部分が属する地域の制限を受ける

※ 公園のうち、都市公園法施行令2条1項1号に規定する都市公園は除く

北側斜線制限

斜線制限3姉妹の末っ子

七《なな》目《め》ゆき　斜線制限3姉妹の末っ子。姉のみちる［44頁］、りん［46頁］の2人のまねっ子をよくする。人見知りが激しいため、ひとの多い商業地域には行かない。好きなおでんの具ははんぺん。

②北側斜線の建築物の高さ
北側斜線制限には屋上部分についての緩和措置がなく、屋上部分（屋上に突き出た階段室部分、昇降機塔、装飾塔、屋窓など）も高さに含めて、斜線にかかわらないようにする

③水路などによる緩和、高低差による緩和
北側斜線にも、道路斜線・隣地斜線制限と同様に、水路などによる緩和［左頁図2］や高低差による緩和［左頁図4］を受けることができる［法、56条6項、令135条の4］

①北側斜線制限
真北方向の境界線からの距離に応じて、建築物の北側の高さを制限される。規制対象は、第1・2種低層住居専用地域、田園住居地域と第1・2種中高層住居専用地域の合計5地域で、それぞれ定められた高さ・勾配の制限を受ける［法56条1項3号］

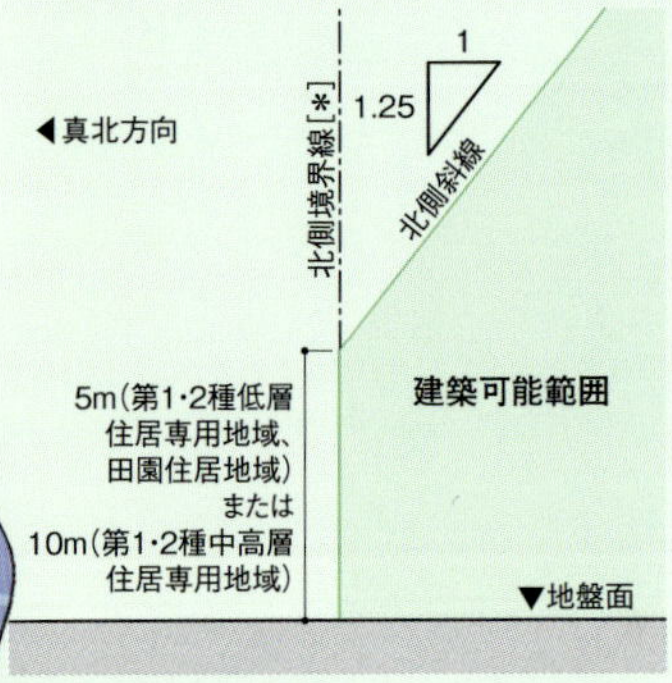

＊ 敷地の北側にある隣地境界線または反対側道路境界線［左頁図1］

④北側斜線の制限を受けない屋上手摺
最上階の手摺は、通風・採光への影響が少ない竪格子状のものであれば、一般的に高さに含めない。途中階の手摺の取り扱いについては、特定行政庁によって判断が分かれる

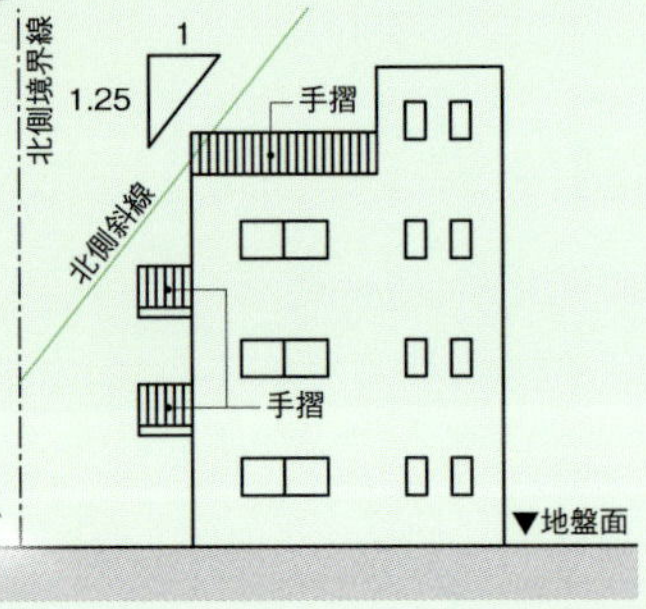

人が多いところは苦手よ

住居系地域での日照を確保するために、基準法では、建築物の北側の高さを制限している。これを北側斜線制限という［図1・法56条1項3号］。

北側斜線制限は、真北方向の敷地境界線や道路境界線から建築物の各部分までの水平距離に応じて高さを制限する。なお、ここでいう真北とは磁北ではなく、地理上の真北で、太陽の動きから求める方位である。規制対象は、第1・2種低層住居専用地域、田園住居地域、第1・2種中高層住居専用地域の5用途地域である。

第1・2種中高層住居専用地域で敷地が日影規制地域［52頁］に指定されている場合、10m以上の建築物は日影規制を受けることになるので、北側斜線を検討しなくてもよい。

また、北側斜線制限にも、道路・隣地斜線制限と同様に、敷地周辺の状況により緩和措置を受けることができる［図2、3］。ただし、道路・隣地斜線制限とは異なりセットバックによる緩和はないので注意が必要［法56条6項、令135条の4］。

図1｜真北方向の境界線までの距離の測り方、ちゃんと覚えてよね

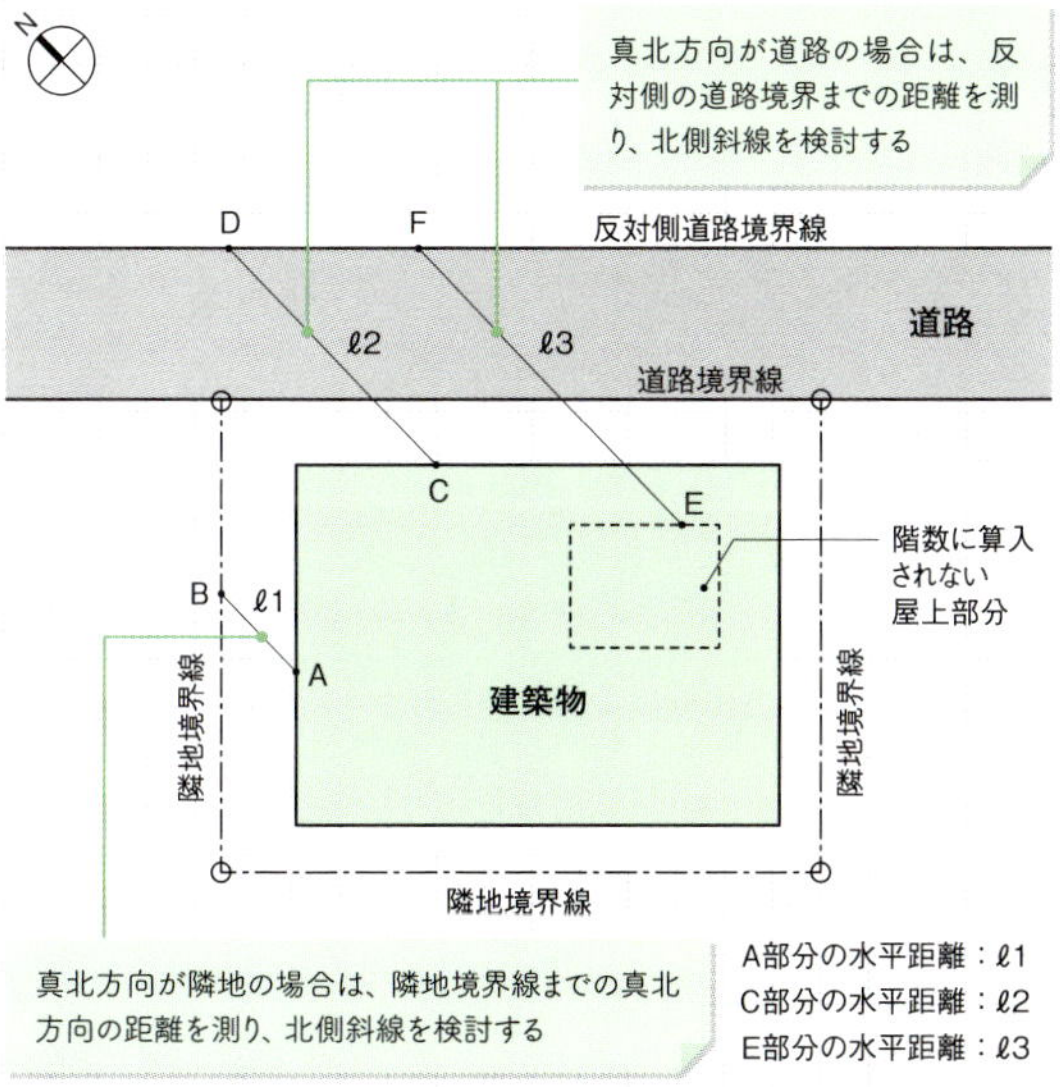

図2｜北側に水路などの空地がある場合は緩和があるケロ

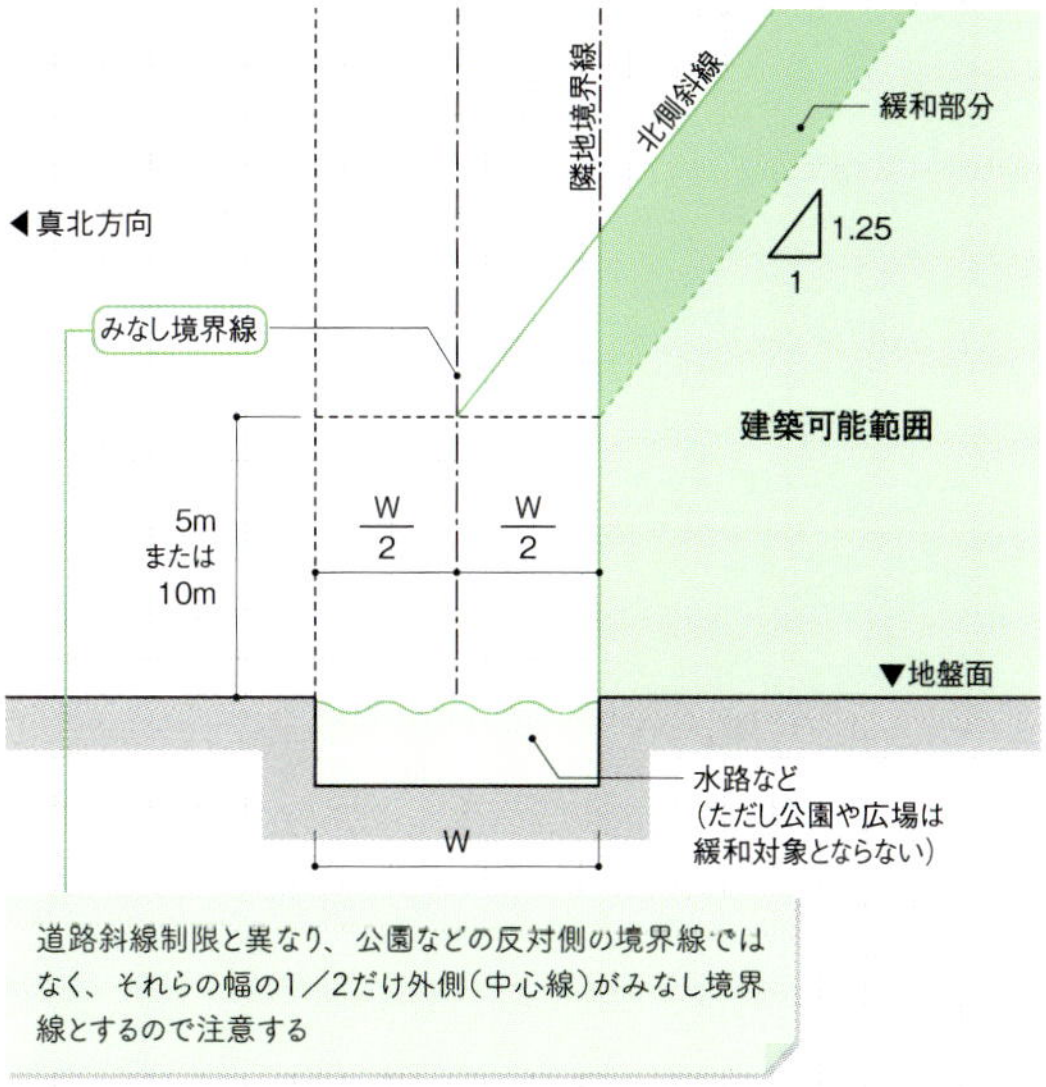

図3｜2種類以上の斜線制限を受けることもあるわ

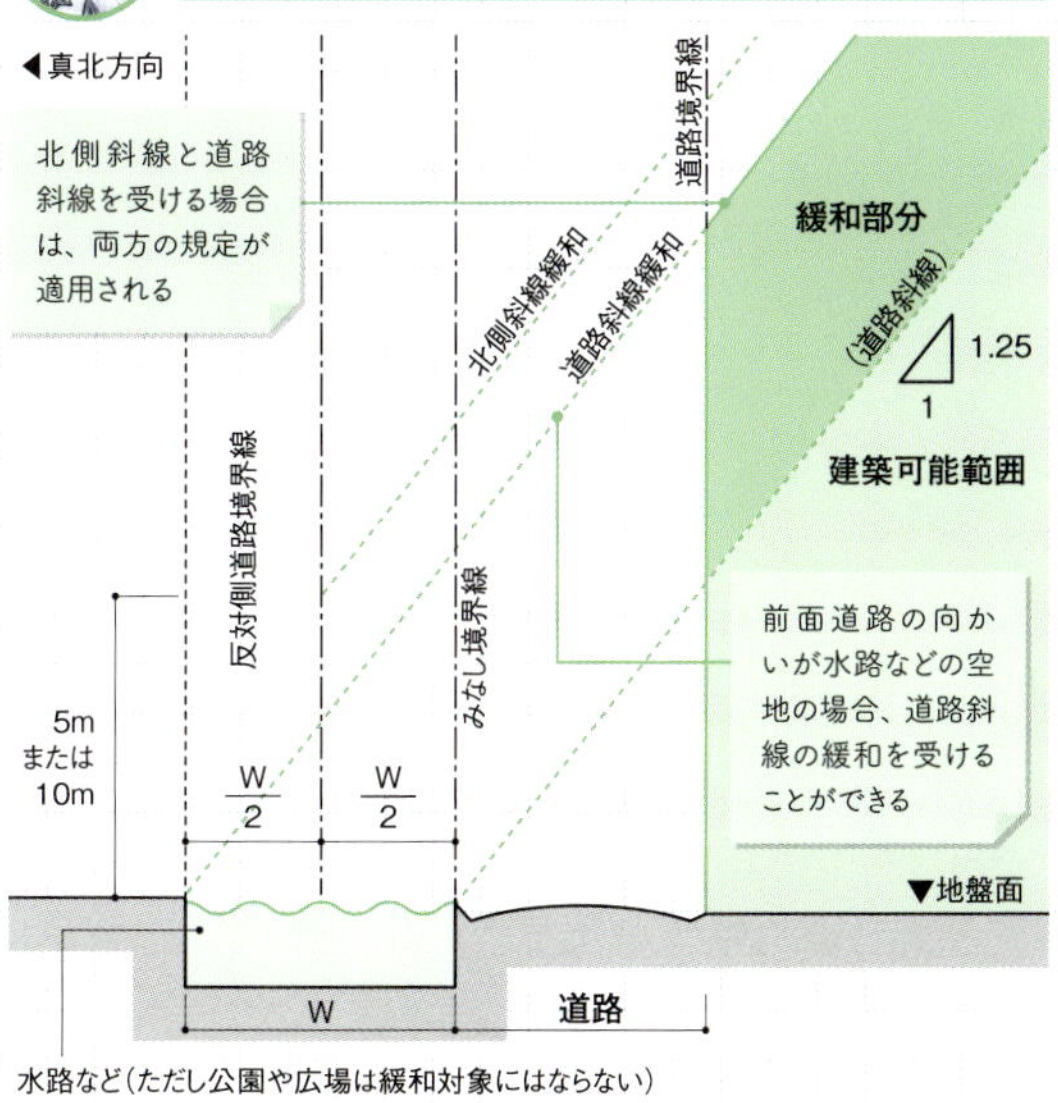

図4｜お隣より低いときも緩和してあげる……

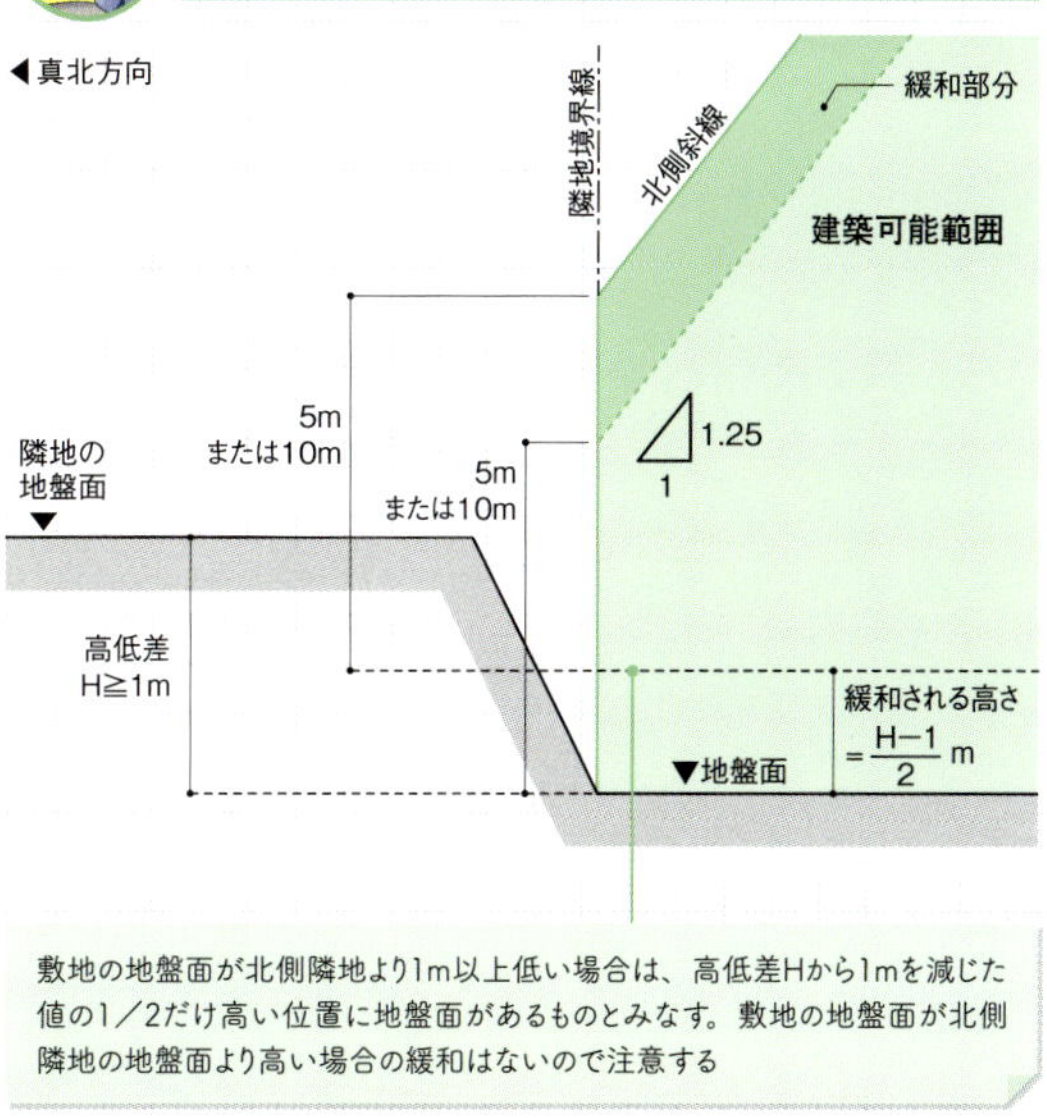

大《おお》空《ぞら》あまね

斜線制限3姉妹〔44～49頁〕のいとこ。頻繁に活躍している3姉妹をライバル視している。将来の夢は女優なので、決して太ってはならない。自分の写真映りがよい角度を研究している。

天空率

女優を目指すイレギュラーな助っ人

②工作物の高さ不算入

屋上部分は建築物の高さに天空率の算定に含まれるが、広告塔などの工作物の高さは含まれない

①天空率の考え方

天空率とは、半球状に想定した天空に建築物を射影し、それを円に水平投影した場合の全天に対する天空の割合のこと。各斜線制限をクリアして建築できる最大の建築物を想定した「適合建築物」と、予定する「計画建築物」の天空率を比較し、算定位置すべてで計画建築物の天空率が適合建築物以上であれば、斜線制限が適用されない〔法56条7項、令135条の5〕

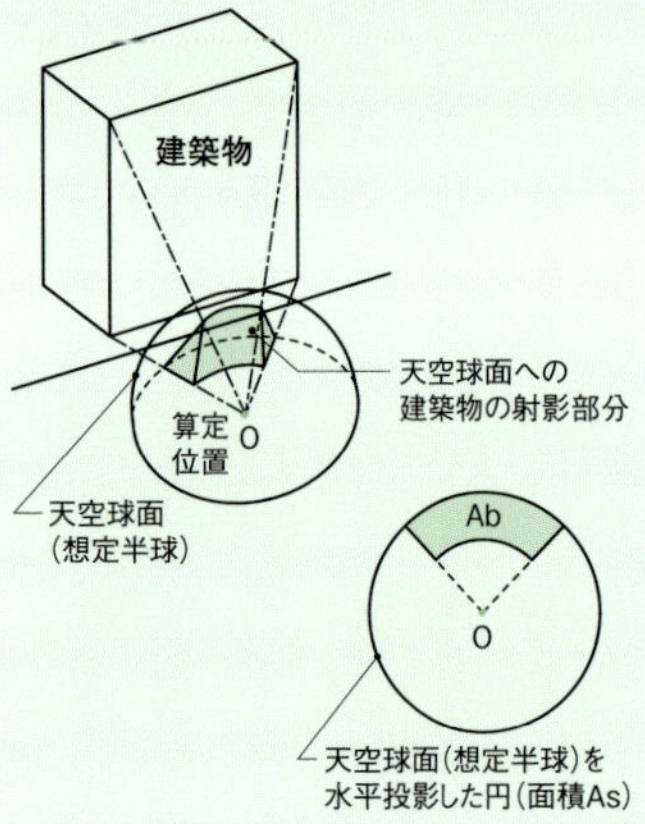

$$天空率:(Rs) = \frac{(As-Ab)}{As} \times 100(\%)$$

③算定位置

天空率の算定位置は、斜線制限でそれぞれ異なる

私のおかげで斜線がクリアできるのよ

建築物の各部分の高さ制限には、仕様規定として道路・隣地・北側斜線制限があるが、これらの制限を受けた場合と同等以上に採光や通風が確保できれば、天空率を用いて計画できる［法56条7項、令135条の5］。

天空率は斜線制限ごとに検討を行う。隣地斜線制限は仕様規定を適用し、道路斜線制限は天空率（性能規定）を適用するなど混用も可能［※1］。

天空率の算定位置は各斜線制限により異なる［図1～3］。道路斜線制限の計画建物の天空率は、道路斜線適用範囲にある建築物に付属する門、塀、建築設備などを含めて算定する。ただし、工作物［8頁］の部分は、「建築物の部分」に該当しないため、算定の対象とはならない［図4］。

また、高度地区に定められる高度斜線には天空率が適用できないので注意する。敷地北側に道路がある場合の北側斜線制限も、天空率の算定位置は「隣地境界線から真北方向への水平距離」と定めているため、天空率が適用できない［※2］。

図1｜私が主演するなら七目みちるの配役はこうしてちょうだい！

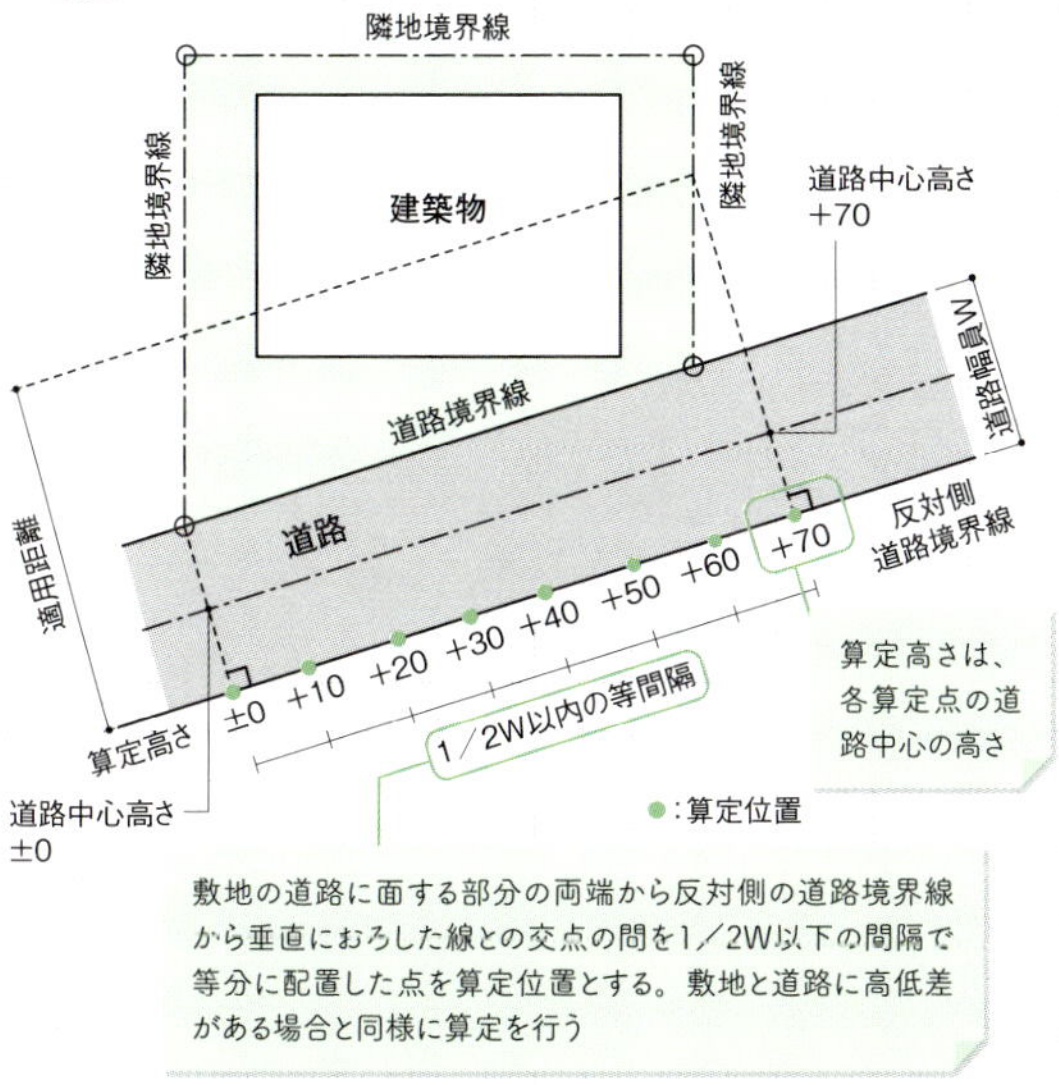

図2｜七目りんの代わりに隣地斜線にだってなれるんだから！

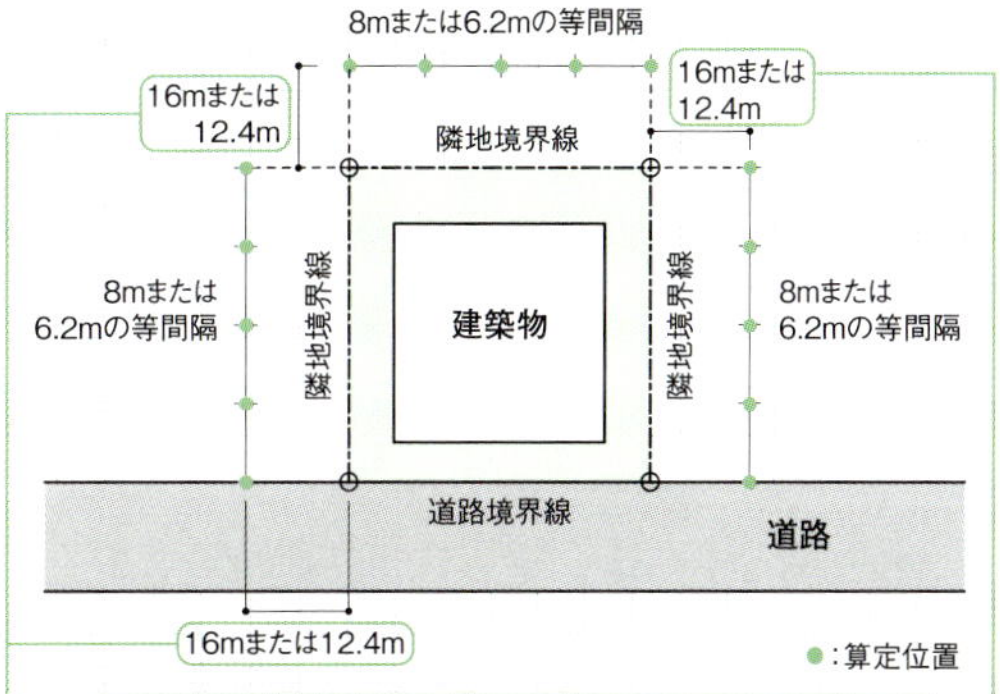

算定位置と間隔は用途地域により異なる

用途地域（斜線勾配）	算定位置	間隔
住居系用途地域（1.25）	16m	8m以内の等間隔
商業・工業系用途地域（2.5）	12.4m	6.2m以内の等間隔

図3｜条件によっては私が七目ゆきのかわりに北側斜線を演じられるのよ！

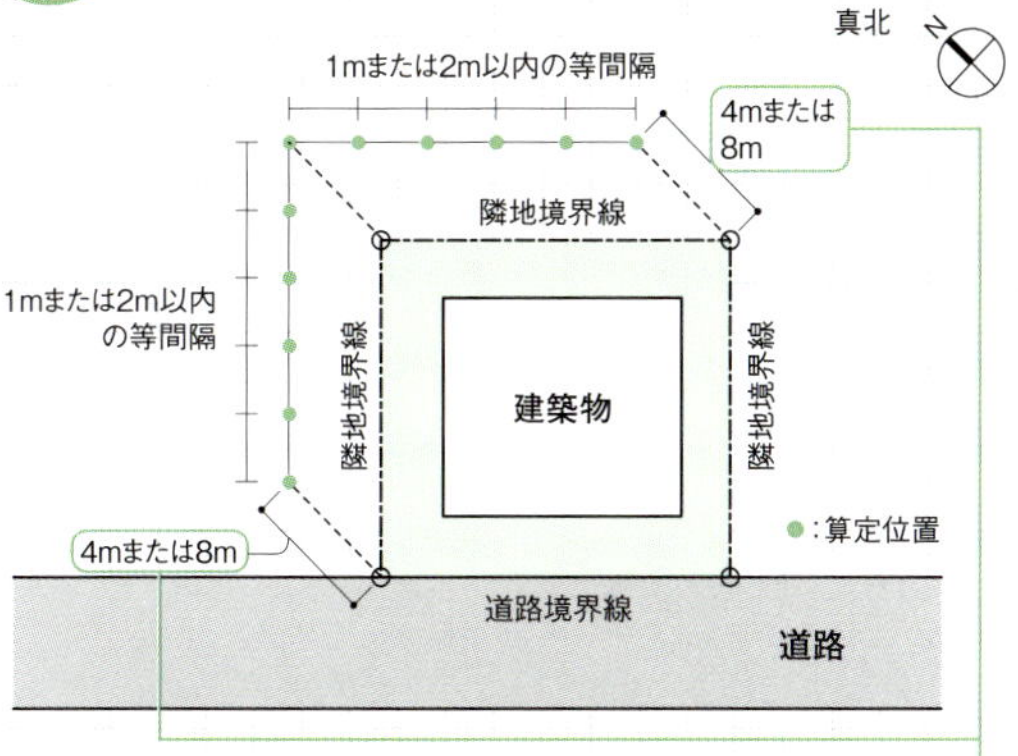

算定位置と間隔は用途地域により異なる

用途地域（立上り）	算定位置	間隔
第1・2種低層住居専用地域（5m）	4m	1m以内の等間隔
第1・2種中高層住居専用地域（10m）	8m	2m以内の等間隔

図4｜私以外の余計なものは写さないでちょうだい！

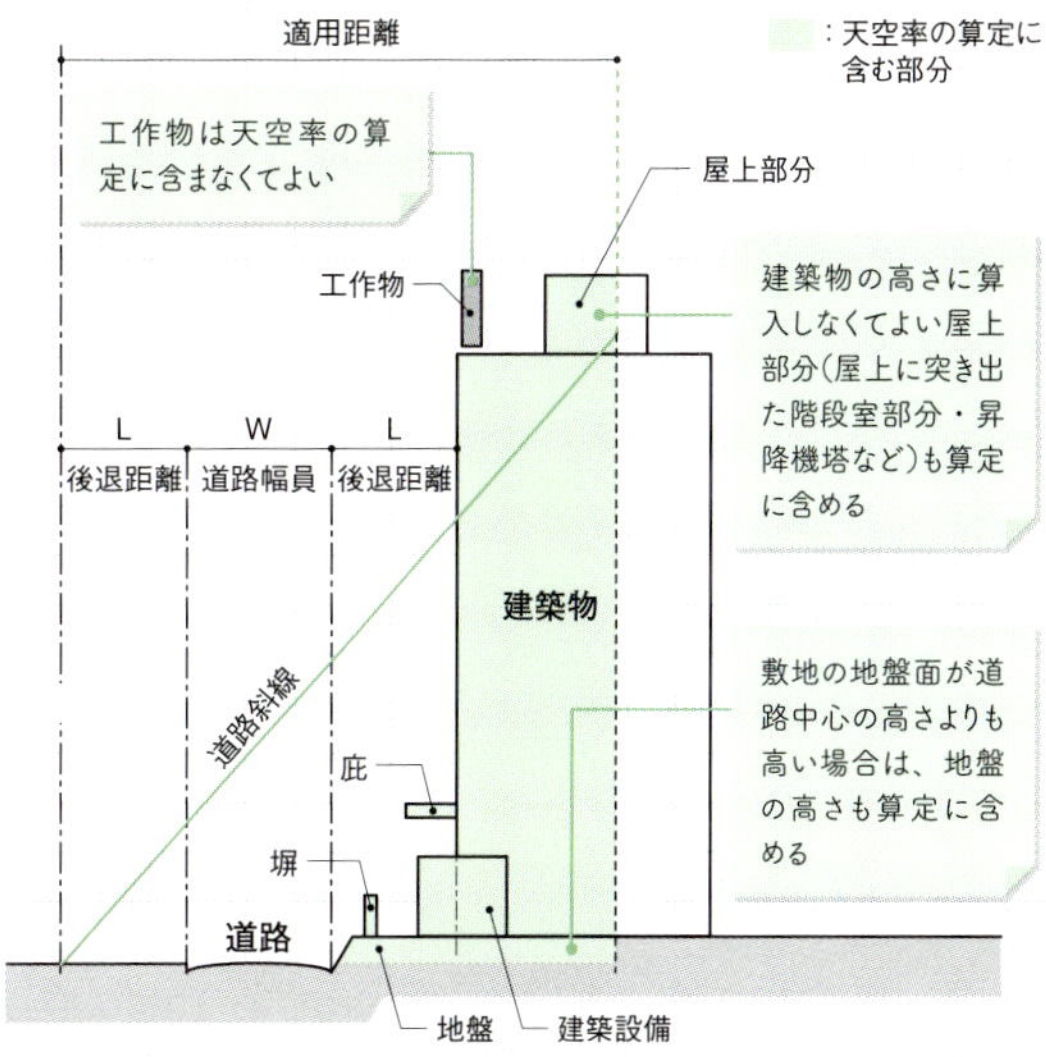

※1 ただし、2つの道路に面している場合、一方の道路に仕様規定を、もう一方の道路に天空率を採用するなどのように、1種類の斜線制限のなかでの混用はできない

※2 法56条7項3号に「隣地境界線から」と規定しており、北側に道路がある場合、算定位置を配置できない。そのため、天空率を算出できない。ただし、特定行政庁により適用できる場合もある

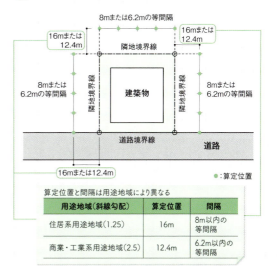

日影規制

近隣の日当たりを守る正義の味方

影《かげ》屋《お》てらす 手に持っているヒマワリを使って、周囲にいる人を明るい気分にできる。親友のりん〔46頁〕と一緒に常に周囲の人の様子を気にかけている優しい心の持ち主。

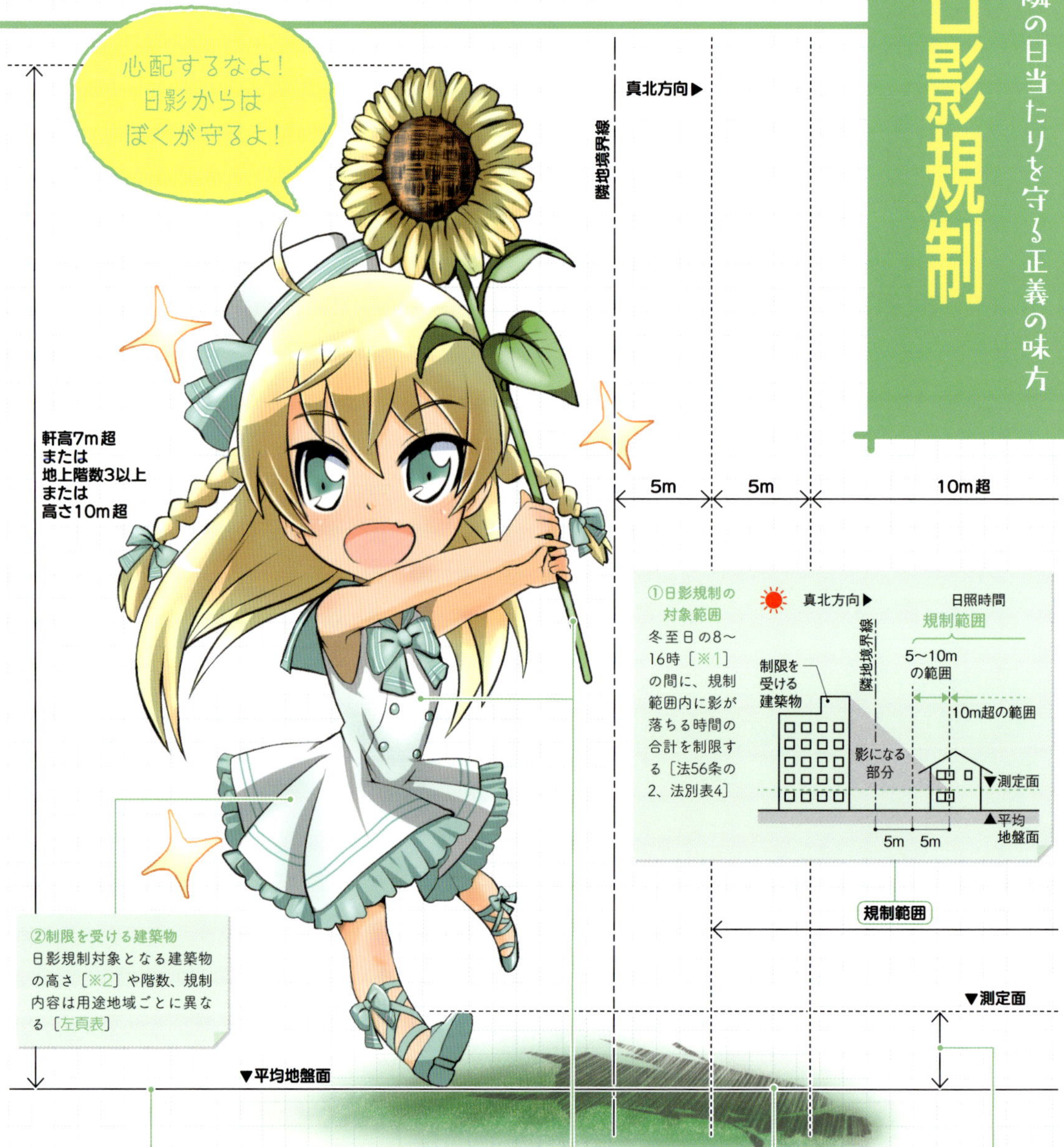

①日影規制の対象範囲
冬至日の8～16時〔※1〕の間に、規制範囲内に影が落ちる時間の合計を制限する〔法56条の2、法別表4〕

②制限を受ける建築物
日影規制対象となる建築物の高さ〔※2〕や階数、規制内容は用途地域ごとに異なる〔左頁表〕

⑤日影規制の平均地盤面の考え方
平均地盤面の算出方法は、日影規制と建築物の高さで異なる〔※3〕。日影規制では、敷地内に2以上の地盤面があっても、測定の基準となる地盤面は敷地全体の平均地盤面1つだけとなる〔法56条の2第2項〕

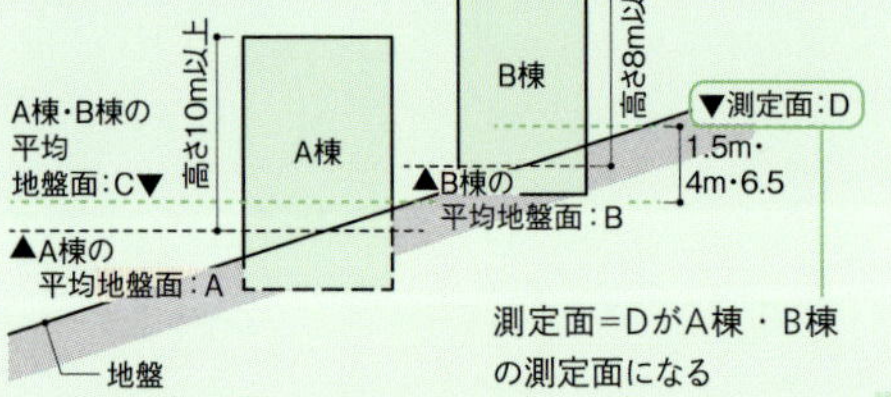

③敷地内に2以上の建築物がある場合
日影規制で高さ制限を受ける建築物かどうか測定する際は、敷地内に2以上建築物がある場合、一方の建築物の高さが制限高さを超えれば、超えていない建築物も含めて規制対象となる〔法56条の2第4項〕

⑥日影規制の測定面
地域または区域によって測定面は平均地盤面から1.5m、4m、6.5mのいずれかの水平面となる〔法56条の2、法別表4〕

④道路や高低差などによる緩和
影が落ちる隣地の状況によって規制緩和の対象となる。敷地が水面（川・水路など）や線路敷などに接する場合、緩和が受けられる。また、敷地の地盤面が隣地よりも1m以上低い場合にも緩和が適用される〔左頁図2・法56条の2第3項、令135条の12〕

※1 北海道では9時～15時｜※2 日影規制の対象となる建築物を判断するための高さは、屋上の階段室などの水平投影面積が建築面積の1／8以下であれば、高さ5m以下の範囲内で建築物の高さに算入しない。ただし、屋上にある階段室などや、建築設備、開放性のある手摺なども含めて日影図を作成しなければならない｜※3 建築物の高さの平均地盤面の算出方法は12頁参照

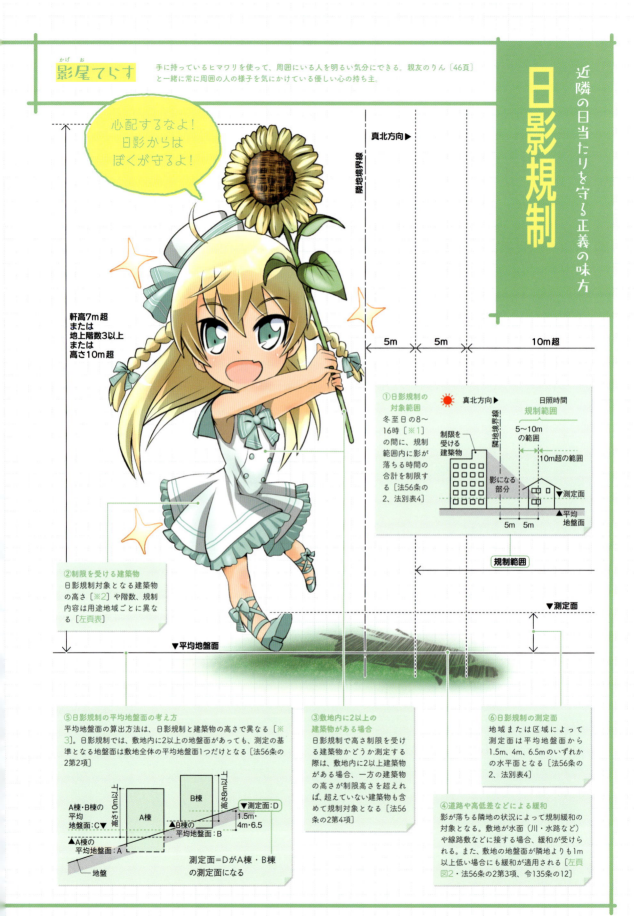

日当たりのいい所が好きでしょ？

日影規制とは、中高層建築物が近隣の敷地に一定時間以上、日影が一定距離を超える範囲に生じないよう制限し、日照条件の悪化を防ぐ規則である。具体的には冬至日の8時～16時の8時間［※1］に、敷地境界線から水平距離で5m超10m以内と10m超それぞれの範囲に影がかかる時間が規制される。

規制の対象となる建築物の高さ［※2］や規制内容は用途地域ごとに異なる。ただし、商業地域、工業地域、工業専用地域は日影規制の対象外である［表・法56条の2第1項、法別表4］。平均地盤面から各地域で定められた高さを加えた位置となる。同一敷地内に複数の建築物がある場合は、1つの建築物とみなし、平均地盤面を定める［法56条の2第2項］。

隣地の状況によっては、図1、2のような緩和措置がある［法56条の2第3項、令135条の12第1項］。また、敷地が道路、水面、線路敷等に接している場合も緩和があるが、幅が10m以下かどうかで扱いが異なるので注意する［法56条の2、令135条の12］。

表1｜ 日影から守ってあげられる範囲は地域ごとに違うよ！

地域または区域［＊1］	対象建築物	平均地盤面からの高さ［＊2］	日影規制時間［＊3］ 区分［＊4］	隣地境界線からの水平距離L(m) 5＜L≦10	10＜L
第1・2種低層住居専用地域 田園住居地域	軒高＞7m または 地上階数≧3	1.5m	①	3h(2h)	2h(1.5h)
			②	4h(3h)	2.5h(2h)
			③	5h(4h)	3h(2.5h)
第1・2種中高層住居専用地域	高さ＞10m	4mまたは6.5m［＊3］	①	3h(2h)	2h(1.5h)
			②	4h(3h)	2.5h(2h)
			③	5h(4h)	3h(2.5h)
第1・2種住居地域、準住居地域、近隣商業地域、準工業地域			①	4h(3h)	2.5h(2h)
			②	5h(4h)	3h(2.5h)
用途地域の指定のない区域	軒高＞7m または 地上階数≧3	1.5m	①	3h(2h)	2h(1.5h)
			②	4h(3h)	2.5h(2h)
			③	5h(4h)	3h(2.5h)
	高さ＞10m	4m	①	3h(2h)	2h(1.5h)
			②	4h(3h)	2.5h(2h)
			③	5h(4h)	3h(2.5h)

＊1 用途地域の指定がない場合の規定や、対象区域、規制時間などは、地方公共団体が条例で指定する
＊2 右頁④に基く
＊3 ( )内は北海道地区に適用
＊4 上表中①②③の中より各地方公共団体が条例によって定める

図1｜ 道路幅員によって活躍の幅は変化するんだよ！

(1)敷地が幅員10m以下の道路などに接する場合

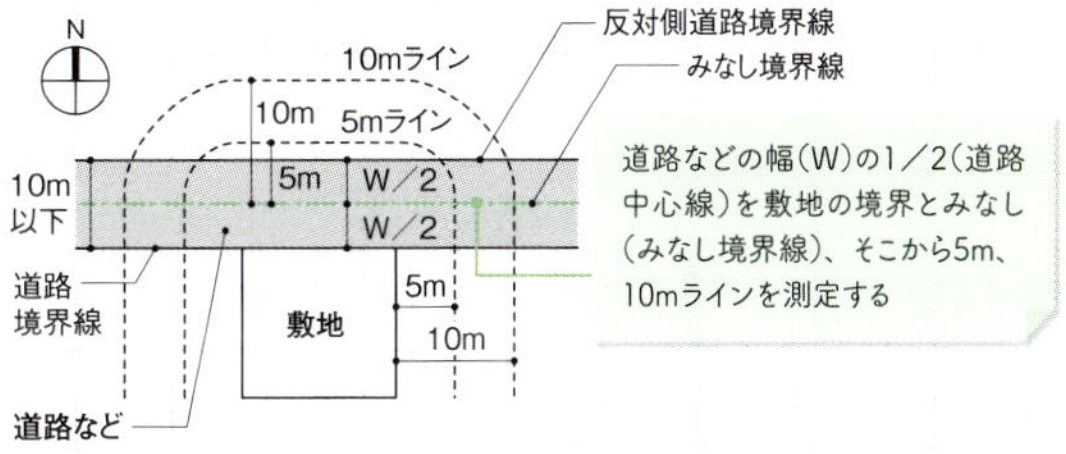

(2)敷地が幅員10m超の道路などに接する場合

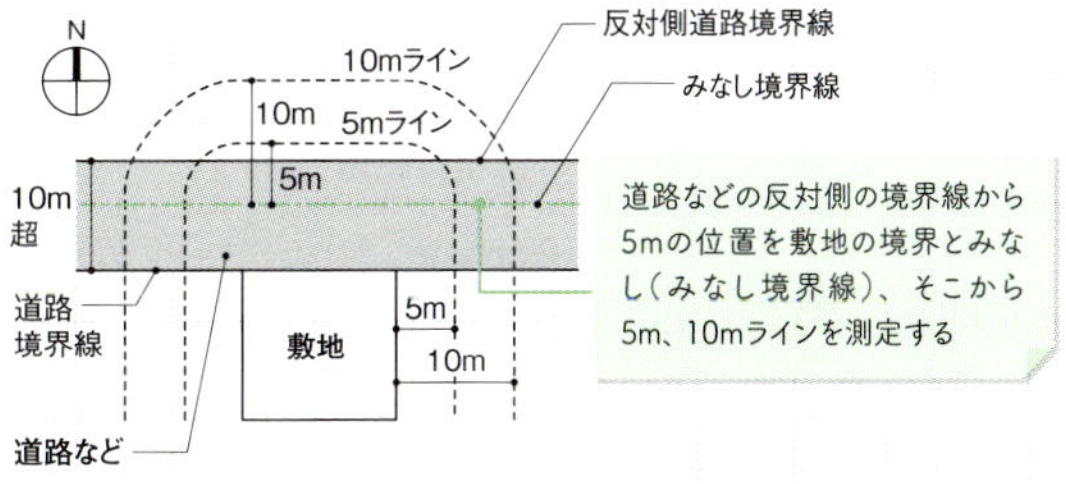

図表2｜ 隣の地面が高いと態度が変わっちゃうんだよね～

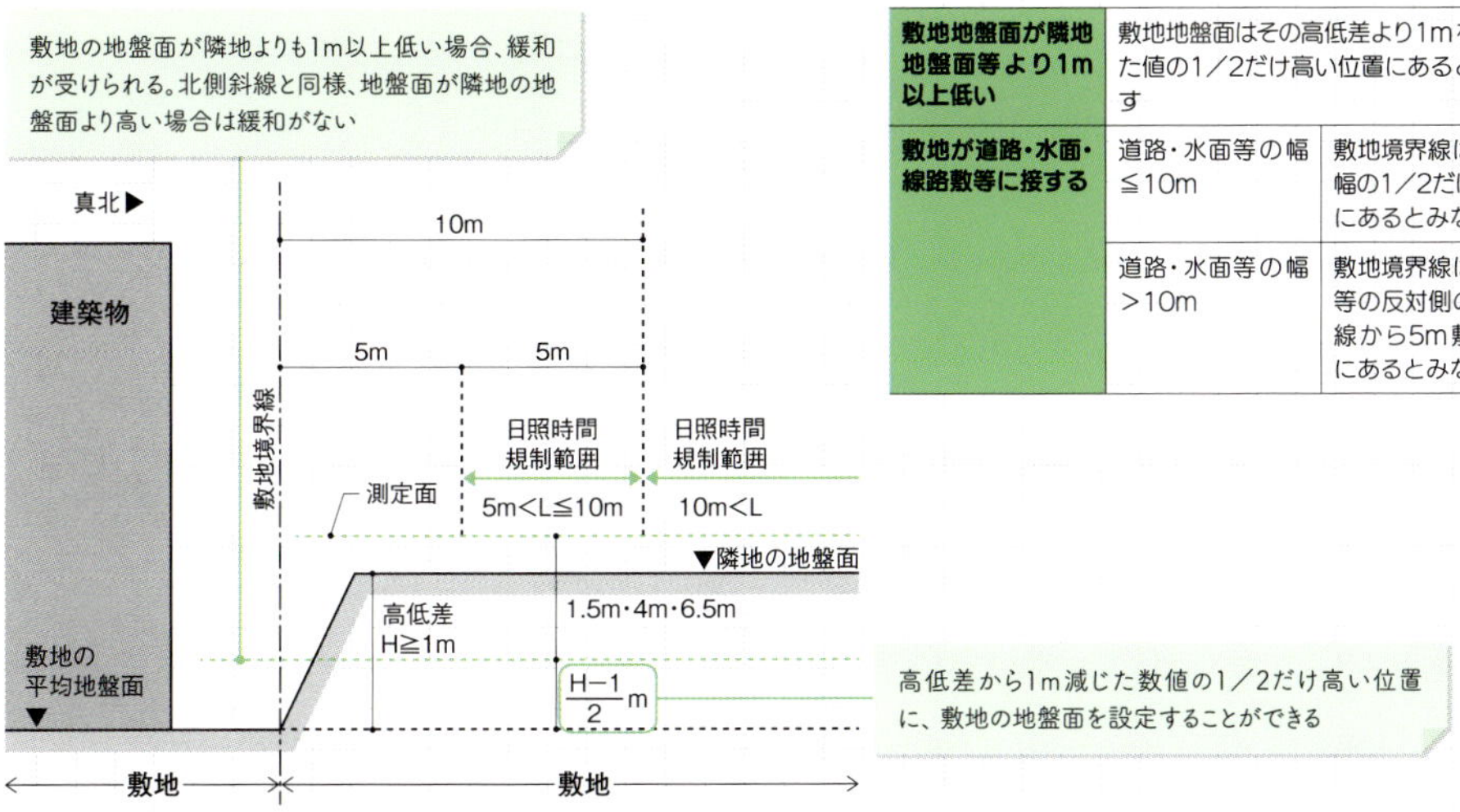

敷地地盤面が隣地地盤面等より1m以上低い	敷地地盤面はその高低差より1mを減じた値の1／2だけ高い位置にあるとみなす		法56条の2第3項 令135条の12第1項2号
敷地が道路・水面・線路敷等に接する	道路・水面等の幅≦10m	敷地境界線はその幅の1／2だけ外側にあるとみなす	法56条の2第3項 令135条の12第1項1号
	道路・水面等の幅＞10m	敷地境界線は道路等の反対側の境界線から5m敷地側にあるとみなす	

日影規制の特例

休みの日は好奇心が止まらない!?

影尾《かげお》てらす（オフバージョン）

長期休暇のときは、大きめの帽子をかぶっていろんな地域に出かけている。好奇心旺盛すぎて、周囲に迷惑をかけてしまうことも。

あっ!ごめんね!
①対象区域外と対象区域が隣接する場合
日影制限の規制対象外地域に建つ建築物でも、その陰が隣接する規制対象地域に落ちた場合は、規制の対象となる［法56条の2第4項］
規制される時間の等時間日影が規制対象区域に落ちる場合は不適合
建築物（10m超）
10mライン
5mライン
敷地境界線
規制対象地域
②第一種住居地域に落ちる影の部分が規制対象となる。このとき、規制対象となるのは、建築物の高さが10mを超えるものである［法56条の2第4項］
アオ［住居］
シャー…ッ
アカ［工場］
規制対象外地域

表｜日影規制の特例

対象区域外にある高さ10m超の建築物が冬至日に対象区域内に日影を落とす	対象区域内の建築物であるとみなされ、日影を落とす区域の規制で検討し、規制対象区域内に規制時間の日影を落とす場合は、制限を受ける［法56条の2第4項］
対象建築物が日影時間制限の異なるほかの対象区域に日影を落とす	対象建築物が日影を落とす区域内にあるものとして、対象建築物になるか否か判断し、対象建築物になる場合は、日影が落ちる区域ごとの規制を受ける（例：1低2低田住地域で軒高＞7m、地上階数≧3など）［法56条の2第5項・令135条の13］

用途地域のうち商業地域や工業地域、工業専用地域は、日影制限の規制対象外である。ただしこれらの地域に建つ建築物でも、住居系地域等に隣接する場合は、地域を超えて日影の影響を与えるおそれがある。逆に日影制限の対象区域内に建つ建築物が、商業地域などの制限対象区域外に影を落とした場合は、規制対象にならない［法56条の2第4項］

規制対象外かどうかは、きちんと確認しておくんだよ！

Chapter 4

防火

Bouka事務所

防火に関するさまざまな決まり事を体現した
アイドルやモデルが所属する芸能事務所。
社訓は「炎上禁止!」。防火の重要性を啓蒙するため、
社長を中心に互いに励まし合い、競い合いながら芸能活動をしている。

燃えない系防火3姉妹アイドル
防火・準防火地域

防火3人娘。

厳しく育てられた頑固な性格の長女・防華《ぼうか》を中心とした3姉妹アイドル。柔軟な性格・準子《じゅんこ》、ちょっぴり萌え系の末っ子・歩然《はぜん》が防華をサポート。「FPR《エフピーアール》60」［60頁］のメンバーと仲良し。

①防火地域

市街地の防火対策のために、容積率の高い中心市街地や幹線道の路線上に指定される地域。防火地域に指定された地域に建つ建物［左頁表1］は、耐火または準耐火建築物にしなくてはならない［法61条★1］

②準防火地域

市街地の防火対策のために、防火地域の周辺などに広範囲に指定される地域。準防火地域に指定された地域に建つ建物［左頁表1］は、耐火または準耐火建築物等にしなくてはならない［法62条★1］

③法22条指定区域

法22条指定区域（屋根不燃区域）［※1］とは、建築物の屋根や外壁などに一定の防火性能を確保させることで、市街地の建築物の火災による延焼などを防止する区域［法22条］

法22条指定区域内の制限

適用部分	適用建築物	制限内容
屋根	すべての建築物[＊1]	①不燃材料でつくるか、葺く
		②準耐火構造（屋外面に準不燃材）
		③耐火構造＋屋外面に断熱材および防水材
	屋根以外の主要構造部が準不燃材料の不燃性物品の倉庫など	上記の①～③
		難燃材料でつくるか、葺く
外壁	木造建築物等	延焼のおそれのある部分を土塗り壁、または、同等以上の有効な構造とする[＊2]
外壁・軒裏	木造建築物等の特殊建築物	延焼のおそれのある部分を防火構造とする

＊1 延べ面積≦10㎡の物置や納屋などを除く｜＊2 平12建告1362号

④異なる防火地域にまたがる建築物

建築物が「防火地域または準防火地域」と「指定のない区域」にわたる場合は、その全部が防火地域または準防火地域の厳しいほうの制限を受ける。防火壁を設けて区画する場合は、その防火壁の外側の部分には、当該部分の地域の制限が適用されることになる［法67条★2、法91条］

防火地域ー準防火地域にわたる場合

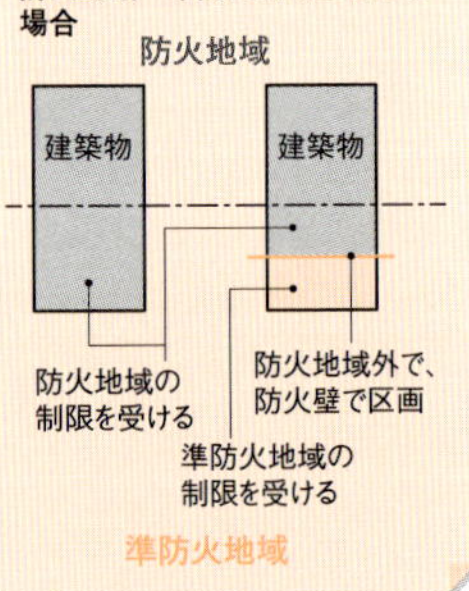

※1 特定行政庁が防火・準防火地域以外の市街地について指定した地域

★1 平成30年6月27日から1年以内に、法61条、62条の内容が、法61条として改正・整理される｜★2 平成30年6月27日から1年以内に、法67条から法65条に改正される

みんなを火災から守ることが使命よ!

防火地域・準防火地域は、市街地の防火対策のために都市計画上地域地区の1つとして定められた地域である。それらに該当する地域内の建築物は、階数や面積に応じて必要な耐火性能が定められている[表1]。ただし、防火地域・準防火地域内の建物であっても、卸売市場の上家または機械製作工場といった、火災発生のおそれが少ない用途に供する建築物で、主要構造部が不燃材料でつくられたものなどは免除される[※2・法61条・62条★1]。

防火性能が求められる地域はほかに、法22条指定区域（屋根不燃区域）があり、屋根や外壁などに制限がかかる[③・法22条、法23条]。

ただし、準防火地域内に建築する延べ面積500㎡以下の木造3階建ての建物は2階建てに比べ、構造や防火規定がより細かく定められている[表2・図]。また、木造3階建ての建物は構造計算が必要となり、確認申請とは別に構造計算適合性判定が必要な場合もある[令136条の2、昭62建告1903号、1905号]。

表1｜防火地域と階数、規模で必要な耐火性能は違うのよ!★1

階数	防火地域 延べ面積 100㎡以下	防火地域 延べ面積 100㎡超	準防火地域 延べ面積 500㎡以下	準防火地域 延べ面積 500㎡超1,500㎡以下	準防火地域 延べ面積 1,500㎡超
4階以上	耐火建築物		耐火建築物		
3階以上			一定の防火措置など	準耐火建築物	
2階以上	準耐火建築物		その他		
1階以上					

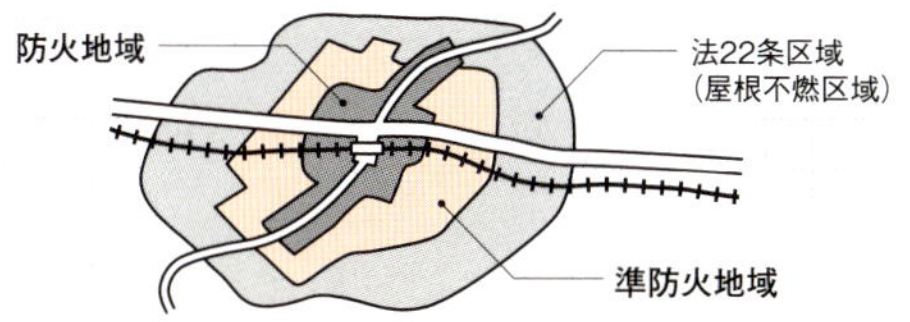

表2｜もし、準防火地域に木造3階をつくるとなると制限が厳しいのね……

準防火地域に木造3階建ての建物をつくる場合、⑴～⑶のいずれかとする必要がある
⑴耐火建築物とする
⑵準耐火建築物とする（準耐火建築物[イ-2]など）
⑶政令で定める技術的基準に適合する建築物とする（下表）

①	柱・梁の構造	主要構造部は準耐火構造または柱・梁の小径を12㎝以上とする
②	床・天井の構造	床の裏側に厚さ12㎜以上の石膏ボードなどの防火被覆を設ける[＊1]
③	屋根・天井の構造	屋根の裏側に厚さ12㎜＋9㎜以上の石膏ボードなどの防火被覆を設ける
④	外壁の構造	外壁の屋内側に厚さ12㎜以上の石膏ボードなどの防火被覆を設け、防火被覆の取り合い部分から炎が入らない構造とする
⑤	開口部の制限①	隣地距離から水平距離1m以下の外壁に設ける換気口などで開口面積が0.2㎡以内のものを除き、常時閉鎖式、煙感・熱感知器、温度ヒューズ連動閉鎖式またははめ殺し防火戸を設ける
⑥	開口部の制限②	隣地境界線または道路中心線からの水平距離5m以下の部分にある外壁の開口部は、水平距離に応じて開口部の面積を制限する[＊2]
⑦	3階部分の区画	3階の室の部分とそのほかの部分とは壁または戸で区画する[＊3]

＊1 最下階の床は除く
＊2 5m以内の開口部の面積制限は昭62建告1903号に規定されている
＊3 襖・障子は除く

図1｜準防火地域の木造3階の建物基準を図解で説明するね

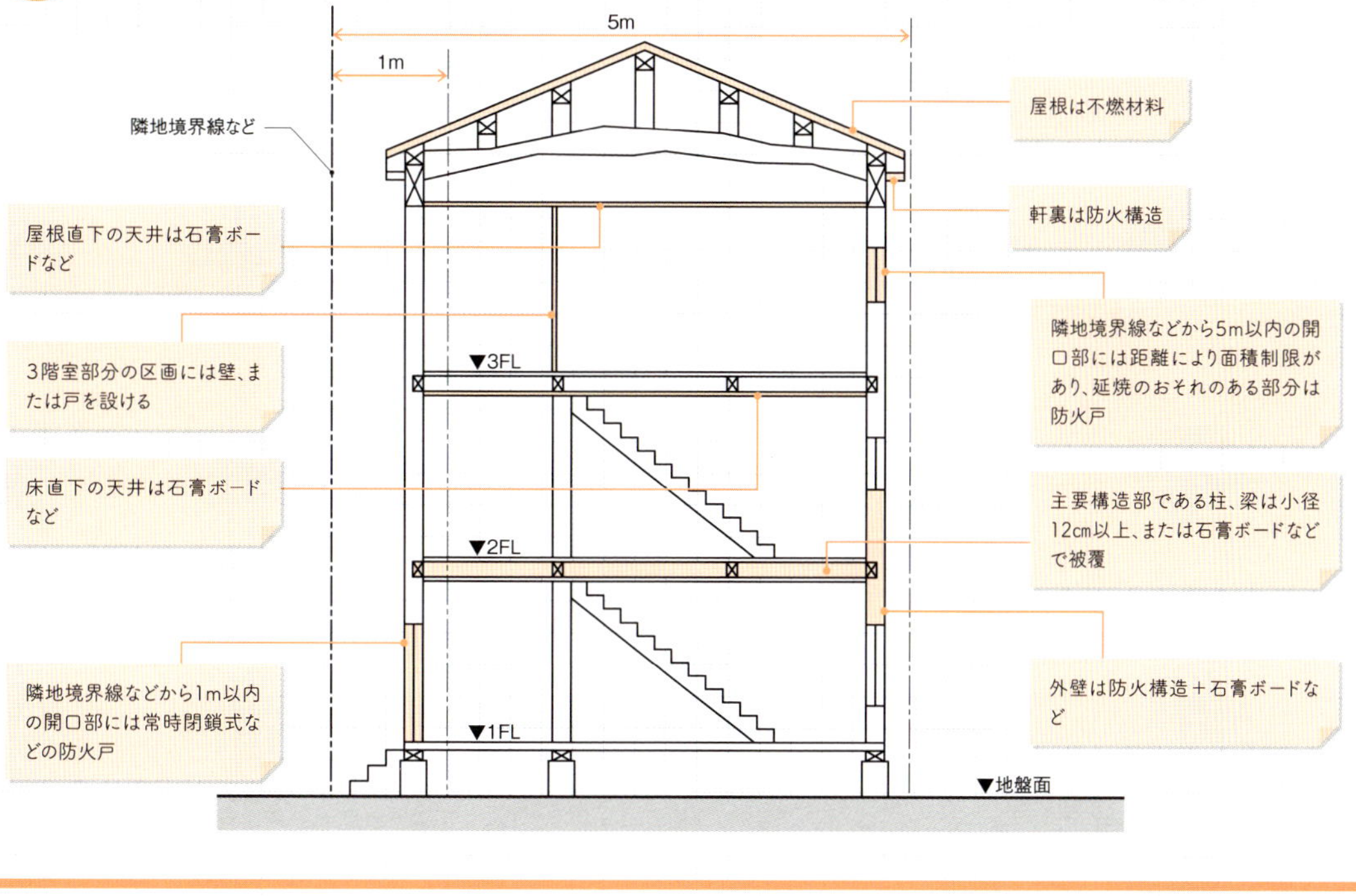

※2 制限除外可能な条件は、①延べ面積が50㎡以内の平屋の付属建築物（外壁および軒裏は防火構造）、②卸売市場の上屋や機械製作工場（主要構造部が不燃材料でつくられたもの）、③高さ2mを超える門や塀で不燃材料でつくられたもの、または覆われたもの、④高さ2m以下の門または塀

由《ゆ》鳥《とり》いご

ロリータファッションをこよなく愛するモデル。日焼け防止の日傘を片手にウォーキングが日課。内向的な性格で、撮影スタジオではモデル仲間と距離をとっている。

孤高なロリータモデル

延焼のおそれのある部分

……私に近寄らないで……

①延焼のおそれのある部分の基本

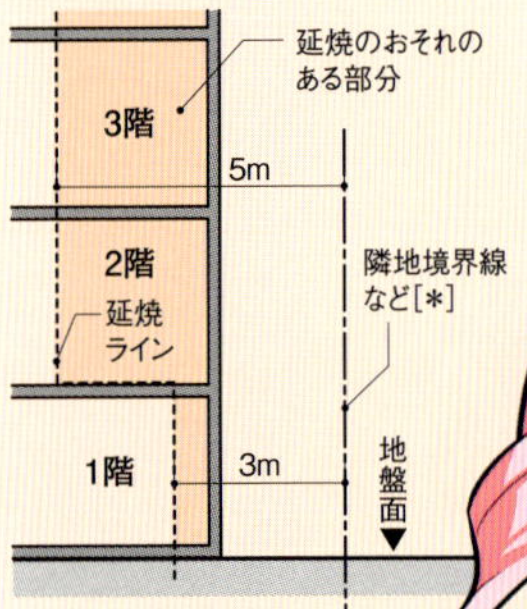

＊隣地境界線のほか、道路中心線、同一敷地内の2以上の建築物との隣棟間の中心線［図］が含まれる

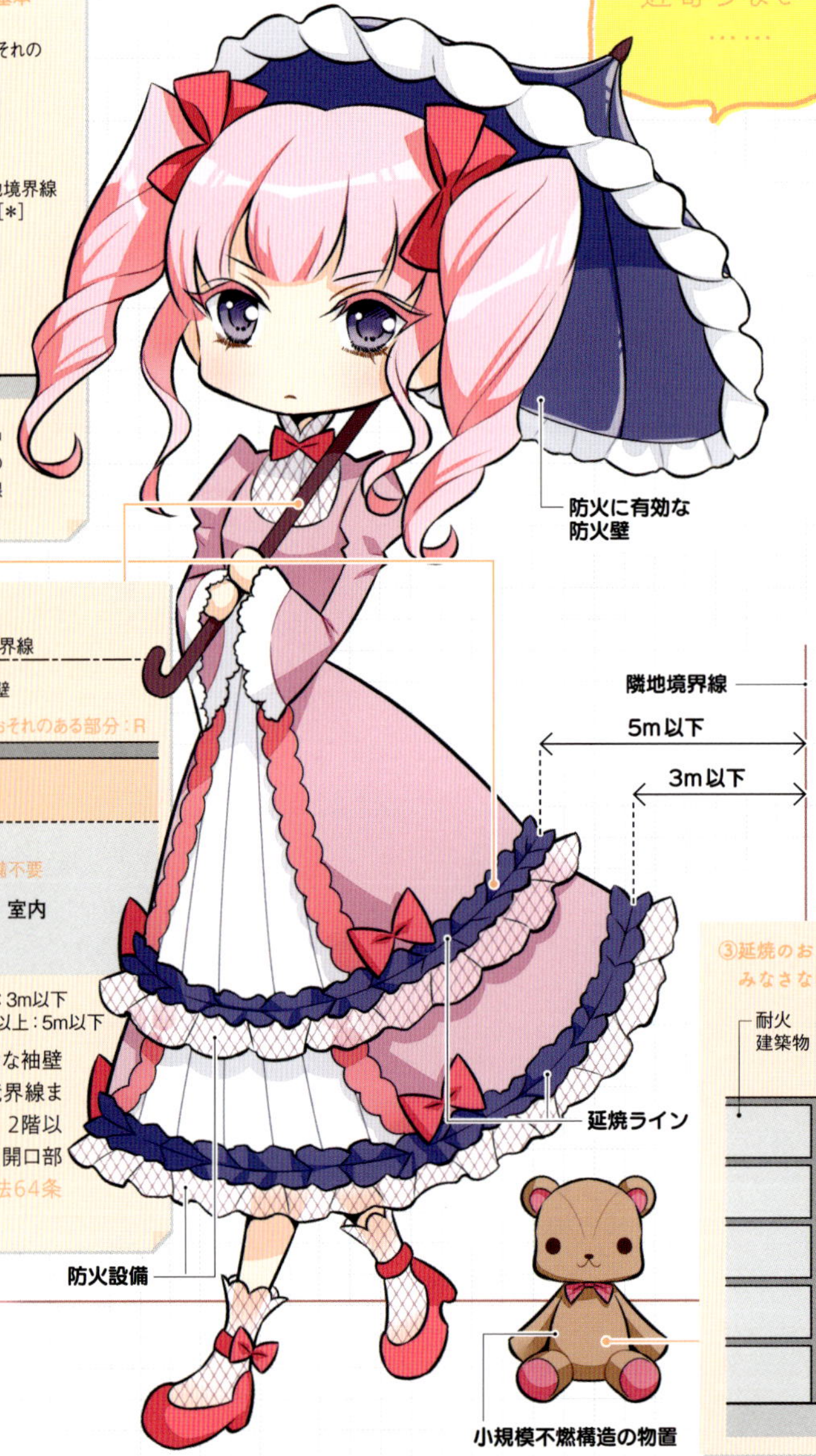

②防火上有効な塀や袖壁

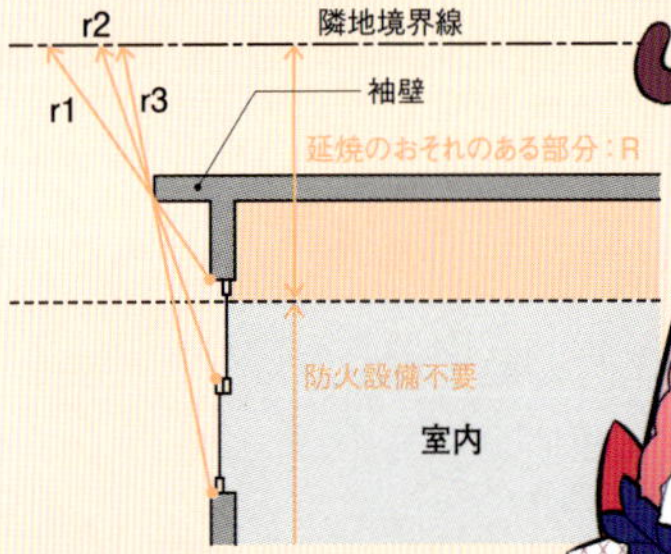

r＝1階：3m以上　R＝1階：3m以下
　2階以上：5m以上　2階以上：5m以下

開口部の外側に防火上有効な袖壁を設け、袖壁越しに隣地境界線までの距離を1階で3m以上、2階以上で5m以上確保すれば、開口部に防火設備は不要となる［法64条★、令109条2項］

③延焼のおそれのある部分とみなさない例

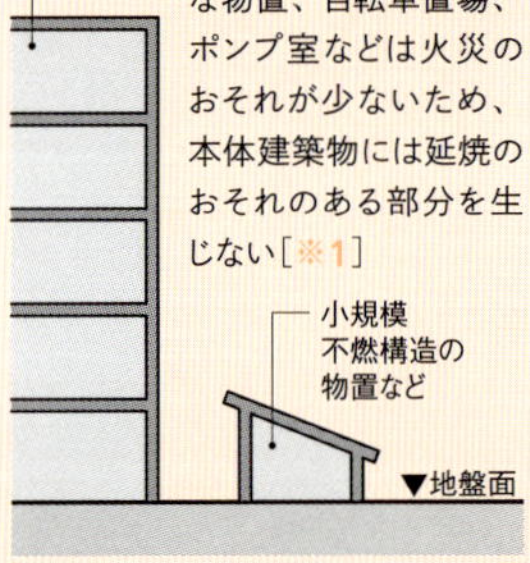

主要構造部が不燃材料でつくられた小規模な物置、自転車置場、ポンプ室などは火災のおそれが少ないため、本体建築物には延焼のおそれのある部分を生じない［※1］

図｜中心線の設定例

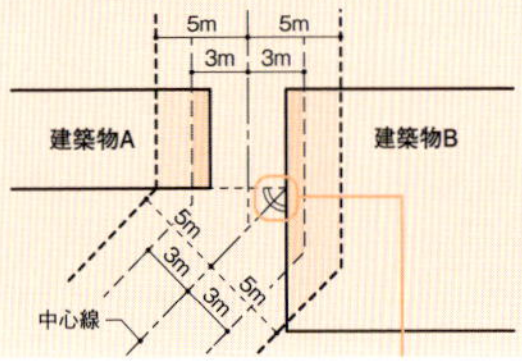

建築物Aの外壁線の延長と建築物Bの交点に生じる角度を2等分する線を中心線とする

：延焼のおそれのある部分（1階）
：延焼のおそれのある部分（2階以上）

……他人との距離感が重要なの……

隣地境界線や道路中心線、あるいは同一敷地内の2以上の建築物との隣棟間の中心線から、1階で3m以下、2階以上で5m以下の範囲を「延焼のおそれのある部分」という［図・※2］。公共の用に供する水路や緑道も道路と同様に扱う。炎は上にいくほど広がる性質があるため、1階より2階以上のほうがより遠くまで延焼のおそれがあるものとして規定している［法2条6号］。

また、防火・準防火地域内の建築物で、延焼のおそれのある部分に開口部がある場合、準遮炎性能を有する防火設備が必要になる［62頁・法64条★］。

※1『建築物の防火避難規定の解説2016』（編集：日本建築行政会議）｜※2 防火上有効な公園、広場、川、線路敷などには、建築物が建築される可能性が少ないため、これらに面する部分は延焼のおそれのある部分から除外される。また、外壁面と隣地境界線との角度に応じて告示で定める部分も、平成30年度の改正で除外される部分に追加される（平成30年6月に改正公布。公布後1年以内に施行予定）｜★ 平成30年6月27日から1年以内に、法64条から61条に改正・整理される

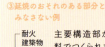

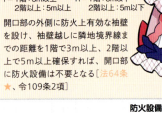

界壁

ウィスパーボイスの演歌歌手

間《ま》詩《じ》切《きり》静《しず》香《か》

もの静かな性格もあって、ささやくような声で歌う演歌歌手。整理整頓が得意で、趣味のパッチワーク用品も細かく箱などで仕切って分類し、収納している。

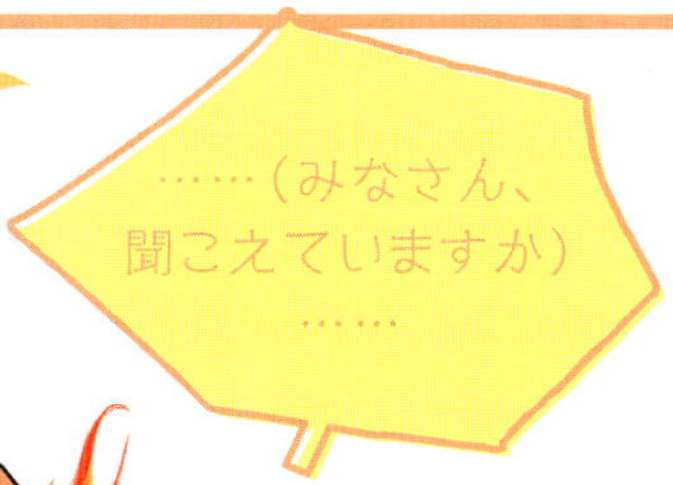

①遮音性能

共同住宅や長屋などは、各戸のプライバシーを確保するために遮音性能が必要［法30条、令22条の3］

遮音性能基準

振動数(単位:Hz)	透過損失(単位:dB)
125	25
500	40
2,000	50

②防火上主要な間仕切壁の範囲

火災時に安全に避難し、火災の拡大を押さえるために、住戸間の界壁は、準耐火・耐火構造とする［法30条、令114条］

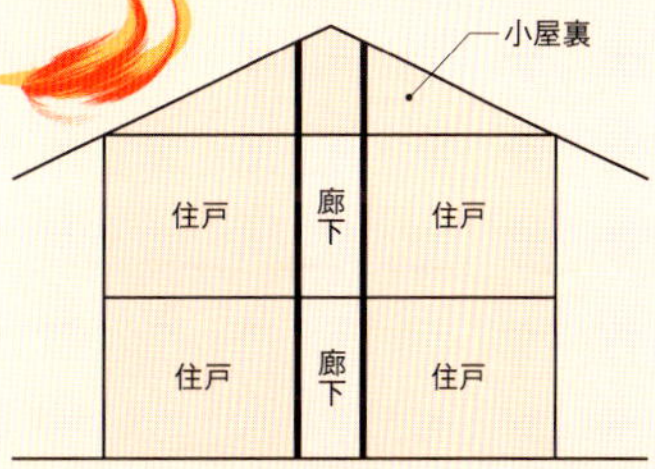

：界壁として防火措置が必要な範囲

- 共同住宅の各戸の界壁
- 学校の教室相互を区画する壁
- 病院、診療所、児童福祉施設等、ホテル・旅館、寄宿舎などの病室・就寝室などの相互間の壁で、3室以下かつ100㎡以下
- 避難経路を区画する壁
- マーケット、店舗相互間の壁のうち重要なもの
- 火気使用室とその他の部分を区画する壁

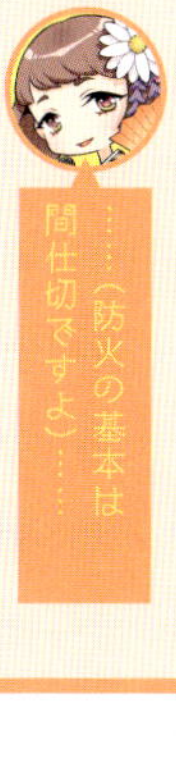

共同住宅や長屋などの各住戸間には、床から小屋裏または天井裏まで★、耐火性能と遮音性能を有する界壁を設ける。学校、就寝用途に供するホテル、不特定多数が出入りするマーケットなどの建築物には防火上主要な間仕切壁による区画が必要［表・法30条、令114条］。

表｜建築物の界壁・間仕切壁・隔壁

用途	建物の部分	構造	措置
長屋・共同住宅	各戸の界壁	準耐火構造	小屋裏、天井裏を隙間なくふさぐこと［※］／界壁などを貫通する配管、ダクトには防火区画と同等の措置をすること
学校・病院・診療所・児童福祉施設等・ホテル・旅館・下宿・寄宿舎・マーケット	防火上主要な間仕切壁		
建築面積が300㎡を超える建物(小屋組木造)［＊］	小屋裏離隔壁(桁行間隔12m以内ごと)		
延べ面積が各々200㎡を超える建築物の渡り廊下(小屋組木造)(桁行>4m)	渡り廊下の小屋裏隔壁		

＊次のいずれかに該当する建築物は小屋裏隔壁が不要
(1)建築物の各室および通路について、壁・天井の室内に面する部分の仕上げが不燃材料・準不燃材料・難燃材料とされ、またはスプリンクラー設備などで自動式のものおよび排煙設備を設けたもの
(2)周辺地域が農業に利用され、避難上および延焼防止上支障がないものとして大臣が定める基準に適合する畜舎など
(3)主要構造部を耐火構造とした建築物

★ 平成30年6月27日から1年以内に、遮音に適合する天井でも可能となる
※ 114条については、小屋裏または天井裏まで達せしめることを強化天井とすることも可能（準耐火構造に限る）

エフピーアール
FPR60　正式名称Fireproof60《ファイアープルゥーフ》。センター耐江忍《たえしのぶ》は、ハードなレッスンに耐えて今のポジションを勝ち取った。派生ユニットに「チーム・イ」「チーム・ロ」がある。

耐火・準耐火構造

センター争いの激しいアイドルグループ

⑥天窓の耐火性能
耐火構造の建築物の屋根に設ける天窓（トップライト）は「屋根」として30分の耐火性能が要求され、鉄製（ステンレスも含む）枠付きで網入りガラスなどにする必要がある

⑦塔屋階の耐火性能
階数に算入しない塔屋階などは最上階と同等の耐火時間となる

③準耐火構造（イ-2）
主要構造部を告示［※1］または大臣認定で決められた45分（屋根・階段は30分）準耐火構造のものとする［法2条7の2号、令107条の2］

②準耐火構造（イ-1）
主要構造部を告示［※1］または大臣認定で決められた1時間（屋根・階段は30分）準耐火構造のもの［※2・法2条7の2号、令129条の2の3第1項1号ロ］

①耐火構造
主要構造部（壁・柱・梁・床・屋根・階段）それぞれについて最上階から数えた階数（1～4階、5～14階、15階以上）に応じた耐火時間を満たすものとする［法2条7号、令107条］

④準耐火（ロ-1）
外壁が耐火構造で屋根が一定の性能を満たすものとする［法2条7号、令107条の2］

⑤準耐火（ロ-2）
柱・梁を不燃材料、そのほかの主要構造部を準不燃材料の性能を満たすものとする［法2条7の2号、令107条の2］

⑧高層部分と低層部分がある場合
高層部分と低層部分が別構造の場合は一般的に、別々に最上階からの階数を算定するように取扱われている［※3］。また、階数に算入しない屋階は、最上階と同等の耐火時間とする

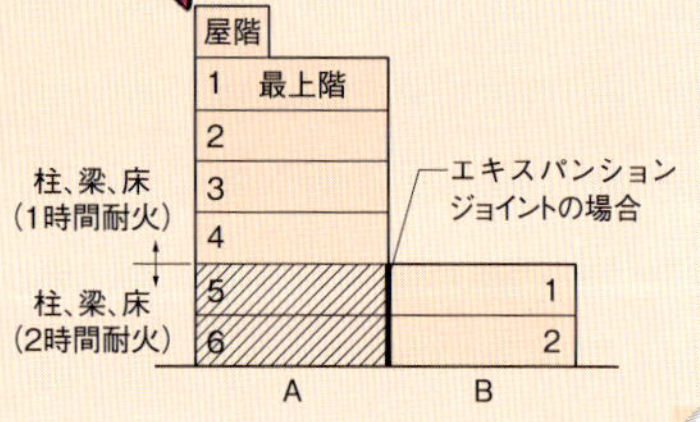

※1 準耐火構造の仕様は平12建告1358号、平27国交告253号で定められている
※2 イ-1は3階建て木造共同住宅などを想定してつくられた規定であるが、適用するためには避難バルコニーや敷地内通路などの基準にも適合させなければならない
※3 建物に高層部と低層部がある場合、原則として高層部分の最上階から数えた階数で低層部分も同様に耐火時間を判定する

メンバーを紹介しまーす！

防火構造とは、火災による延焼を抑制するための防火性能を有する構造方法のことである。防火構造には耐火・準耐火構造が含まれる［法2条7～8号］。

耐火建築物等［※4］にしなければならないのは、ある一定以上の規模の特殊建築物［表1］や、防火・準防火地域に建つ建築物である［57頁表1・法27条★、法別表1、平27国交告255号］。

耐火構造の建物は、火災が発生して燃焼が終了するまで放置していても倒壊しない性能を有する。建築物の部位ごとに、最上階から数えた階数に応じて30分～3時間の耐火時間が定められている［表2・法2条7号、令107条］。

準耐火構造の建物には一定時間以上、構造耐力上で支障のある変形や溶融を生じないための加熱時間が定められている。準耐火構造の性能には、1時間（イ－1）、45分（イ－2）がある［※2］。ほかにも準耐火性能を有するとして政令で定める技術基準に適合した建物（ロ－1・ロ－2）がある［図1、2・法2条7号の2、令107条の2］。

表1｜耐火・準耐火建築物の舞台は特殊建築物よ［※5］

用途		主要構造部に必要とされる性能［＊1・2］	
		用途に供する階	床面積の合計
①	劇場・映画館・演芸場	3階以上の階［＊1・2］	客席部分200㎡（屋外観覧席1,000㎡）以上［＊1・2］
		主階が1階にないもの［＊1・2］	
	観覧場・公会堂・集会場	3階以上の階［＊1・2］	
②	病院・共同住宅など	3階以上の階［＊1・2］	2階部分300㎡以上［＊3・4］
③	学校など	3階以上の階［＊1・2］	用途に供する部分2,000㎡以上［＊3］
④	百貨店・マーケット・展示場など	3階以上の階［＊1・2］	2階部分500㎡以上［＊3］
			用途に供する部分3,000㎡以上［＊1］

＊1 令110条2号「耐火構造」の基準に適合するものとして、耐火建築物等とする。また、次の⑴～⑶すべてに該当する場合に限って、1時間準耐火基準に適合する準耐火構造としてもよい。⑴地階を除く階数が3、⑵3階を共同住宅または学校等の用途に供するもの、⑶一定の要件に該当［平27国交告253号、254号、255号］
＊2 平成30年6月27日から1年以内に、階数3以下、200㎡未満のもので緩和ありに改正
＊3 令110条1号の基準に適合するものとして、耐火建築物または準耐火建築物等とする［平27国交告255号］
＊4 病院、診療所にあっては2階に患者の収容施設がある場合のみ

表2｜耐火構造は階数によって求められる耐火時間が違うの

	最上階からの階数	壁					柱	床	梁	屋根	階段
		間仕切壁		外壁							
		耐力壁	非耐力壁	耐力壁	非耐力壁 延焼のおそれ						
					あり	なし					
非損傷性（1号）（通常の火災）	1～4	1	—	1	—	—	1	1	1	0.5	0.5
	5～14	2		2			2	2	2		
	15以上						3		3		
非損傷性（2号）（通常の火災）	—	1	1	1	1	0.5	—	1	—	—	—
非損傷性（3号）（屋内の通常の火災）	—	—	—	1	1	0.5	—	—	—	0.5	—

図1｜準耐火（ロ-1）は外観重視なのよ！

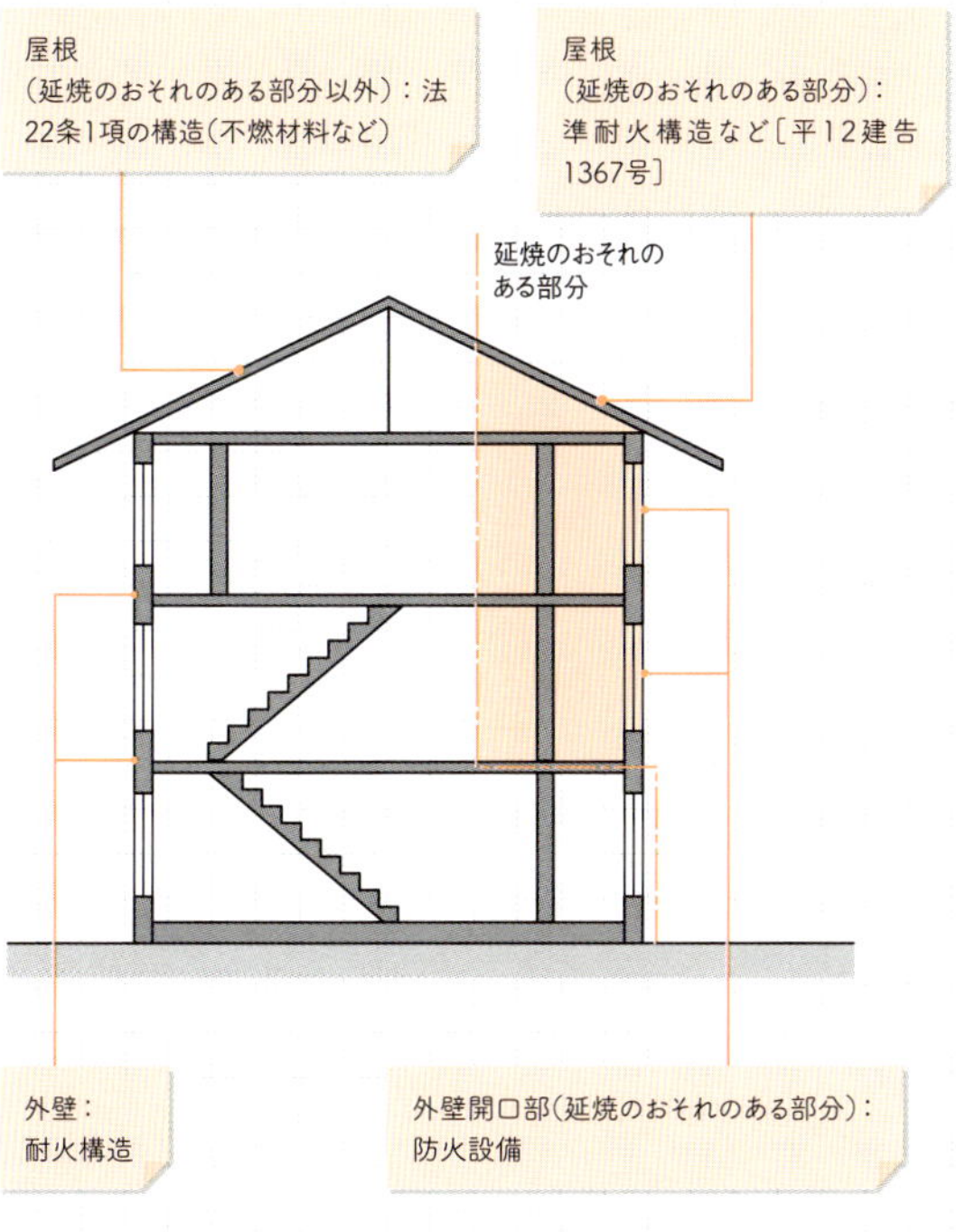

図2｜準耐火（ロ-2）は骨格重視なのだ！

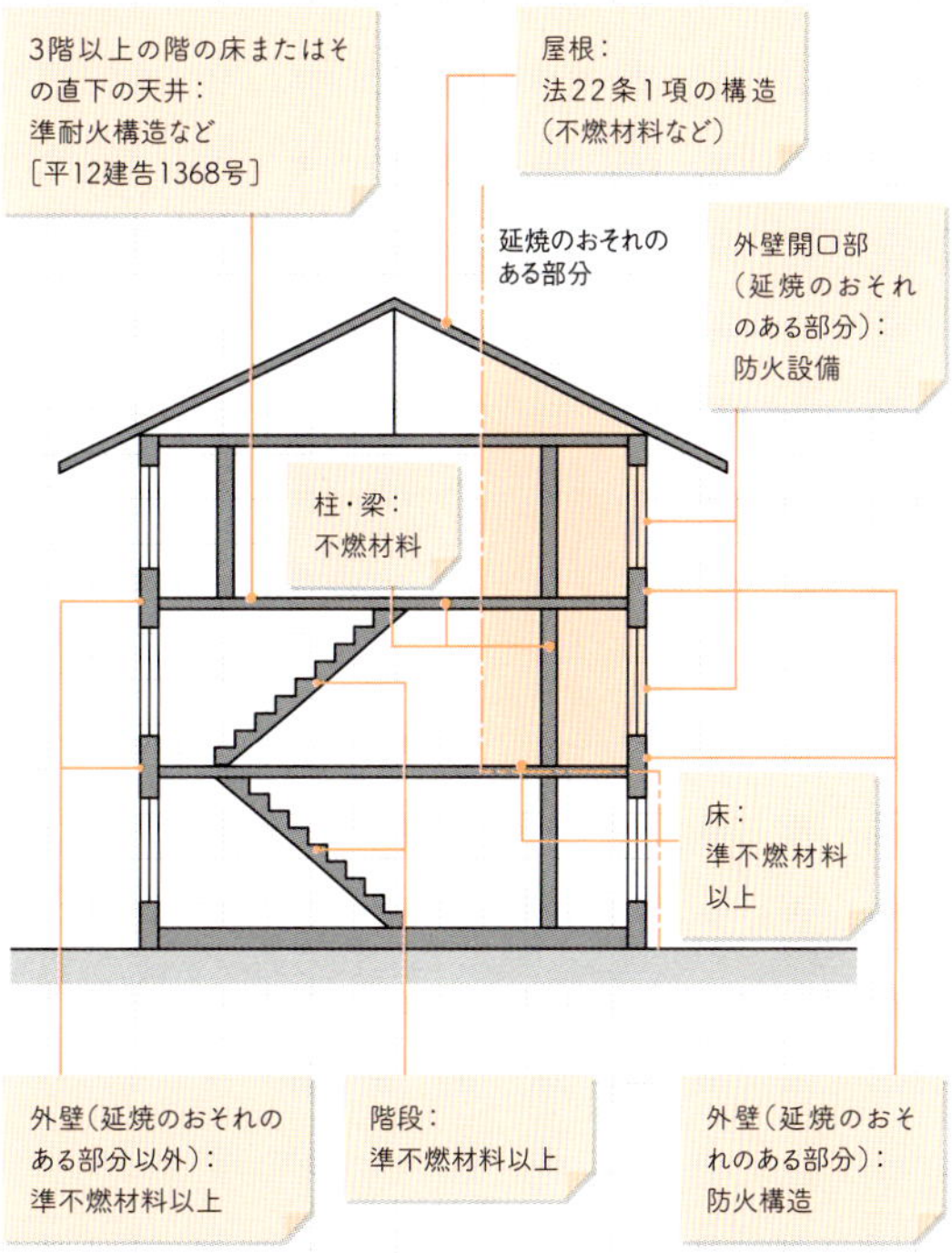

※4 耐火建築物等とは「耐火建築物等としなければならない特殊建築物」のこと
※5 表1の用途以外にも⑤倉庫、⑥自動車車庫など、⑦令116条の表の数量以上の危険物の貯蔵場または処理場、が耐火建築物等とすべき特殊建築物に含まれる
★ 平成30年6月27日から1年以内に、階数3以下、200㎡未満のもので一定の建築物について緩和される

戦う美少女戦士 防火設備

防子《ぼうこ》と特子《とくこ》

露出度が少なく、スキがないため色気はないが、所属芸能事務所の規則を忠実に守る優等生双子アイドル。以前は消防士として活躍し、大臣表彰も受けた。運動能力が高く、戦闘美少女ヒロインとして各地でイベント営業をしている。

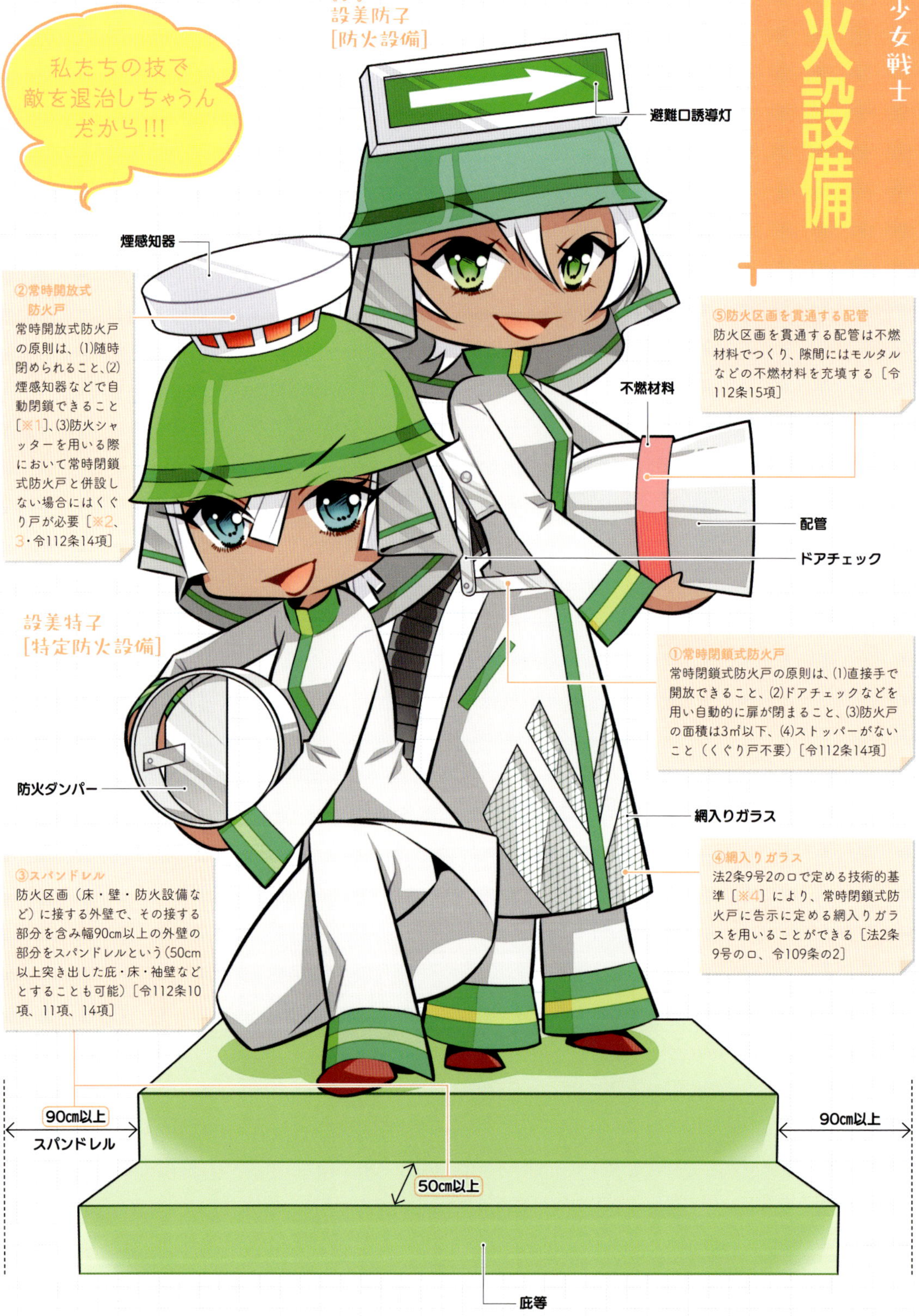

②常時開放式防火戸
常時開放式防火戸の原則は、⑴随時閉められること、⑵煙感知器などで自動閉鎖できること[※1]、⑶防火シャッターを用いる際において常時閉鎖式防火戸と併設しない場合にはくぐり戸が必要[※2、3・令112条14項]

⑤防火区画を貫通する配管
防火区画を貫通する配管は不燃材料でつくり、隙間にはモルタルなどの不燃材料を充填する[令112条15項]

①常時閉鎖式防火戸
常時閉鎖式防火戸の原則は、⑴直接手で開放できること、⑵ドアチェックなどを用い自動的に扉が閉まること、⑶防火戸の面積は3㎡以下、⑷ストッパーがないこと(くぐり戸不要)[令112条14項]

③スパンドレル
防火区画(床・壁・防火設備など)に接する外壁で、その接する部分を含み幅90cm以上の外壁の部分をスパンドレルという(50cm以上突き出した庇・床・袖壁などとすることも可能)[令112条10項、11項、14項]

④網入りガラス
法2条9号2のロで定める技術的基準[※4]により、常時閉鎖式防火戸に告示に定める網入りガラスを用いることができる[法2条9号のロ、令109条の2]

※1 面積区画は煙感知器のほか熱感知器、熱煙複合式感知器、温度ヒューズ連動自動閉鎖のいずれか、竪穴区画は熱煙複合式感知器でも可 | ※2 竪穴区画の場合は遮煙性能が必要 | ※3 くぐり戸は自動閉鎖機構付きで、幅75cm以上、高さ1.8m以上、敷居高さ15cm以下とする | ※4 防火設備に通常の火災による火熱が加えられた場合に、加熱開始後20分間、当該加熱面以外の面に火炎を出さないもの[令109条の2]

同じ防火設備でも必殺技は違うのよ

防火区画［64頁］に用いる防火設備は、構造仕様と閉鎖性能との組み合わせによって、使える場所が異なる。構造仕様には特定防火設備と防火設備がある。いずれも、告示仕様もしくは大臣認定に適合した構造方法でなければならない［表・法2条9号の2、令109条、令112条］。

閉鎖性能は、常時閉鎖式、常時開放式［※5］、規定なし、の3種類に区分される［図1］。規定なしの例として、区画のスパンドレルなどがある。スパンドレルは、面積区画・高層区画・竪穴区画［64頁］と接する外壁に、区画を越えての延焼を防ぐために設けるもので、区画する部分を含み90cm以上の部分を準耐火構造としなければならない［図2・令112条10項、11項、14項］。

スパンドレルをダクトが貫通する場合は、貫通した部分に防火設備（防火ダンパー）が必要となる。ほかにも防火区画などの区画を貫通する配管などは不燃材とし、区画の隙間をモルタルなどの不燃材で埋めるなどの措置が必須となる［図3・令112条15項］。

表｜必殺技は使い分けが重要よ

特定防火設備と防火設備の違い

特定防火設備	通常の火災による火熱が加えられた場合に、加熱開始後1時間当該加熱面以外の面に火炎を出さないもの
防火設備	通常の火災時における火炎を有効に遮るために必要な性能として20分の遮炎性能を有するもの

防火設備の技術的基準

種類	火災	時間	告示	備考
特定防火設備	通常の火災	1時間	平12建告1369号	面積区画などに使用
防火設備①（両面遮炎）	通常の火災	20分	平12建告1360号	耐火または準耐火建築物の外壁の開口部で延焼のおそれのある部分、竪穴区画などを形成する間仕切壁の開口部として用いるものなどに使用
防火設備②（片面遮炎）	建築物周辺の通常の火災	20分［*］	平12建告1366号	防火・準防火地域内建築物の外壁開口部用

* 屋内面のみへの影響

図1｜敵（炎）が来たわ！扉をしっかり閉めて！

(1)常時閉鎖式防火戸

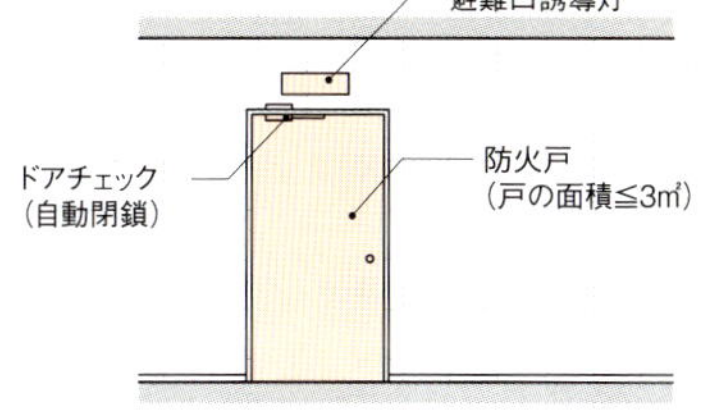

(2)常時開放式防火戸

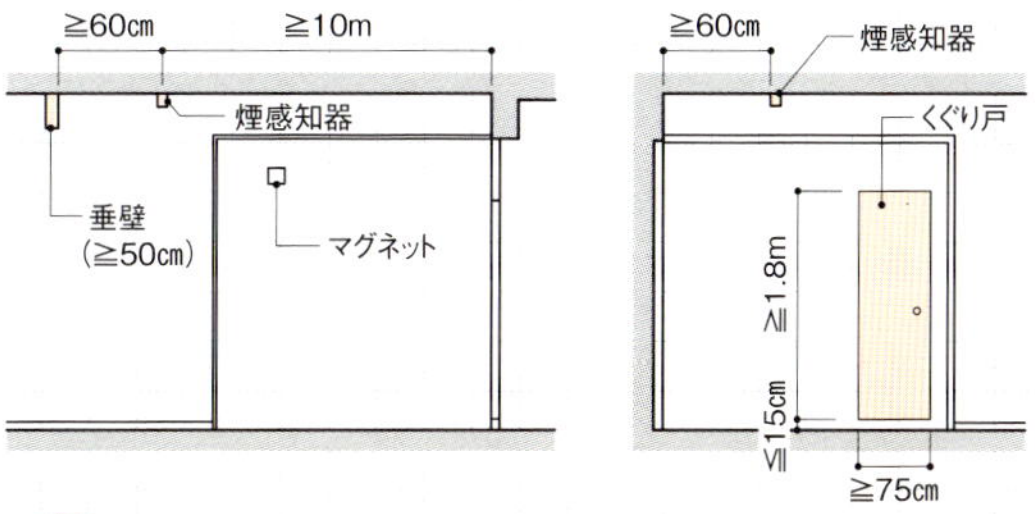

図2｜身を守るにはお互いの距離感が大切！

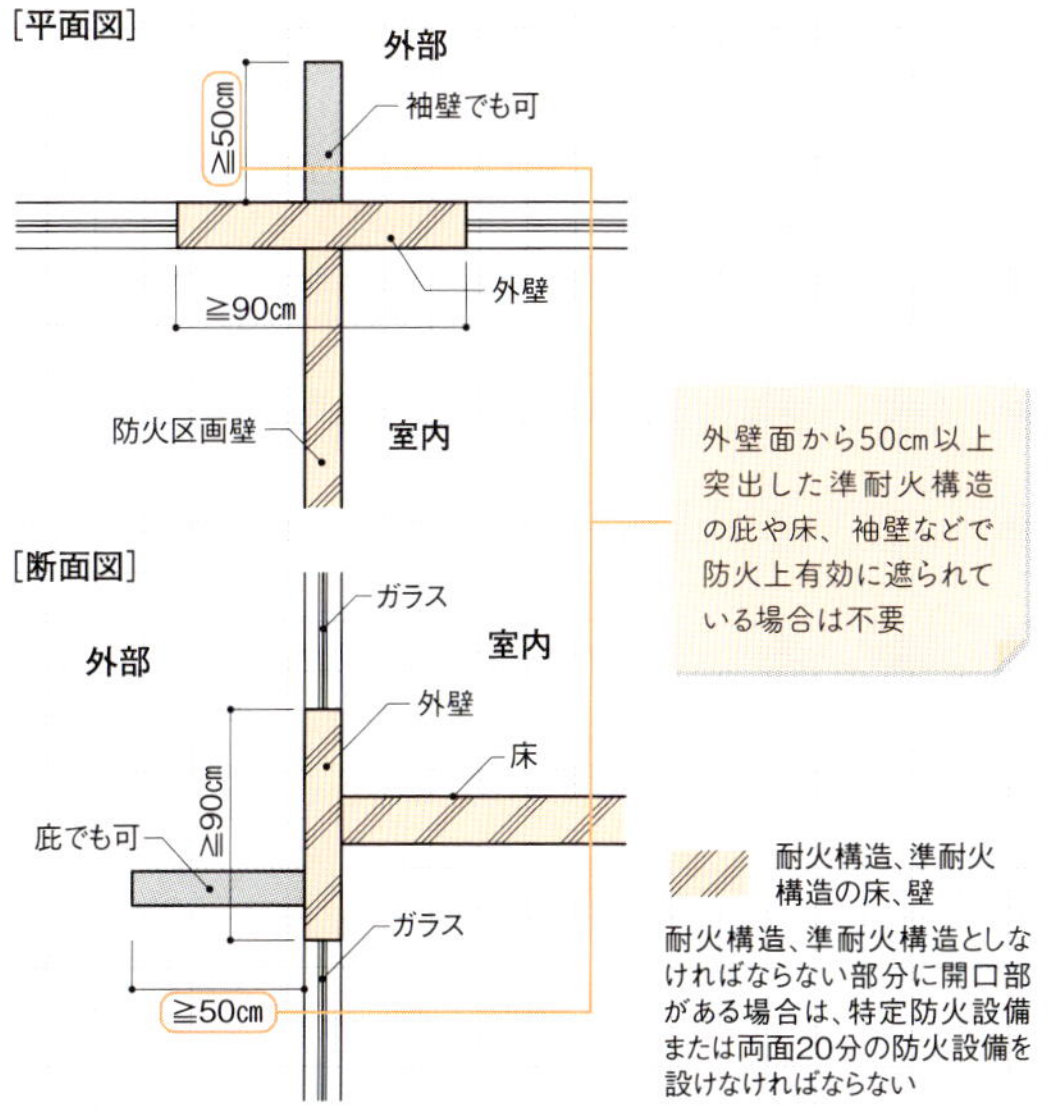

図3｜隙を見せちゃ駄目！敵（炎）に進入されちゃうわよ！

防火区画を貫通するダクトの防火ダンパーの構造

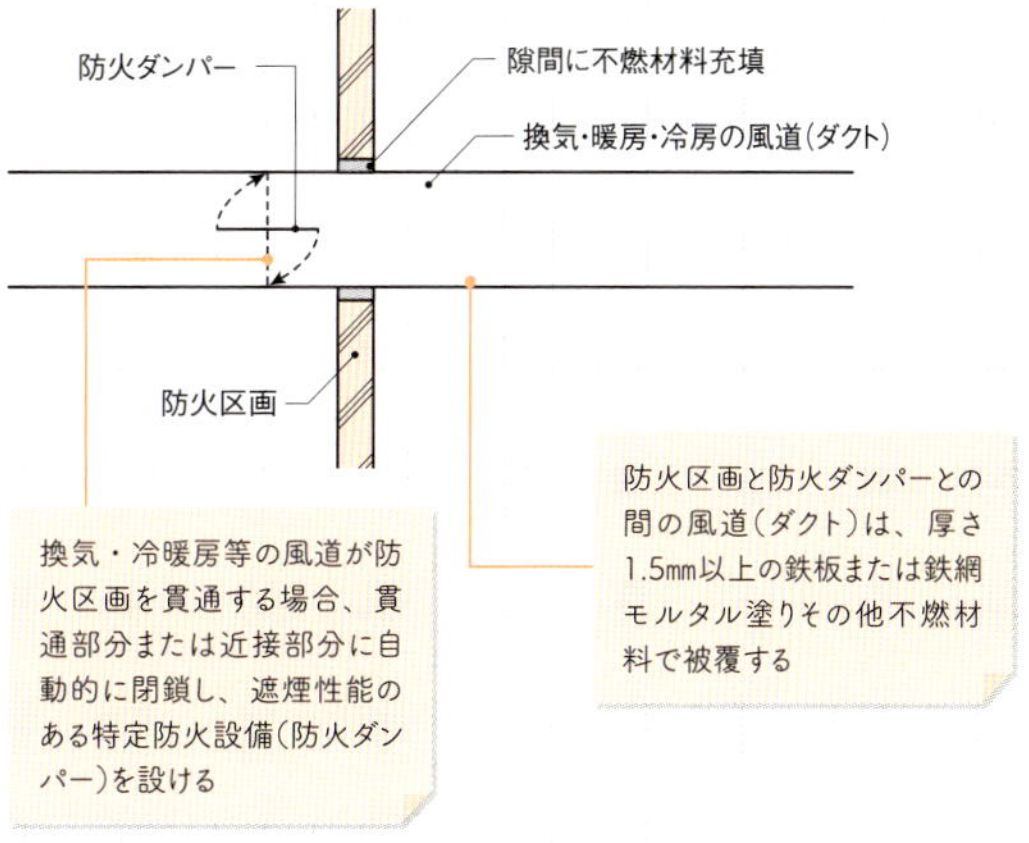

※5 熱感連動と煙感連動がある

防火区画

個性豊かな4人組バンド

Section《セクション》4

それぞれ性格が異なるがタイミングはばっちりの4人組バンド。弘紗《ひろさ》は背が低くてぽっちゃりめでキーボード担当。対照的に背が高くて高音ボイスが特徴的な高子《たかこ》はギター・ボーカル担当。高子と幼馴染みの吹希《ふき》は管楽器担当。曲によってセットを変える打楽器オタクの類《るい》はドラム担当。

⑥スプリンクラー設備
面積区画・高層区画では、スプリンクラー設備や水噴霧消火設備、泡消火設備など自動式の消火設備を設けた場合、その部分の1/2に相当する床面積を区画面積に算入しない〔※・令112条〕

⑤異種用途区画
建築物の一部に特殊建築物〔10頁〕などがある場合、異種用途区画が必要となる〔令112条12項、13項〕

①面積区画
主要構造部が耐火・準耐火の場合〔60頁〕、床面積ごとに防火区画が必要〔令112条1〜4項〕

③高層区画の緩和
内装材（下地を含む）を不燃材や準不燃材とし、防火設備で区画する場合、緩和が受けられる〔令112条6項、7項〕

②高層区画
11階以上の部分では、床面積100㎡以内ごとに床・壁を耐火構造や防火設備で区画する〔令112条5項〕

④竪穴区画
主要構造部が耐火・準耐火構造の建築物、もしくは特定避難時間倒壊等防止建築物で、地階または3階以上の階に居室がある建築物に設ける階段室や吹抜けには、竪穴区画が必要となる〔令112条9項〕

※ そのほかにも体育館や工場など、用途上区画することが困難な部分の区画は、区画のできる範囲で行うことが可能。また、法27条、法62条★1などの規定により準耐火建築物とした建築物で、仕上げを準不燃材料としたものは、体育館や工場の用途に供する部分の防火区画が免除される（ただし1項の1,500㎡区画は必要）

4人の個性はそれぞれでも方向性は一緒!

防火区画とは、火災の延焼拡大を防止するため、一定の範囲内に耐火構造の床・壁、防火設備［62頁］などを設けて区画することである。大きく分けて、面積区画［①］、高層区画［②］、竪穴区画［③］、異種用途区画［④］、の4種類に分けられる［令112条］。

面積区画は、一定の面積で区画することで延焼防止やその被害を抑制することが目的である［表1・令112条1〜4項］。

高層区画は、11階以上の部分で各階の床面積の合計が100㎡を超える場合に必要となる区画である［表2・令112条5〜8項］。

竪穴区画は、階段、吹抜け、エレベータ昇降路、ダクトスペースなど、垂直方向に適用される区画［表3・令112条9項］。

異種用途区画は、1つの建築物内にある特殊建築物［10頁］どうし、またはそれ以外との用途を区画するための規定だ［表4・令112条12項★3、13項］。

それぞれ、耐火・準耐火構造の床・壁や、防火設備による区画、スパンドレル［62頁］が必要となる。

表1｜一定の面積で区切りをつけて メリハリを

<table>
<tr><th>区画の種類</th><th>項</th><th colspan="2">対象建築物</th><th>区画面積</th><th>床・壁の区画</th><th>防火設備の種類</th></tr>
<tr><td rowspan="5">面積区画</td><td>1</td><td colspan="2">主要構造部が耐火構造の建築物または準耐火建築物</td><td>1,500㎡以内［＊1］</td><td rowspan="4">1時間準耐火構造</td><td rowspan="4">特定防火設備［＊2］</td></tr>
<tr><td>2［＊3］</td><td rowspan="3">準耐火建築物としなければならない制限を受けるもの（法27条・法62条★1・法67条の3★2関係）</td><td>法2条9号の3イ（令107条の2）法2条9号の3ロ（令109条の3第1号）</td><td>法2条九号の三イ（令107条の2）</td></tr>
<tr><td rowspan="2">3［＊4］</td><td>法2条9号の3イ 1時間準耐火</td><td rowspan="2">1,000㎡以内［＊1］</td></tr>
<tr><td>法2条9号の3ロ（令109条の3第2号）</td></tr>
<tr><td>4</td><td colspan="5">2項、3項の適応除外</td></tr>
</table>

＊1 令112条において、スプリンクラー設備などで自動式のものを設けた部分は、その1／2の面積を除く｜＊2 常閉または随閉（煙感または熱感）｜＊3 特定避難時間倒壊等防止建築物（特定避難時間が1時間以上であるものを除く）｜＊4 特定避難時間倒壊等防止建築物（特定避難時間が1時間以上）

表2｜タイトルは「高・層・区・画」 素材と面積のベストハーモニーでしょ？

<table>
<tr><th>区画の種類</th><th>項</th><th colspan="2">対象建築物</th><th>区画面積</th><th>床・壁の区画</th><th>防火設備の種類</th></tr>
<tr><td rowspan="4">高層区画</td><td>5</td><td rowspan="3">11階以上部分</td><td>原則（内装を準不燃材料および不燃材料以外）</td><td>100㎡以内［＊1］</td><td rowspan="3">耐火構造</td><td>防火設備［＊2］</td></tr>
<tr><td>6</td><td>内装を準不燃材料（下地共）</td><td>200㎡以内［＊1］</td><td rowspan="2">特定防火設備［＊2］</td></tr>
<tr><td>7</td><td>内装を不燃材料（下地共）</td><td>500㎡以内［＊1］</td></tr>
<tr><td>8</td><td colspan="5">5項、6項、7項の適用除外
→階段室等および200㎡区画の共同住宅の住戸は除く</td></tr>
</table>

＊1 令112条において、スプリンクラー設備などで自動式のものを設けた部分は、その1／2の面積を除く
＊2 常閉または随閉（煙感または熱感）

表3｜吹抜けも階段も 押さえる場所が重要なのよ

区画の種類	項	対象建築物	区画面積	床・壁の区画	防火設備の種類
竪穴区画	9	主要構造部が準耐火構造（耐火構造も含む）または特定避難時間倒壊等防止建築物で、地階または3階以上に居室を有する建築物［＊1］	階段室や吹抜けなど	準耐火構造［＊2］	防火設備［＊3］

＊1 ただし、下記の条件のものは緩和を受けることができる
⑴一戸建ての住宅で階数3以下で延べ面積が200㎡以内のもの
⑵共同住宅や長屋の住戸のうち階数が3以下で床面積の合計が200㎡以内のもの
⑶避難階の直上または直下のみに通ずる部分で下地および仕上げが不燃材のもの
⑷映画館、劇場等の用途に供する建築物の部分で、その用途上区画することができない部分で、その下地と仕上げが準不燃材料で造られているもの
＊2 耐火建築物の場合は耐火構造｜＊3 常閉または随閉（煙感）［令112条14項2号］

表4｜特殊建築物をカスタムしたい？ それは別々にしなきゃね！★3

<table>
<tr><th>区画の種類</th><th>項</th><th>対象建築物</th><th>区画面積</th><th>床・壁の区画</th><th>防火設備の種類</th></tr>
<tr><td rowspan="2">異種用途区画</td><td>12</td><td>建築物の一部が法24条各号に該当する場合</td><td rowspan="2">当該部分とそのほかの部分</td><td>準耐火構造［＊1］</td><td>防火設備［＊2］</td></tr>
<tr><td>13</td><td>建築物の一部が法27条に該当する場合</td><td>1時間準耐火構造</td><td>特定防火設備［＊2］</td></tr>
</table>

＊1 壁のみ
＊2 常閉または随閉（煙感）［令112条14項2号］

竪穴区画の例

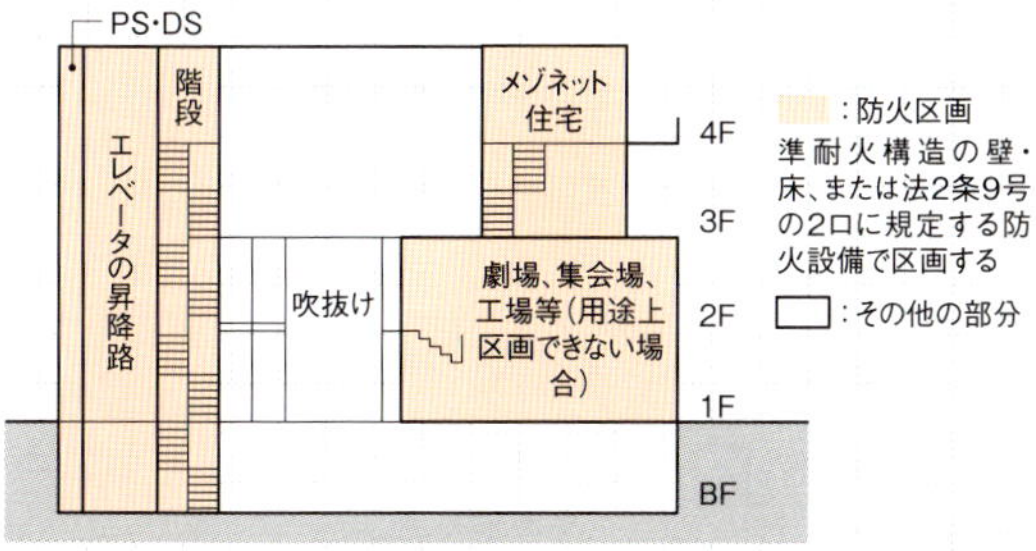

建物の一部が法24条各号の特殊建築物のいずれかに該当する場合

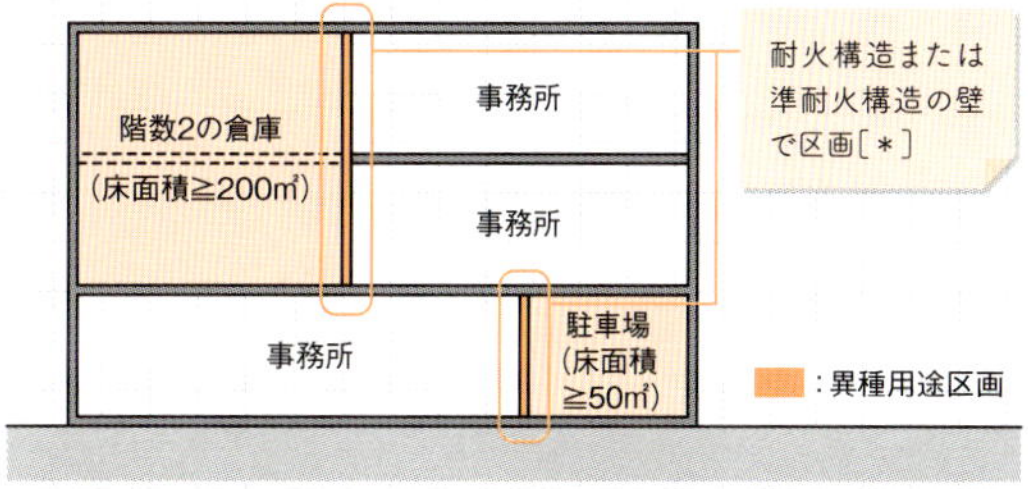

＊ 特殊建築物の部分とその他の部分を耐火構造または準耐火構造の壁・防火設備（遮煙性能を有するもの）で区画する

★1 平成30年6月27日から1年以内に、法62条から法61条に改正・整理される
★2 平成30年6月27日から1年以内に、法67条の2から法67条に改正・整理される
★3 平成30年6月27日から3ヶ月以内に、法24条の廃止に伴い、令112条12項の区画は廃止予定

芸能事務所女社長と仲間たち

内装制限

Bouka事務所

園城琴子《えんじょうことこ》は芸能事務所「Bouka事務所」の社長。社訓は「炎上禁止！」。所属アイドルたち［60～69頁］には、社長の信頼が最も厚い敏腕マネジャーの布念聖《ふねんせい》、聖を尊敬してやまない不溶《ふよう》ゆう、辺景詩乃《へんけいしの》が分担してつく。

①内装制限
特殊建築物や大規模建築物などでは、階数や規模により内装制限がかかる［法35条の2、令128条の3の2、令128条の4、令129条］

②居室の内装制限
床面から高さが1.2m未満の部分は内装制限対象外。ただし、廊下、地階や地下工作物内の居室、自動車修理工場や火気使用室には内装制限がかかる

③火気使用室
調理室、浴室、乾燥室、ボイラー室などで、かまど、こんろ、ストーブなどの火を使用する設備または器具を設けた室［令128条の4第4項］

④不燃材料の垂壁
戸建住宅のキッチンで、火源から天井までの高さの1/2以上の範囲に50cm以上の不燃材料の垂壁を設けると、火気使用部分の内装制限がかかるのはキッチン部分のみとなる

⑦難燃材料
通常の火災による火熱で加熱開始後5分間、(1)燃焼しない、(2)防火上有害な変形、溶融や亀裂などの損傷を生じない、(3)避難上有害な煙やガスを発生しない、という技術的基準を満たす材料［令1条6号、平12建告1402号］

⑤不燃材料
通常の火災による火熱で加熱開始後20分間、(1)燃焼しない、(2)防火上有害な変形、溶融や亀裂などの損傷を生じない、(3)避難上有害な煙やガスを発生しない、という技術的基準を満たす材料［法2条9号、令108条の2、平12建告1400号］

⑥準不燃材料
通常の火災による火熱で加熱開始後10分間、(1)燃焼しない、(2)防火上有害な変形、溶融や亀裂などの損傷を生じない、(3)避難上有害な煙やガスを発生しない、という技術的基準を満たす材料［令1条5号、平12建告1401号］

特殊や大規模な案件は采配が重要ね

特殊建築物や大規模建築物などでは階数や規模に応じ、内装材料を準不燃材料（もしくは不燃材料）、難燃材料としなくてはならない［表1、2］。ただし、スプリンクラー設備と排煙設備［82頁］を併せて設けた場合などは緩和が受けられる［※1・法35条の2、令128条の4、5］。

ほかにも、調理室などの火気使用室［※2］には内装制限がかかる。戸建住宅の調理室などは、火気使用設備周辺を不燃材料などで強化することで、それ以外の部分を難燃材料や木材にすることも可能［図1・※3・平21国交告225号］。ダイニングキッチンのように火気使用部分とそのほかの部分が一体となっている室は、天井から50㎝以上下方に突出した、不燃材料でつくられた垂壁などで各部が区画されている場合を除き、そのすべての室が火気使用室として内装制限を受ける［図2］。

特殊建築物や火気使用室などによる内装制限以外にも、防火区画［64頁］や歩行距離［70頁］の緩和規定を受けるには、内装の不燃化が必要となる。

表1｜物件によってマネージャー（内装材料）を変えるのよ

	耐火建築物	準耐火建築物など	そのほかの建築物	居室［＊1］不	居室［＊1］準	居室［＊1］難	通路など［＊2］不	通路など［＊2］準	通路など［＊2］難
①劇場・映画館・演芸場・観覧場・公会堂・集会場	客席≧400㎡	客席≧100㎡	客席≧100㎡	●	●	△［＊3］	●	●	
	地下または地下工作物内			●	●		●	●	
②病院・診療所（病室があるもの）・ホテル・旅館・下宿・共同住宅・寄宿舎・児童福祉施設等	3階以上の合計≧300㎡	2階以上の合計≧300㎡	床面積の合計≧200㎡	●	●	△［＊3］	●	●	
	地下または地下工作物内			●	●		●	●	
③百貨店・マーケット・展示場・遊技場・公衆浴場・待合・飲食店・料理店・物販店舗（＞10㎡）	3階以上の合計≧1,000㎡	2階以上の合計≧500㎡	床面積の合計≧200㎡	●	●	△［＊3］	●	●	
	地下または地下工作物内			●	●		●	●	
④自動車車庫・自動車修理工場	全部適応			●	●		●	●	
⑤大規模建築物［＊4］	階数≧3、延べ面積＞500㎡			●	●	●	●	●	
	階数≧2、延べ面積＞1,000㎡								
	階数≧1、延べ面積＞3,000㎡								

不：不燃材料、準：準不燃材料、難：難燃材料
＊1 1.2m以下の腰壁を除く
＊2 内装制限を受ける居室、車庫、火気使用室などから地上に通じる避難経路（廊下・階段など）
＊3 3階以上の階に居室を有する場合は天井は不燃材もしくは準不燃材
＊4 次のものは省く（1）学校等、（2）100㎡ごとに防火区画され、①～④以外の用途の居室で建物高さ31m以下の耐火・イ準耐建築物、（3）高さ31m以下の②の用途

表2｜私たちの能力を知っていただきたいのです！

	燃焼しない時間［＊1］	素材例
不燃材料	20分	コンクリート、レンガ、瓦、陶磁器質タイル、繊維強化セメント板、鉄鋼、アルミニウム、ガラス、モルタル、漆喰、石、厚さ12mm以上の石膏ボード［＊2］
準不燃材料	10分	厚さ9mm以上の石膏ボード［＊2］、厚さ15mm以上の木毛セメント板など（不燃材料も含む）
難燃材料	5分	厚さ5.5mm以上の難燃合板、厚さ7mm以上の石膏ボード［＊2］など（準不燃材も含む）

＊1 通常の火災による火熱で加熱開始後、燃焼しない、防火上有害な損傷を生じない、避難上有害な煙やガスを発生しない時間
＊2 石膏ボードは不燃12mm、準不燃9.5mmについて、ボード用原紙の厚さが0.6mm以下のものに限るなどの制限がある

図1｜特定不燃材料って何者？スカウトしようかしら……

火炎が天井に到達しない場合
（こんろ垂直距離≧235㎝）

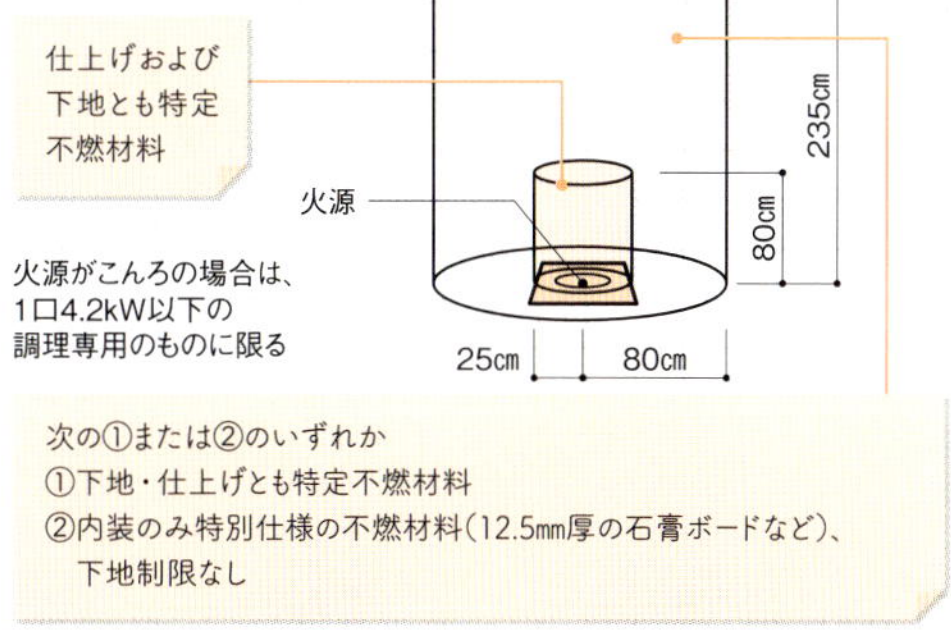

仕上げおよび下地とも特定不燃材料
火源
火源がこんろの場合は、1口4.2kW以下の調理専用のものに限る
235㎝
80㎝
25㎝
80㎝
次の①または②のいずれか
①下地・仕上げとも特定不燃材料
②内装のみ特別仕様の不燃材料（12.5mm厚の石膏ボードなど）、下地制限なし

図2｜こういう現場は困るわね 誰をつけるか迷うもの……

(1)ダイニングキッチン

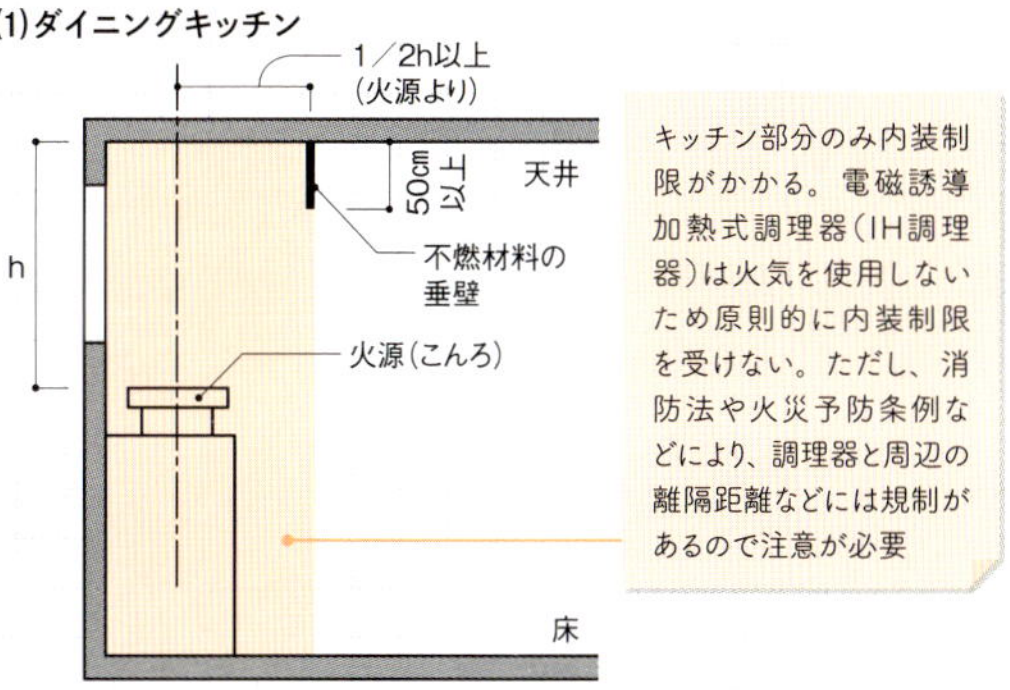

1／2h以上（火源より）
50㎝以上
天井
不燃材料の垂壁
h
火源（こんろ）
床
キッチン部分のみ内装制限がかかる。電磁誘導加熱式調理器（IH調理器）は火気を使用しないため原則的に内装制限を受けない。ただし、消防法や火災予防条例などにより、調理器と周辺の離隔距離などには規制があるので注意が必要

(2)木部の露出

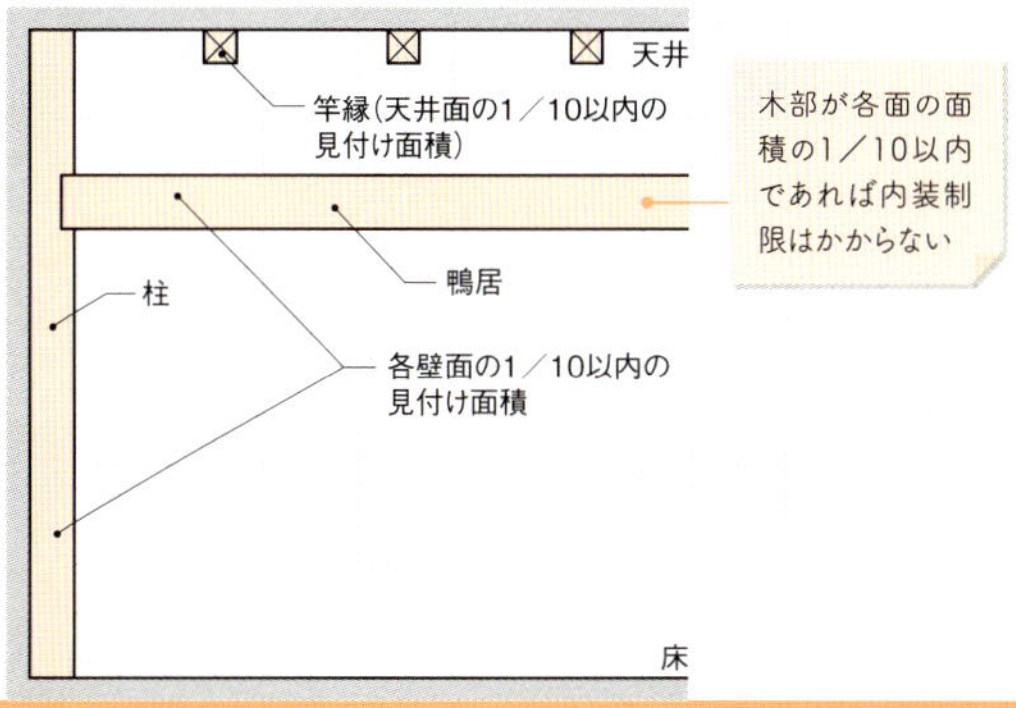

天井
竿縁（天井面の1／10以内の見付け面積）
鴨居
柱
各壁面の1／10以内の見付け面積
床
木部が各面の面積の1／10以内であれば内装制限はかからない

※1 特殊建築物の内装制限の緩和のみで、防火区画や階段の構造、非常用昇降機に関する内装制限の規制は緩和されない｜※2 調理室のほかに、ストーブや暖炉などを建築物の部分として設けた場合（固定化した火源を有する場合）も火気使用室とみなされる｜※3 平21国交告225号の適用条件として、①一戸建ての住宅である、②こんろは専ら調理のためにに用いるもの、③1秒間当たりの発熱量が4.2kW以下、の3条件をクリアしたものに限る

耐火・準耐火仕様

モエている新ダンスグループユニット!

きみの防《ぼう》火《か》仕《し》様《よう》破《やぶ》り隊《たい》

FPR60〔60頁〕の妹分となる新ユニット。ぷらす、あてぃく、すてぷ、こらむ、すらぶの5人組。激しいダンスを売りにしており、フォーメーションに定評がある。

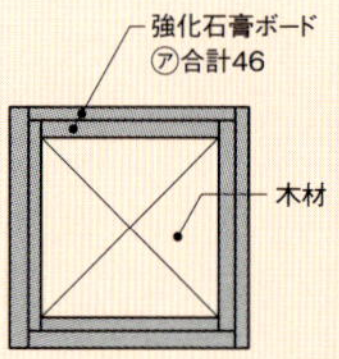

②柱・梁

耐火構造(1時間):強化石膏ボード総厚46mm以上(2枚以上張ったもの)〔平12建告1399号〕

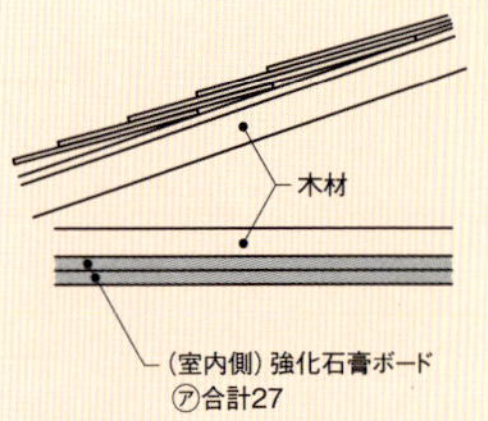

①屋根

耐火構造(30分):強化石膏ボード総厚27mm以上(2枚以上張ったもの)〔平12建告1399号〕

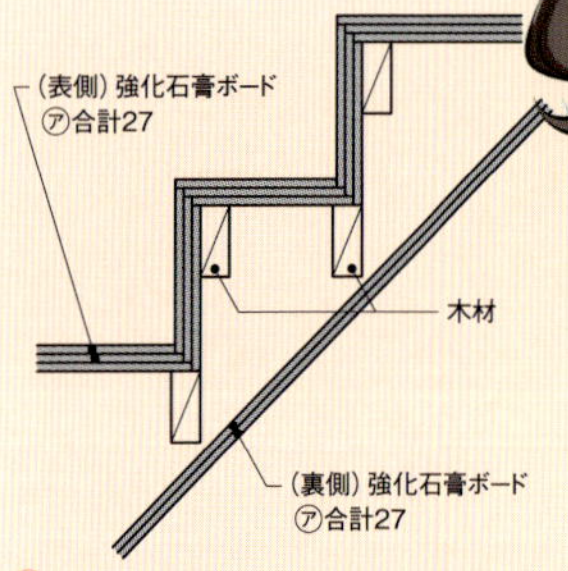

③

耐火構造(30分):表側、裏側それぞれ耐火構造(30分):強化石膏ボード総厚27mm以上(2枚以上張ったもの)〔平12建告1399号〕

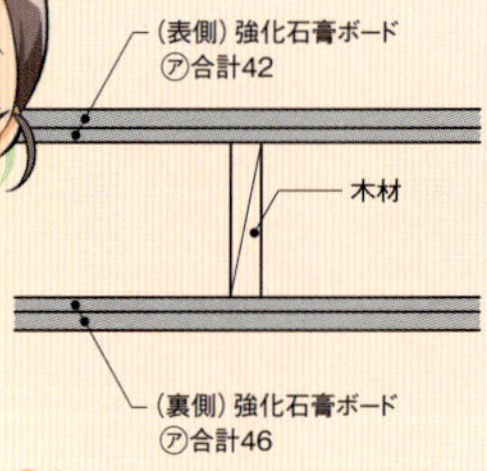

④床

耐火構造(1時間):表側に強化石膏ボード総厚42mm以上(2枚以上張ったもの)、裏側または直下の天井に強化石膏ボード総厚46mm以上(2枚以上張ったもの)〔平12建告1399号〕

図｜壁の仕様

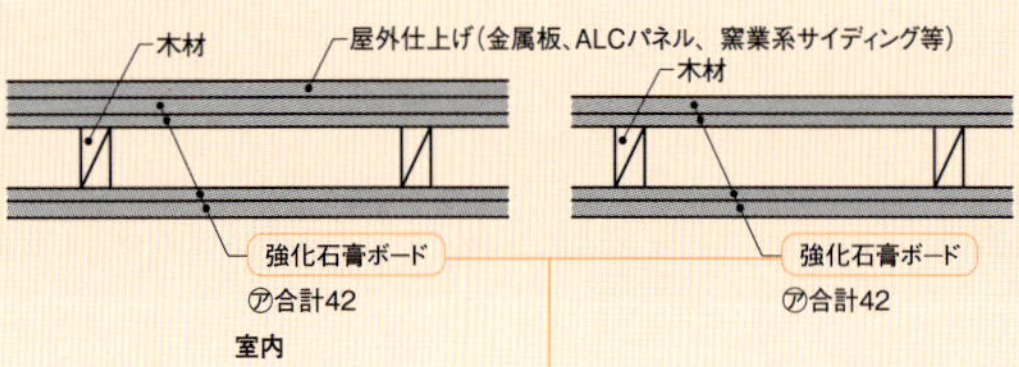

強化石膏ボードは、ボード用原紙を除いた部分のせっこうの含有率が95%以上、ガラス繊維の含有率が0.4%以上、ひる石の含有率が2.5%以上のものに限る

耐火構造・準耐火構造仕様の新メンバーを紹介するわ…!

平成30年3月22日、建築基準法で定める耐火構造および準耐火構造の構造方法について、柱、梁、床、屋根、階段の仕様が追加された。耐火構造・準耐火構造の構造方法は、それぞれ告示に定める仕様か、大臣認定を受けたものとする必要がある。今回の仕様追加により、木造の耐火住宅の各部位に仕様が定められたことになる〔平12建告1399号〕。

Chapter 5 避難

避難レンジャー

20XX年、人々を火災や事故から安全に避難させるため、
美女3姉妹と8人のチビレンジャーが立ち上がった！
謎に包まれた彼女ら「避難レンジャー」が、
基準法の力を身にまとい、切った張ったの大立ち回り！

The visual dictionary of
Personificated Building Standards Law
Perfect Edition

階段

ちょっぴり泣き虫な末っ子レンジャー

直《ちょく》通《つう》＝ステア・ニコ

災害時に人命を守る「避難レンジャー」の1人。控えめで優しい性格で、少し泣き虫。トーコ［72頁］、キョウコ［74頁］とは3姉妹で末っ子。2人の姉にあこがれている。

①避難上有効なバルコニー

6階以上の階に居室を有する建築物は、その用途や面積にかかわらず、2以上の直通階段を設ける必要がある。ただし、その階に避難上有効なバルコニーを設けたうえで、以下の仕様にすれば2以上設置しなくてもよい［左頁図・令121条］

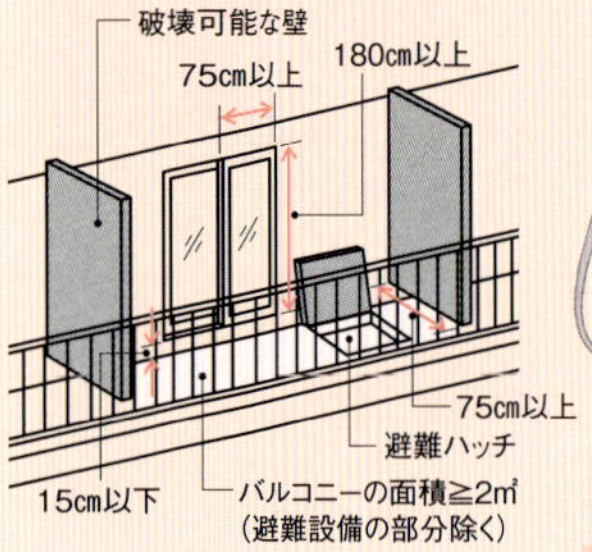

②手摺

階段や踊場の両側に側壁がある場合でも、少なくとも片側には実際に手で握れる手摺を設けなくてはならない。階段の幅が3mを超える場合は、蹴上げ15cm以下、踏面が30cm以上の緩い勾配の階段でないかぎり、階段中央にも手摺が必要となる。手摺の突出が10cm以下の場合、手摺部分も含めて階段幅に算入できる［令23条3項、令25条］

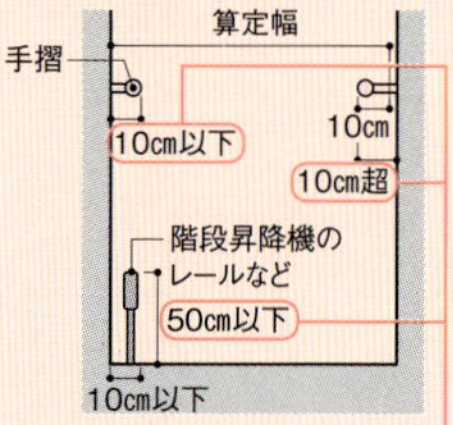

手摺などの突出が10cm以下の場合、そのまま階段の幅を算定。10cm超の場合、手摺などの先端から10cmの部分から幅を算定できる。階段昇降機のレールなどは、高さ50cm以下・幅10cmを限度に、その部分をないものとして幅を算定できる

③直通階段

建築物の避難階以外の各階から、避難階または地上まで直接通じている階段を直通階段という。避難規定を受ける建築物に設置が求められる［左頁表2・令117条］

④2以上の直通階段

避難規定が適用される建築物は、2方向避難を確保するため、用途や床面積、階数などに応じて、2以上の直通階段を設ける必要がある［左頁表3・令121条］

⑤直通階段の扱い

直通階段は、建築物の使用者が地上まで安全にたどり着けるように、各階で階段から次の階段まで誤りなく行ける必要がある

(1)直通階段に該当する例

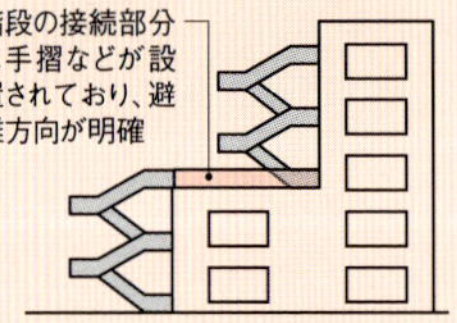

(2)直通階段に該当しない例

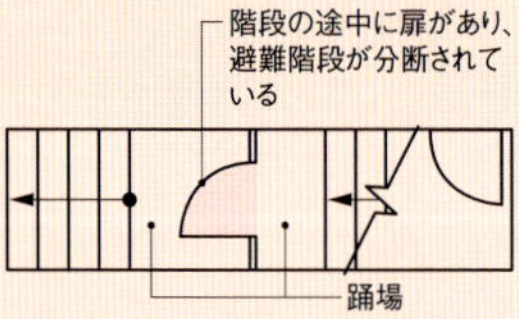

⑥階段の幅、踏み面、蹴上、踊場の各寸法

移動の安全のために、基準法によって各寸法が定められている［左頁表1・令23条、令24条］

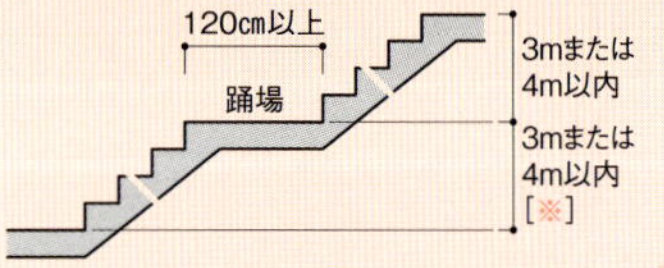

※ 用途によって3mか4mかが規定される［表1］

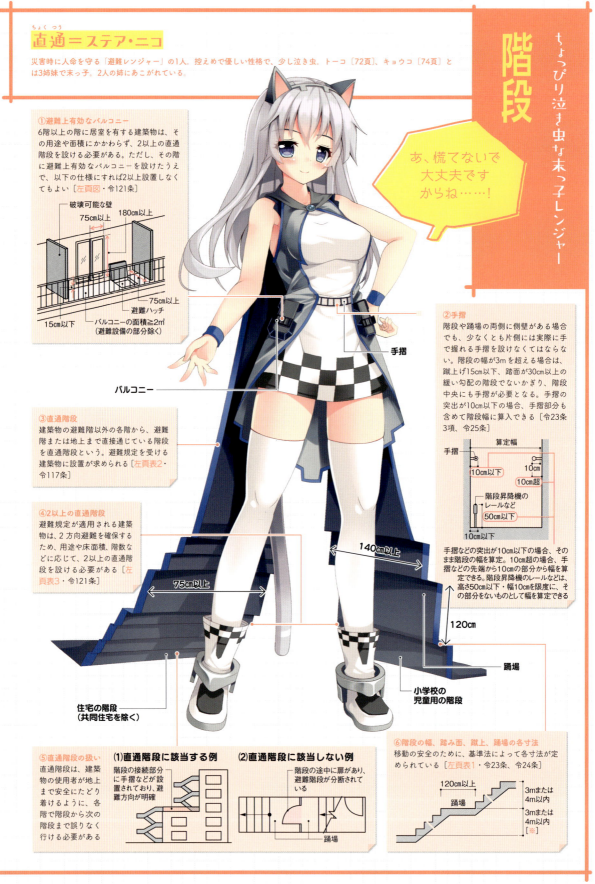

階段の決まり事……守ってくれますか？

階段の幅、踏み面、蹴上げなどの各部分の寸法と踊り場の位置は、建築の用途・面積などによって規定されている［表1・令23条〜25条］。

直通階段とは、災害時にエレベータなどが停止する可能性を考慮して規定されたもので、建築物の避難階以外の各階から、避難階または地上まで直接通じている階段のこと。避難規定が適用される建築物での設置が求められており、居室の用途や採光の有無などの条件に応じて、居室から直通階段までの歩行距離に上限が設けられている［表2・令120条］。

また、不特定多数の人が利用する施設などでは、避難時に混乱が予想されるため、建物の用途や床面積、階数などに応じて直通階段を2以上設置する義務が定められている。2方向への避難を確保するためのものであり、2以上の直通階段を設置する場合は、各直通階段に向かう避難経路が重複する部分の距離（重複距離）は、直通階段までの歩行距離の上限の1／2以下としなければならない［表3・令120条、令121条］。

表1｜その……階段の各部分の寸法規定を、覚えて下さい……！

	階段の種類	階段・踊場の幅	蹴上げ	踏み面	踊場の位置	直階段の踊場の踏み面
①	小学校の児童用	140cm以上	16cm以下［*8］	26cm以上	高さ3m以内ごと	120cm以上
②	中学校・高等学校・中等教育学校の生徒用、物品販売店［*1］、劇場などの客用	140cm以上	18cm以下	26cm以上		
③	地上階用［*2］、地階・地下工作物内用［*3］	120cm以上	20cm以下	24cm以上	高さ4m以内ごと	
④	住宅［*4］	75cm以上［*7］	23cm以下	15cm以上		
⑤	1〜4以外の階段［*5］	75cm以上	22cm以下	21cm以上		
⑥	昇降機の機械室用	—	23cm以下	15cm以上	—	—
⑦	屋外階段：避難用直通階段［*6］	90cm以上	上記1〜5に準ずる			
⑧	屋外階段：その他	60cm以上				

*1 床面積1,500㎡超の物品加工修理業を含む｜*2 直上階の居室の床面積合計200㎡超｜*3 居室の床面積合計100㎡超｜*4 共同住宅の共用階段を除く。メゾネット内専用は含む｜*5 階段の両側に手摺を設け、踏み面の表面を粗面または滑りにくい素材で仕上げれば、蹴上げを23cm以下、踏み面を21cm以上とすることができる（平26国交告709号）｜*6 木造は不可（防腐処理を講じた準耐火構造は可）｜*7 居室の床面積によっては、3の場合がある｜*8 階段の両側に手摺を設け、踏み面の表面を粗面または滑りにくい素材で仕上げれば、蹴上げを18cm以下とすることができる（平26国交告709号）

表2｜ち、ちょ、直通階段までの歩行距離です！

	居室の種類 ＼ 建築物の構造		主要構造部が準耐火構造または不燃材料	左記以外
①	14階以下の居室	採光上の無窓居室、物品販売店などの居室（売り場など）	30m以下	30m以下
②		病院・旅館・寄宿舎・共同住宅などが主たる用途の居室［*］	50m以下	30m以下
③		1、2以外の居室	50m以下	40m以下
④		居室および避難路の内装を準不燃材料としたもの（壁は床面から1.2m超の部分に限る）	1：30＋10＝40m以下 2：50＋10＝60m以下 3：50＋10＝60m以下	—
⑤	15階以上の居室	居室および避難路の内装を準不燃材料としないもの	1：30－10＝20m以下 2：50－10＝40m以下 3：50－10＝40m以下	—
⑥		居室および避難路の内装を準不燃材料としたもの（壁は床面から1.2m超の部分に限る）	1：30m以下 2：50m以下 3：50m以下	—

メゾネット型共同住宅のうち、主要構造部が準耐火構造で、住戸の階数が2または3で、かつ出入口が1の階のみにあるものの、住戸の出入口のない階は、住戸内専用階段を通って、出入口のある階の直通階段までの歩行距離を40m以下とすれば、直通階段を設ける必要がない｜* 法別表1（い）欄（2）項

表3｜に、2以上の直通階段の設置対象もお願いします……！

		用途および階	対象階（避難階以外の階）	居室（左記用途）の床面積の合計：主要構造部が耐火構造・準耐火構造・不燃材料	居室（左記用途）の床面積の合計：左記以外
原則（2カ所設置）	①	劇場、映画館、演芸場、観覧場、公会堂、集会場	客席・集会などのある階	規模によらずすべてに適用	
	②	物販店舗（床面積合計1,500㎡超）	売場のある階		
	③	キャバレー・カフェー、ナイトクラブ、バー等	客席、客などのある階	すべてに適用（5階以下の階について緩和あり）	
	④	病院・診療所	病室のある階	100㎡超	50㎡超
		児童福祉施設等	主たる用途に供する居室のある階		
	⑤	ホテル・旅館・下宿	宿泊室のある階	200㎡超	100㎡超
		共同住宅	居室のある階		
		寄宿舎	寝室のある階		
	⑥	1〜5以外の階段：6階以上	居室のある階	すべてに適用（緩和あり［*］）	
		1〜5以外の階段：5階以下：避難階の直上階	居室のある階	400㎡超	200㎡超
		1〜5以外の階段：5階以下：上記以外の階		200㎡超	100㎡超

* 1〜4以外の用途で、その階の居室の居室の床面積が100㎡以下（主要構造部が準耐火構造または不燃材料でつくられている場合は200㎡以下）、避難上有効なバルコニー［右頁①］などを設置、かつ屋外避難階段、または特別避難階段を設置すれば1カ所の設置でも可

図1｜バルコニーは、何でもいいわけじゃ……ないんですっ！

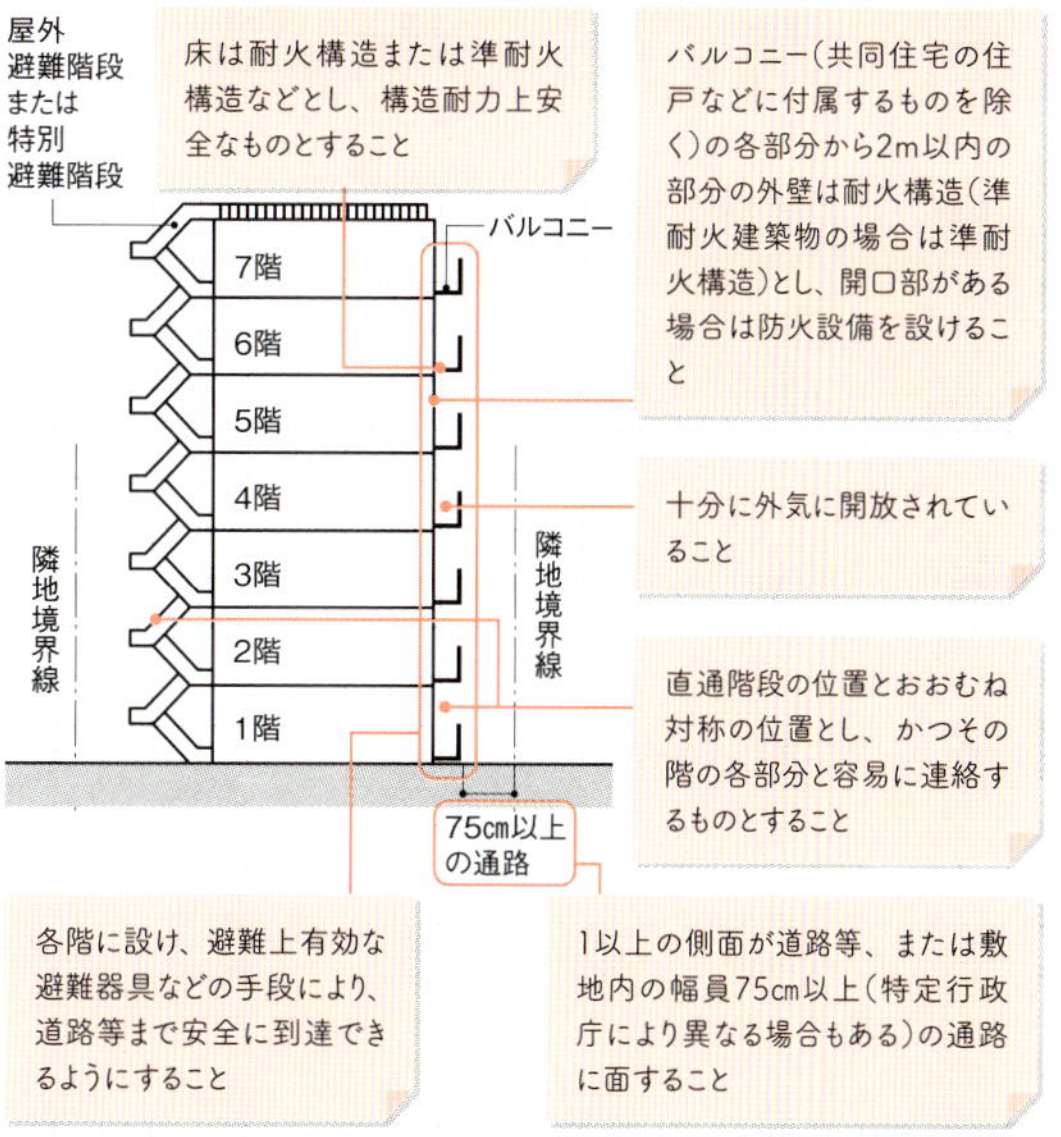

屋外避難階段または特別避難階段
床は耐火構造または準耐火構造などとし、構造耐力上安全なものとすること
バルコニー（共同住宅の住戸などに付属するものを除く）の各部分から2m以内の部分の外壁は耐火構造（準耐火建築物の場合は準耐火構造）とし、開口部がある場合は防火設備を設けること
バルコニー
7階
6階
5階
4階
3階
2階
1階
隣地境界線
隣地境界線
十分に外気に開放されていること
直通階段の位置とおおむね対称の位置とし、かつその階の各部分と容易に連絡するものとすること
75cm以上の通路
各階に設け、避難上有効な避難器具などの手段により、道路等まで安全に到達できるようにすること
1以上の側面が道路等、または敷地内の幅員75cm以上（特定行政庁により異なる場合もある）の通路に面すること

避難階段

防災力に磨きのかかった二女

直《ちょく》通《つう》＝ステアウェイ・トーコ

階段姉妹の二女。キョウコ［74頁］に好かれ過ぎており、そのせいで妙に気まずい空気が流れることも。アイドルの追っかけが趣味。

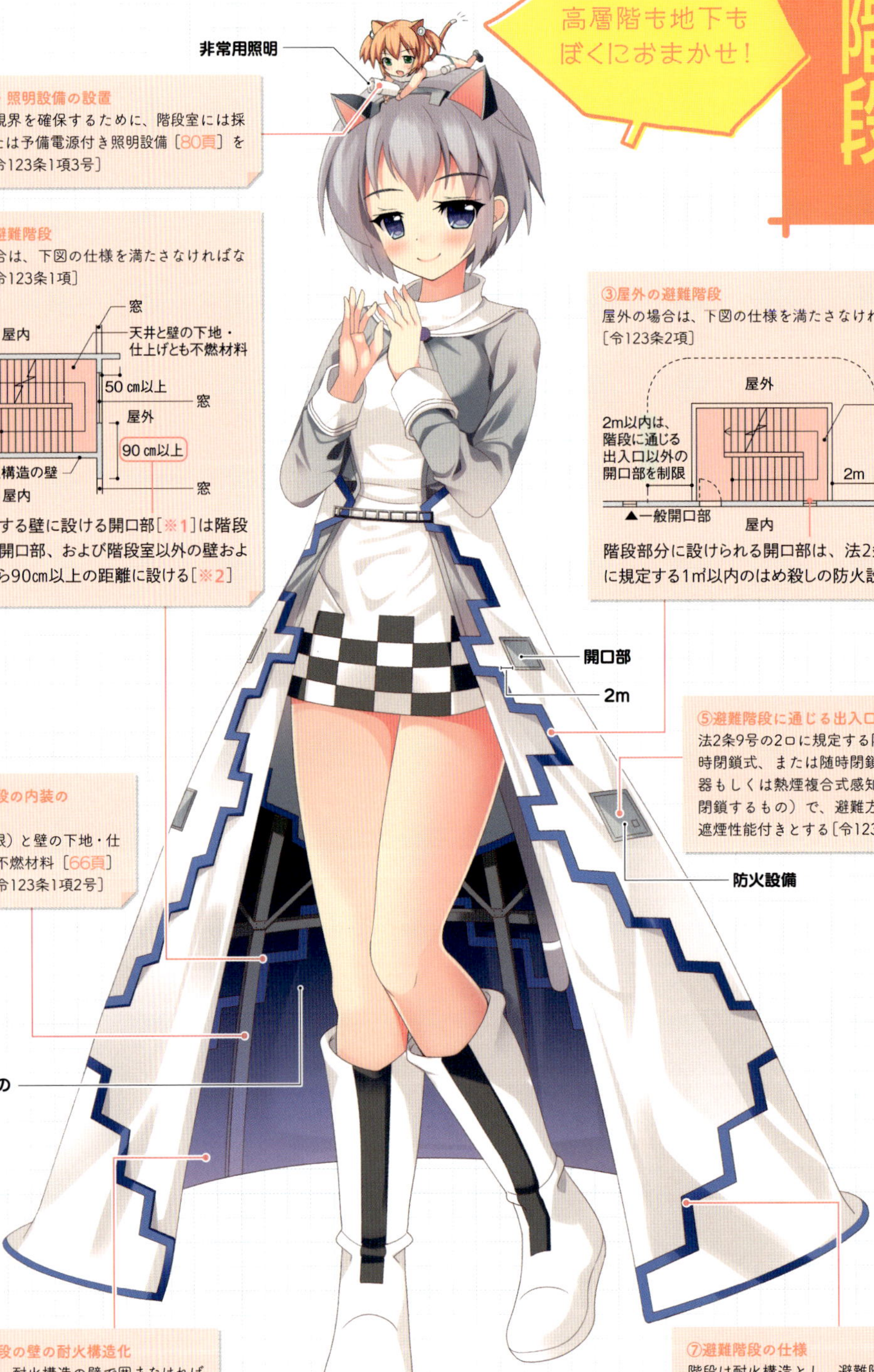

①採光窓・照明設備の設置

避難時の視界を確保するために、階段室には採光窓、または予備電源付き照明設備［80頁］を設ける［令123条1項3号］

②屋内の避難階段

屋内の場合は、下図の仕様を満たさなければならない［令123条1項］

窓
屋内
天井と壁の下地・
仕上げとも不燃材料
50 cm以上
窓
屋外
90 cm以上
耐火構造の壁
屋内
窓

屋外に面する壁に設ける開口部［※1］は階段室以外の開口部、および階段室以外の壁および屋根から90cm以上の距離に設ける［※2］

③屋外の避難階段

屋外の場合は、下図の仕様を満たさなければならない［令123条2項］

屋外
耐火構造の
階段
2m以内は、
階段に通じる
出入口以外の
開口部を制限
2m
▲一般開口部
屋内

階段部分に設けられる開口部は、法2条9号の2ロに規定する1㎡以内のはめ殺しの防火設備

④避難階段の内装の不燃化

天井（屋根）と壁の下地・仕上げとも不燃材料［66頁］とする［令123条1項2号］

⑤避難階段に通じる出入口の戸

法2条9号の2ロに規定する防火設備（常時閉鎖式、または随時閉鎖式で煙感知器もしくは熱煙複合式感知器連動自動閉鎖するもの）で、避難方向に開き、遮煙性能付きとする［令123条1項6号］

⑥避難階段の壁の耐火構造化

階段室は、耐火構造の壁で囲まなければならない［令123条1項1号］

⑦避難階段の仕様

階段は耐火構造とし、避難階まで直通させる［令123条1項7号］

※1 開口面積1㎡以内のはめ殺しの防火設備を除く

※2 外壁面から50cm以上突出した準耐火構造の庇、床、袖壁、その他これらに類するもので防火上有効に遮られている場合を除く（令112条10項ただし書）

みんなを守るために不燃化してるってこと！

直通階段のなかでも、高層階や地下に通じるものは、通常の階段よりも避難の際に滞在する時間が長くなり、避難上の安全を確保することが難しい。そのため、内装を不燃化し、防火設備などで延焼を防ぎ、安全な区画とする必要がある。このような仕様を満たした階段を避難階段という［表1・令123条］。5階以上の階か、地下2階以下の階に通じる直通階段は、避難階段または特別避難階段［74頁］としなければならない。また、3階以上の階に物販店舗（合計床面積1千500㎡超）の一部がある建築物には、各階の売場から、2以上の避難階段か、特別避難階段が必要となる［表2］。

避難階段の設置には、緩和の条件が設定されている。5階以上の階や地下2階以下の階の床面積の合計がそれぞれ100㎡以下で、主要構造部が準耐火構造または不燃材料［66頁］以上の場合に、設置が免除される［図(1)］。また、建築物全体が細かく防火区画されている場合にも、避難階段、特別避難階段の設置が緩和される［図(2)・令122条］。

表1｜ぼくの構造基準だから覚えといてね！

	部位	構造基準
屋内避難階段	階段	耐火構造とし避難階まで直通させる
	階段室	(1)耐火構造の壁で囲む (2)天井(屋根)・壁は、仕上げ・下地ともに不燃材料とする (3)窓その他の採光上有効な開口部または予備電源を有する照明設備を設ける (4)屋外に面する壁に設ける開口部[＊1]は階段室以外の開口部、ならびに階段室以外の壁および屋根から90㎝以上の距離に設ける[＊1] (5)屋内に面する壁に設ける窓は、おのおの1㎡以内のはめ殺しの防火設備とする
	階段に通じる出入口の戸	(1)常時閉鎖式か煙に反応する自動閉鎖式の遮煙性能をもつ防火戸(令112条14項2号) (2)避難する方向へ開くものとする
屋外避難階段	階段	(1)耐火構造とし、地上まで直通させる (2)階段に通じる出入口以外の開口部[＊2]から2m以上の距離に設ける
	階段に通じる出入口の戸	屋内から階段に通じる出入口の戸は、屋内避難階段の「階段に通じる出入口の戸」と同様のものとする

＊1 外壁面から50㎝以上突出した準耐火構造の庇、床、袖壁、その他これらに類するもので防火上有効に遮られている場合を除く[令112条10項ただし書]
＊2 開口面積1㎡以内のはめ殺しの防火設備を除く

表2｜こんなところには忘れずに設けて！（忘れそうだよぉ……）

適用対象			対象階	対象階に通じる直通階段		適用条項
				避難階段	特別避難階段	
設置	次のいずれか(2を除く) (1)特殊建築物[＊1] (2)階数3以上の建築物 (3)採光上の無窓居室のある階 (4)延べ面積＞1,000㎡の建築物		15階以上	×	○	令117条 令122条 1項
			5階以上	○	○	
			地下2階以下	○	○	
			地下3階以下	×	○	
	3階以上に物販店の用途に供する部分のある建築物 (床面積＞1,500㎡)		各階の売場および屋上広場	○[＊2]	○[＊2]	令122条 2項
			15階の売場以上	×	○[＊3]	令122条 3項
			5階の売場以上	○(1以上特別避難階段が必要)[＊1]		
適用除外	主要構造部	耐火構造・ 準耐火構造・ 不燃材料	5階以上の階の床面積合計≦100㎡			令122条 1項
			地下2階以下の際の床面積合計≦100㎡			
		耐火構造	床面積合計≦100㎡(共同住宅の住戸は200㎡)ごとに防火区画[＊4]したもの			

凡例：○＝可　×＝不可
＊1：法別表1(い)欄(1)～(4)項
＊2：直通階段を2以上設けなければならない
＊3：2以上の階段のすべてを特別避難階段とする
＊4：耐火構造の床・壁、特定防火設備(直接外気に接する階段室に面する換気窓で、0.2㎡以下の防火設備を含む)で区画したもの

図1｜緩和条件を満たせば、ぼくらの出番はなくてもいいみたいだね！

(1)地上5階、地下2階の建物の場合

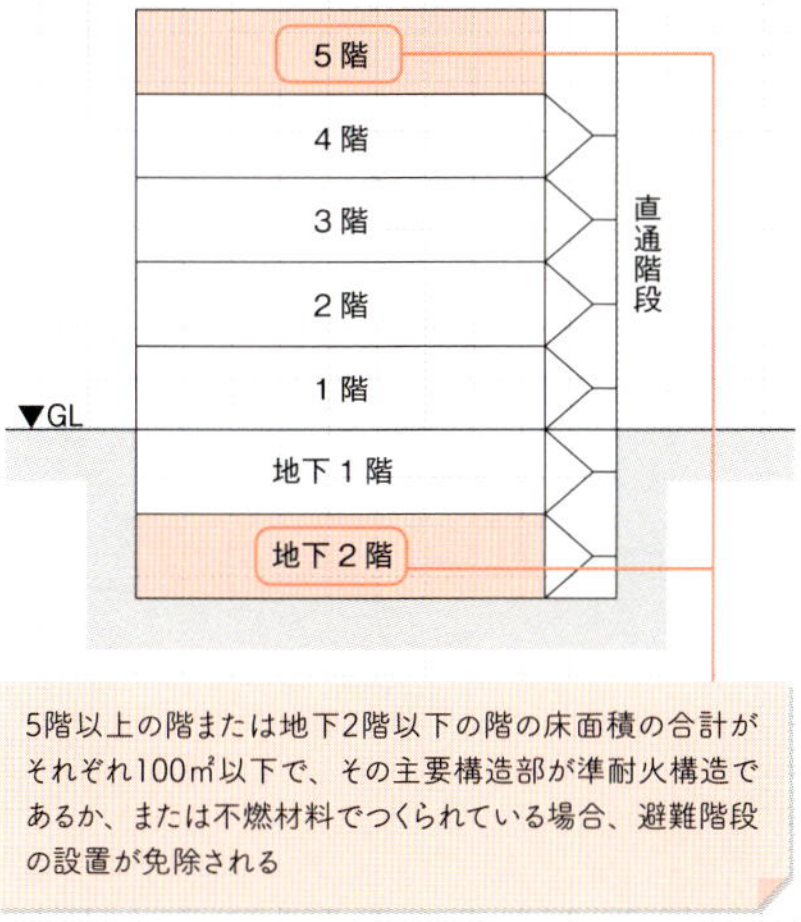
5階
4階
3階
2階
1階
▼GL
地下1階
地下2階
直通階段
5階以上の階または地下2階以下の階の床面積の合計がそれぞれ100㎡以下で、その主要構造部が準耐火構造であるか、または不燃材料でつくられている場合、避難階段の設置が免除される

(2)開放廊下[＊]型の5階建て共同住宅の場合

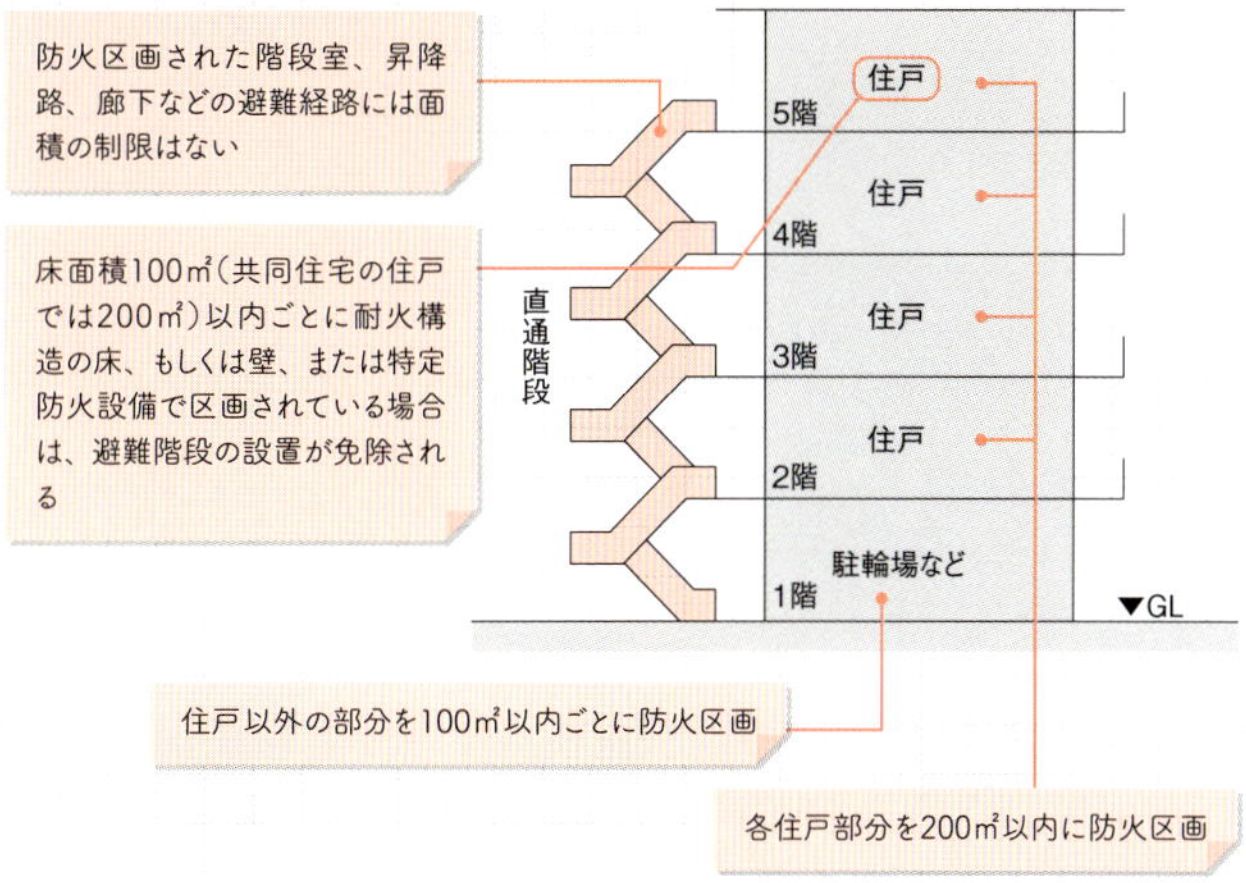
防火区画された階段室、昇降路、廊下などの避難経路には面積の制限はない
床面積100㎡(共同住宅の住戸では200㎡)以内ごとに耐火構造の床、もしくは壁、または特定防火設備で区画されている場合は、避難階段の設置が免除される
直通階段
住戸
5階
住戸
4階
住戸
3階
住戸
2階
駐輪場など
1階
▼GL
住戸以外の部分を100㎡以内ごとに防火区画
各住戸部分を200㎡以内に防火区画

＊片方に住戸が接し、もう一方には外部が接している廊下

特別避難階段

避難仕様を極めたデキる長女

直通《ちょくつう》＝ステアケース・キョウコ

階段姉妹の長女。二女のトーコ〔72頁〕を溺愛している。おっとりしている一方、ガードは固いが、やるときはやる。楼花《ろうか》あゆむ〔78頁〕にいつもちょっかいを出されるが、適当にあしらっている。

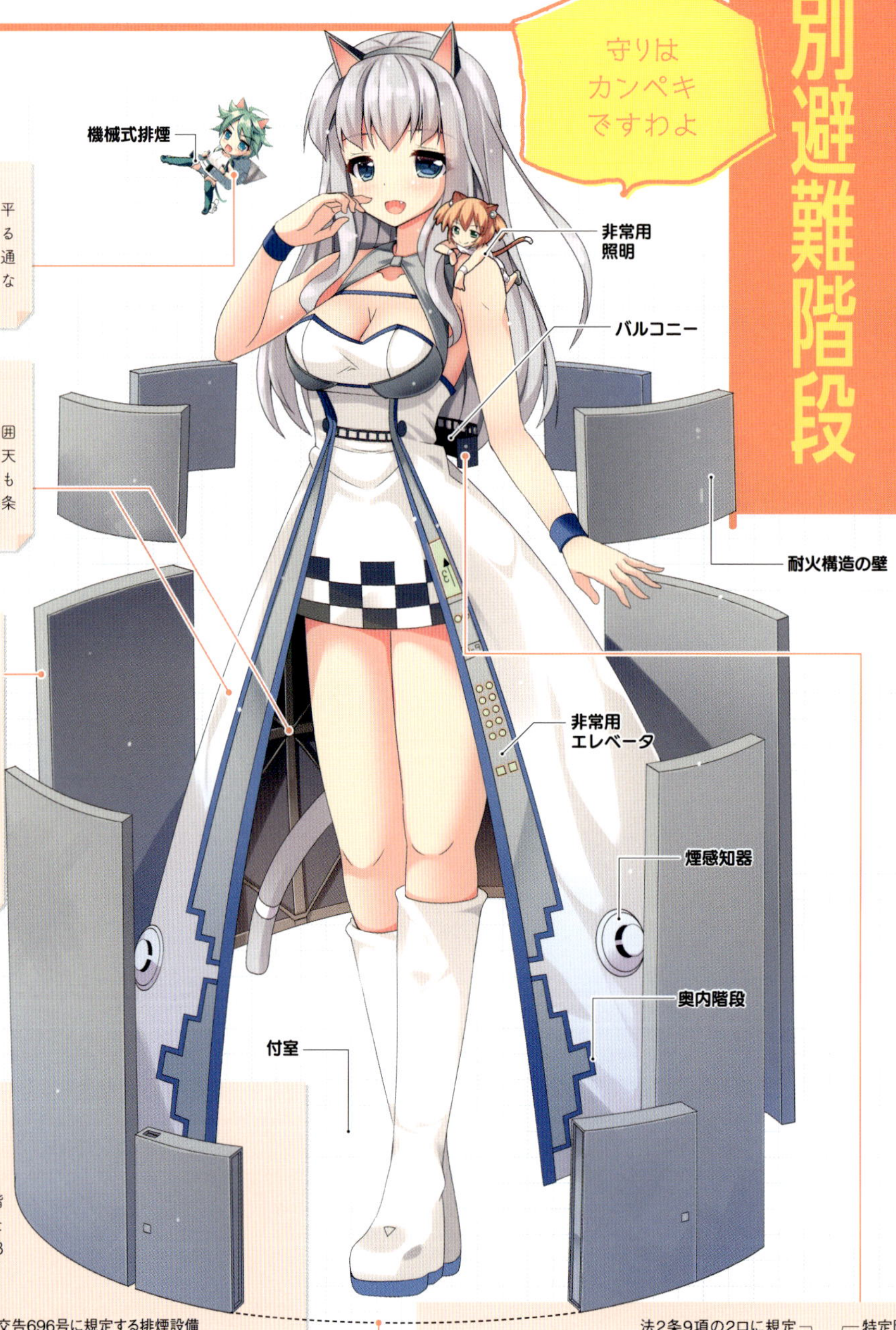

②排煙設備
屋内と特別避難階段は、平28国交告696号に規定する排煙設備を有する付室を通じて連絡しなければならない［令123条3項1号］

①耐火構造の壁、内装の不燃化
階段室は耐火構造の壁で囲み、階段室と付室とも、天井・壁の下地・仕上げとも不燃材料とする［令123条3項2～4号］

③屋内からバルコニー・付室に通じる出入口の戸
特定防火設備（常時閉鎖式、または随時閉鎖式で煙感知器もしくは熱煙複合式感知器連動自動閉鎖）で、避難方向に開き、遮煙性能付きとする［令123条3項10号］

④階段室、付室・バルコニーの開口部（1）（付室を設ける場合）
付室を設ける特別避難階段では、図の仕様を満たす必要がある［令123条3項5～8号］

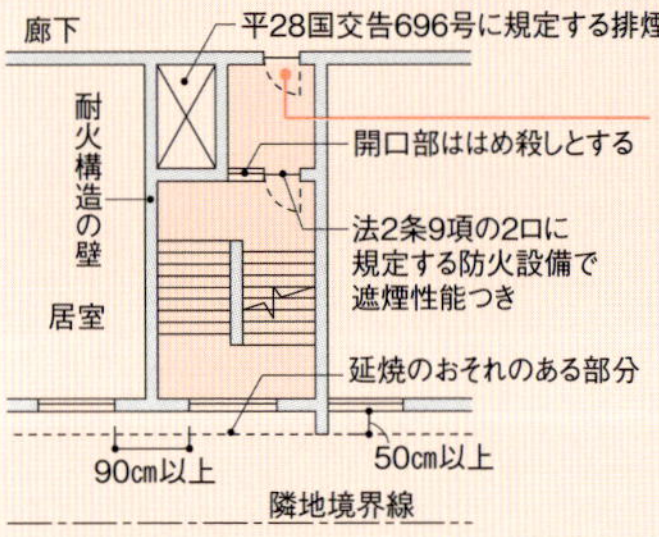

階段室の屋外に面する壁に設ける開口部は、それ以外の開口部からの距離≧90㎝とし、延焼のおそれのある部分以外に設ける［※］

⑤階段室、付室・バルコニーの開口部（2）（バルコニー方式の場合）
バルコニーを設ける特別避難階段では、図の仕様を満たす必要がある［令123条3項5～8号］

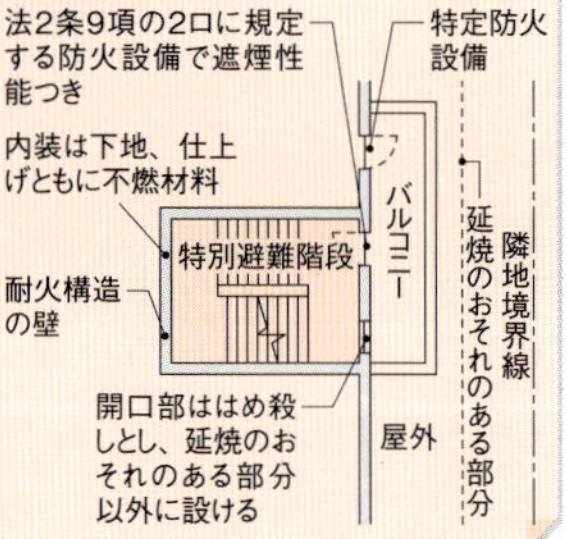

※ 開口面積1㎡以内のはめ殺しの防火設備を除く

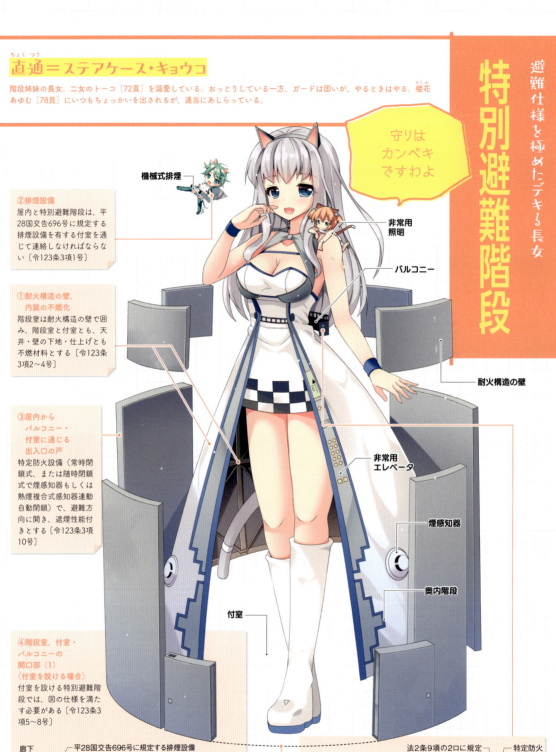

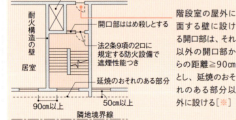

わたくしの面積は用途で変わりますの

特別避難階段には、付室またはバルコニーを設ける必要がある。付室・バルコニーは、避難の際に人がとどまっても安全なように区画されていなければならないなど、避難階段よりも厳しい基準が定められている［表1］。そのため基準法では、15階以上と地下3階以下の各階に通じる特別避難階段の階段部分と付室（バルコニーの場合は床）の合計面積が、対象階ごとの居室の床面積の一定の割合以上となるように定めている。床面積の算定の割合は、建築物の用途に応じて2種類あり、法別表1(い)欄(1)項と(4)項の特殊建築物と、それ以外に分けられる［表2・令123条3項12号］。

合計床面積1千500㎡以上の大型物販店舗では、階ごとに避難階段・特別避難階段に必要な幅員の合計値が定められている［表3］。ただし、避難階段などが地上階の1フロアか2フロアだけの地上階専用のものである場合は、合計幅員の算定の際に、実際の幅員の1.5倍あるものと見なすことができる緩和措置が設けられている［令124条1項1号、2項］。

表1｜キョウコの構造基準は甘くないぞ！

特別避難階段の構造基準	
部位	構造基準
階段	(1)避難階まで直通させる (2)階段室と屋内とは、バルコニーまたは外気に向かって開くことができる窓・排煙設備を有する付室を通じて連絡させる (3)階段室・バルコニー・付室は、耐火構造の壁で囲む (4)階段室および付室の天井・壁は、下地・仕上げとも不燃材料とする (5)階段室には、付室に面する窓その他の採光上有効な開口部または予備電源を有する照明を設ける (6)階段室・バルコニー・付室の屋外に面する壁に設ける開口部[＊1]は、ほかの開口部、耐火構造以外の壁・屋根から90㎝以上の距離で、延焼のおそれのある部分以外の場所に設ける[＊2] (7)階段室には、バルコニーおよび付室に面する部分以外に、屋内に面して開口部を設けない (8)階段室のバルコニー、または付室に面する部分に窓を設ける場合は、はめ殺しとする (9)バルコニーおよび付室には、階段室以外の屋内に面する壁に出入口以外の開口部を設けない
出入口の戸	屋内からバルコニー、または付室に通じる出入口には特定防火設備を、バルコニー、または付室から階段室に通じる出入口には防火設備を設ける

＊1 開口面積1㎡以内のはめ殺しの防火設備を除く
＊2 令112条10項ただし書に規定する場合を除く

表2｜以下の付室の床面積の割合はご存じかしら

居室の用途	階段室、付室・バルコニーの床面積の合計（各階）
劇場・映画館・演芸場・観覧場・公会堂・集会場・百貨店・マーケット・展示場・キャバレー・カフェー・ナイトクラブ・バー・ダンスホール・遊技場・公衆浴場・待合・料理店・飲食店・物販店舗（床面積＞10㎡）	その階の居室の床面積の合計×8／100
上記以外	その階の居室の床面積の合計×3／100

注 付室またはバルコニー1カ所当たりの床面積を、行政庁によっては最低3～5㎡以上と指導する場合がある

床面積の割合の見方

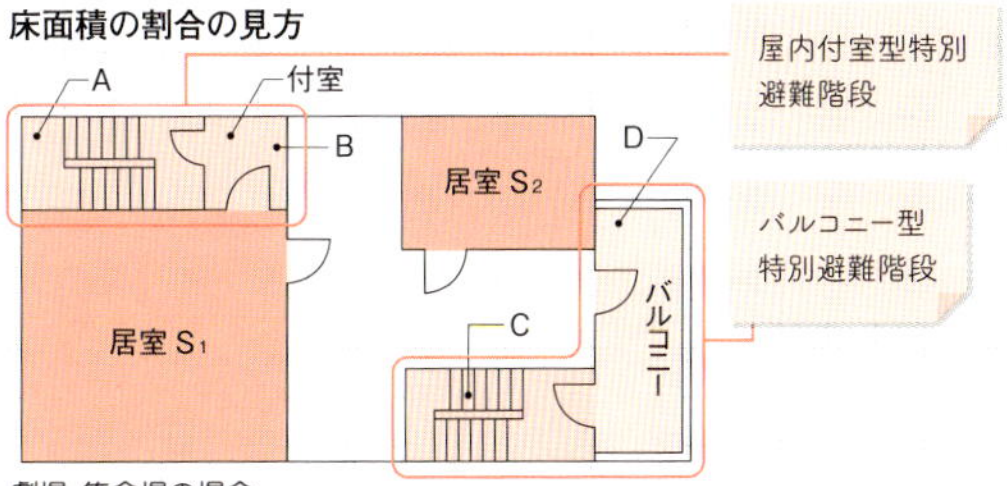

劇場・集会場の場合
A＋B＋C＋D≧(S1＋S2)×8／100
それ以外の場合
A＋B＋C＋D≧(S1＋S2)×3／100

表3｜物販店舗（床面積合計1,500㎡以上）の避難階段等の幅の合計を覚えてね！（忘れそうだよぉ……）

区分		地上階[m]	地下階[m]
原則	各階における避難階段・特別避難階段の幅の合計	≧その階の上階（下階）のうち床面積が最大の階の床面積×0.6／100㎡	
	各階における避難階段・特別避難階段に通じる出入口幅の合計	≧その階の床面積×0.27／100㎡	≧その階の床面積×0.36／100㎡
	避難階における屋外への出入口幅の合計	≧最大の階の床面積×0.6／100㎡	
	屋上広場	階とみなす	
緩和	地上階において1つの階、または2つの階で専用する避難階段・特別避難階段の幅員およびこれらに通じる出入口幅の合計	1.5倍あるとみなす	

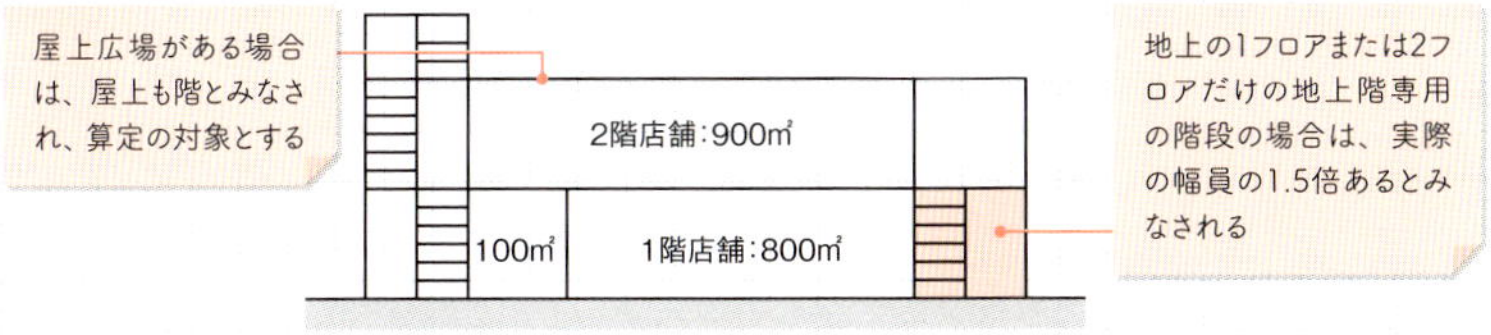

左図の場合

避難における屋外への出入口幅は

$$W \geqq \frac{900㎡}{100㎡} \times 0.6 = 5.4m$$

ただし、1.5倍あるとみなされるので

$$\frac{5.4}{1.5} = 3.6m以上あればよい$$

解城《かいじょう》でいる

災害時に人命を守る「避難レンジャー」の1人。おおらかであけっぴろげな性格で誰とでもすぐ仲良くなる。出動時にはトーコ［72頁］と組むことが多い。

出入口

この子がいなきゃ始まらない！

話は全部
聞かせて
もらった！
解錠方法

①屋外への出口の規定

避難の際に使用が想定される出口には解錠方法などに規定がある［令125条の2］

屋内から鍵を使わずに解錠できるものとする

戸の近くの見やすい場所に解錠方法を表示する

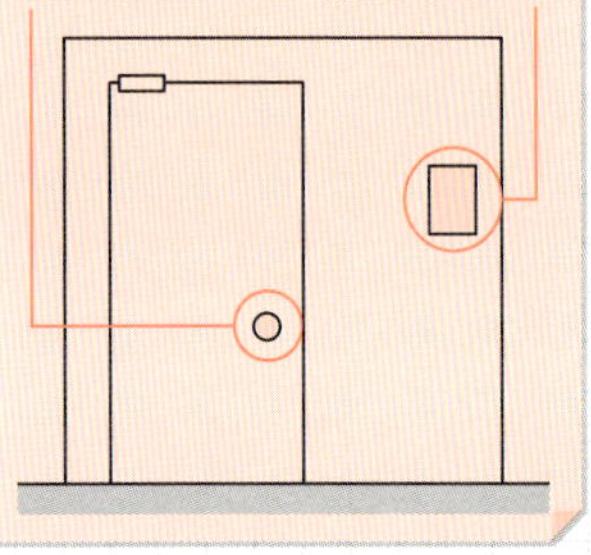

②劇場などの客席からの出口・屋外への出口

劇場や映画館など不特定多数の者が集まる建築物では、非常時に多数の人が出口に向かって逃げることになるので、客席から出口の戸や客用の屋外への出口の戸は、内開きとしてはならない［令118条、令125条2項］

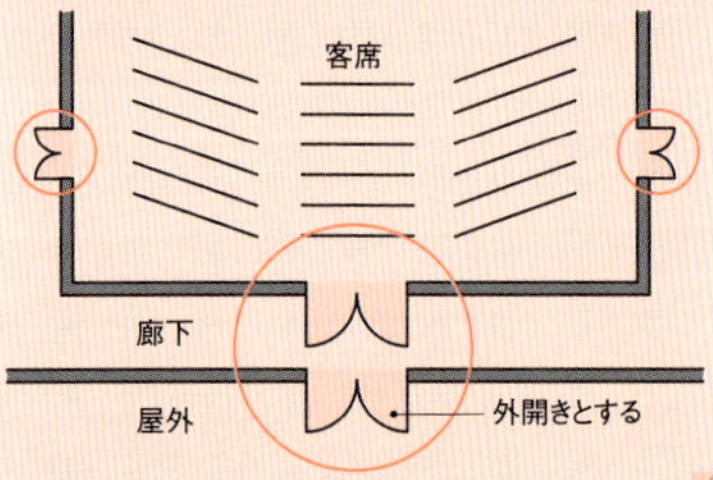

③大規模物販店舗における屋外への出口の幅

大規模物販店舗（床面積合計が1,500㎡超）の屋外への出口の幅の合計は、0.6m×床面積最大の階の床面積／100㎡以上としなければならない。また、避難階が複数ある大規模物販店の場合、出口の幅は原則として複数の出口の幅の合計で算定する［75頁・令124条］

屋外への出口A
1階（避難階）にある屋外への出口の合計幅

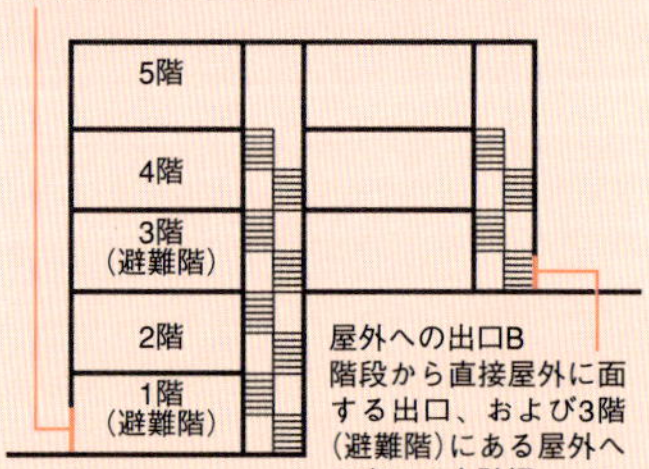

屋外への出口B
階段から直接屋外に面する出口、および3階（避難階）にある屋外への出口の合計幅

表｜避難階の歩行距離・出口等の基準

次の①～④に該当するものは、表の基準に適合させなければならない。①法別表1（い）欄（1）～（4）に掲げる特殊建築物、②階数が3以上の建築物、③採光上の無窓居室がある階、④延べ面積が1,000㎡超の建築物

項目	対象	基準
避難階の階段から屋外への出口までの歩行距離	①～④の建築物のすべて	令120条（居室から直通階段への歩行距離［71頁］）で規定する数値以下
避難階の居室から屋外への出口までの歩行距離		令120条で規定する数値の2倍以下
出口などの施錠装置	・屋内から屋外避難階段への出口 ・避難階段から屋外に通じる出口 ・常時施錠している出口で火災などの非常時に使用するもの	屋内から、鍵を使用することなく解錠できること。また、近くの見やすい位置に解錠方法を表示すること［※2］

ここから逃げる方法を教えてやる！

避難階では、階段から屋外への出口までの歩行距離と、避難階の各居室から屋外への出口までの歩行距離や出口の解錠方法に規制がある［表］。また、建築物の5階以上を百貨店として用途に供する場合、避難用の屋上広場を設ける必要がある［※1・令125条、令125条の2、令126条］。

※1 屋上広場や2階以上のバルコニー、階段の踊場、吹き抜けに面した廊下には周囲に高さ1.1m以上の手摺・壁・柵・金網などを設けなければならない

※2 電気錠を設置する場合は次の（1）～（3）の要件を満たすこと。（1）停電時に手動開放できるなど、避難上支障がない構造のもの、（2）火災発生時にはすべての自動火災報知設備と連動して自動的に解錠するもの、（3）防災設備の制御監視を行う中央管理室（防災センター）から制御できるもの

非常用進入口

正義感は人一倍！

遠《えん》藤《どう》らんす　災害時に人命を守る「避難レンジャー」の1人。普段はシャイで目立たない。正義感は誰よりも強く、自分の身をていしてでも仲間や避難する人を助けようとする。

③赤色灯
進入口またはその近くに直径10cm以上の赤色灯を設置しなければならない［令126条の7第6号、昭45建告1831号］

④進入口マーク
1辺が20cm以上の赤色反射塗料を塗った進入口マークを標示［令126条の7第6号、昭45建告1831号］

⑤バルコニー
進入口には長さ4m以上、奥行1m以上のバルコニーを設ける［令126条の7］

①非常用進入口の構造
非常用進入口は外部から開放あるいは破壊して室内に進入できるような構造にしなければならない［令126条の7］

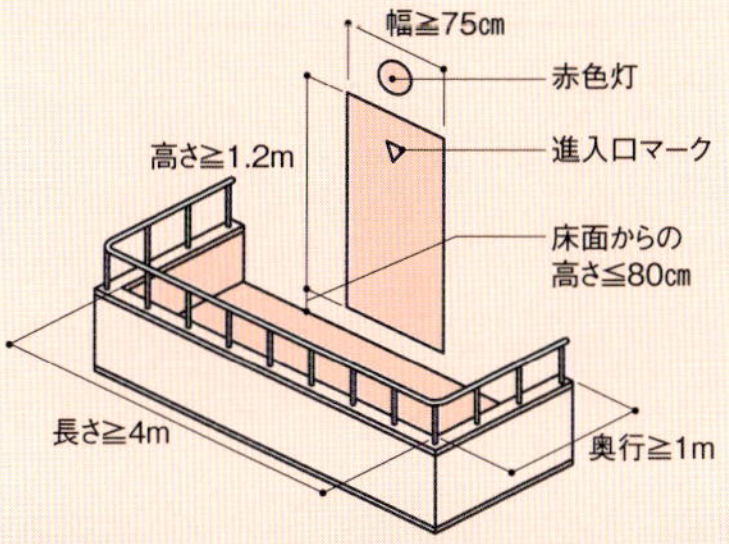

建築物の高さ31m以下の部分にある3階以上の各階では、道、または道に通じる幅員4m以上の通路等に面する外壁面に非常用進入口を設置する

②非常用進入口の配置例
迅速かつ効率的に消防活動を行うため、進入口は一定の間隔で配置しなければならない［令126条の7第2号］

各進入口の中心間の距離は40m以下とする

建築物の外壁端部から進入口の中心までの距離は20m以下が好ましい

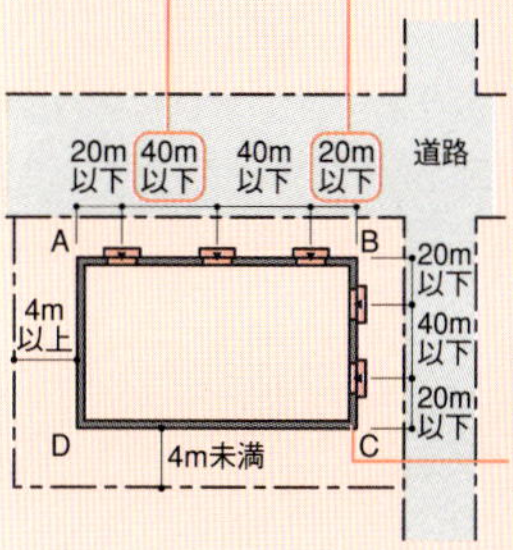

非常用進入口は、道路に面する壁面（A-B-C）、または幅4m以上の道路に面する壁面（D-A）のどちらかに設置すればよい

非常用進入口は長さ4m以上のバルコニーとするなどの基準が定められている

高層建築物には火災時の救助のために、非常用進入口が必要になる。ただし、代替進入口あるいは非常用エレベータ［81頁］の設備があれば、設置を免除される［図1、2・※・令126条の6、7、昭45建告1831号］。

図1｜代替進入口の構造例

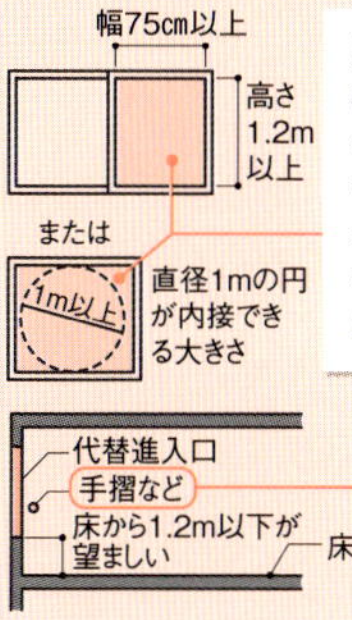

屋外からの進入を妨げる構造は不可（はめ殺し窓の場合、網入りガラスでないものとする）。網入りガラスの引違い、回転窓などは進入を妨げる構造には該当しない

進入を妨げるものは設置不可

図2｜代替進入口の配置例

代替進入口は、道路に面する壁面（A-B-C）、または幅4m以上の通路に面する壁面（D-A）のどちらかに配置すればよい

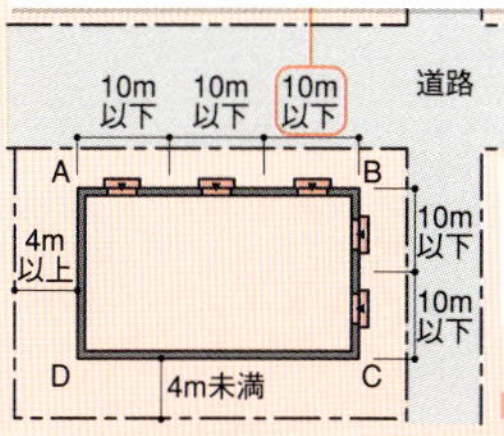

壁面長10m以内ごとに1カ所配置する

：代替進入口

※ 周囲に著しい危害を及ぼすおそれがある建築物（放射性物質、有害物質、細菌、爆発物等を取り扱う建築物や変電所）や、進入口を設けることでその建築物の目的の実現が図れない建築物（冷蔵倉庫、留置所・拘置所、美術品収蔵庫、無菌室等の用途）の階で、その直上階または直下階から進入できるものも免除される［平12建告1438号］

廊下

避難レンジャーのムードメーカー

楼花《ろうか》あゆむ

階段三姉妹［70〜75頁］とほかのメンバーをつなぐムードメーカー。食いしん坊。祖母［88頁］の手づくり居室まんじゅうを食べることで体の幅を自由に変えられる。キョウコ［74頁］のことが大好きで、隙あらば密着しようと狙う。

好きな言葉は「おかわり」だ！

③幅員の測り方

廊下の幅員は、壁面から壁面までの最短寸法で算定する。柱や設備機器などが突出している場合、柱面・設備の先端から反対側の壁までの最短寸法が幅員となる。また、階段と異なり、廊下の有効幅には手摺の出幅の緩和がないため、手摺の先端から測定される

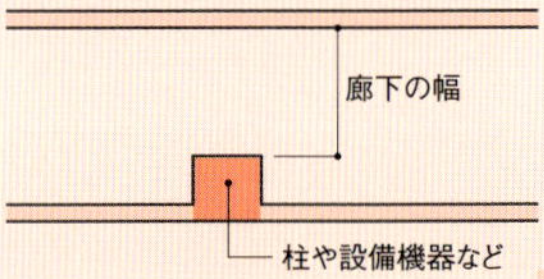

②「3室以下の専用廊下」の取り扱い

3室以下の居室専用の廊下ならば、幅員規定は緩和される。ただし、この緩和は小学校などの児童・生徒用廊下や病院の患者用廊下、共同住宅の共用廊下には適用されない

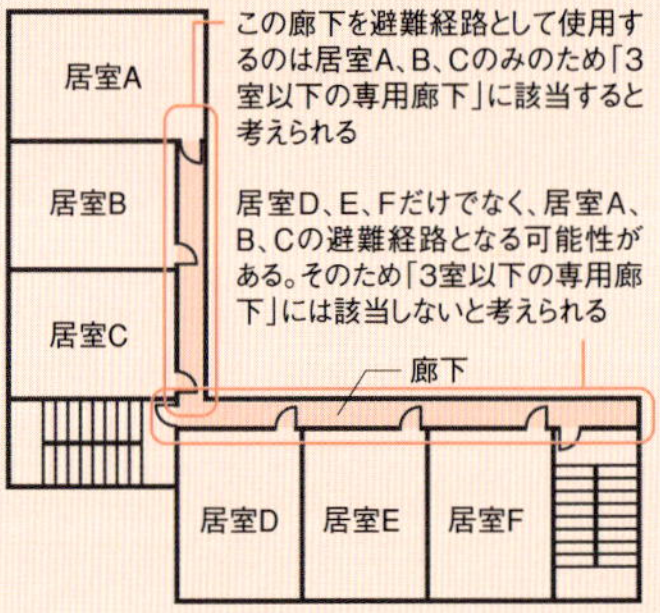

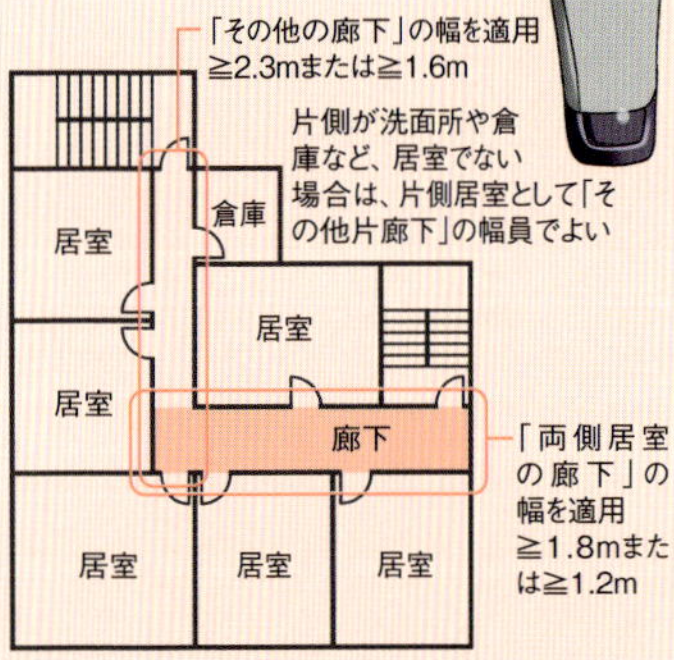

居室A
居室B
居室C
居室D
居室E
居室F

「その他の廊下」の幅を適用 ≧2.3mまたは≧1.6m
片側が洗面所や倉庫など、居室でない場合は、片側居室として「その他片廊下」の幅員でよい
倉庫

「両側居室の廊下」の幅を適用 ≧1.8mまたは≧1.2m

①両側居室の廊下と片側居室の廊下の幅員

居室が両側に並ぶ「両側居室の廊下」の場合は2.3mまたは1.6m以上、「その他の廊下」の場合は1.8mまたは1.2m以上の幅員が必要になる［表・令119条］

表｜廊下の幅員規定

適用対象	廊下の用途	廊下の幅員	
		両側居室の廊下	その他の廊下
次のいずれか (1)特殊建築物 法別表1(い)欄(1)〜(4)項 (2)階数3以上の建築物 (3)採光上の無窓居室のある階［102頁］ (4)延べ面積1,000㎡を超える建築物	小学校の児童用・義務教育学校 中学校・高等学校・中等教育学校の生徒用	2.3m以上	1.8m以上
	(1)病院の患者用 (2)共同住宅の住戸・住室の床面積合計 >100㎡の階の共用のもの (3)地上階：居室の床面積合計 >200㎡（3室以下の専用のものを除く） (4)地階：居室の床面積合計 >100㎡（3室以下の専用のものを除く）	1.6m以上	1.2m以上

結果にコミット！

廊下の幅員は、建築物の用途や面積に応じて制限される。また、学校の児童・生徒用の廊下や病院の患者用の廊下は、用途によって規制され、面積によらず必要な幅員が決定される［表・令119条］。

2.3m もしくは 1.6m以上

1.8m もしくは 1.2m以上
ドア

この廊下を避難経路として使用するのは居室A、B、Cのみのため「3室以下の専用廊下」に該当すると考えられる
居室D、E、Fだけでなく、居室A、B、Cの避難経路となる可能性がある。そのため「3室以下の専用廊下」には該当しないと考えられる

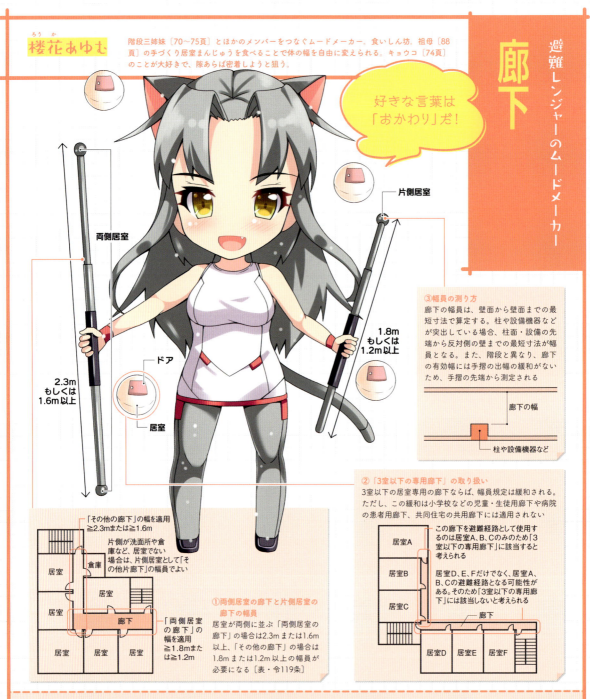

敷地内通路

実はへたれなお調子者

式《しき》千《ち》レイン

普段は軽口をよく叩くお調子者だが、実は超絶ビビりなへたれキャラ。いつも皆の中心にいるあゆむ［右頁］に嫉妬している。任務では階段三姉妹から後始末を任されることが多い。特技はドラム。

①避難規定を受ける建築物の敷地内通路

特殊建築物や無窓居室［102頁］など法35条に該当する建築物に設ける出口から道路までの通路は幅員1.5m以上の敷地内通路を確保しなければならない［表1・法35条、令128条］

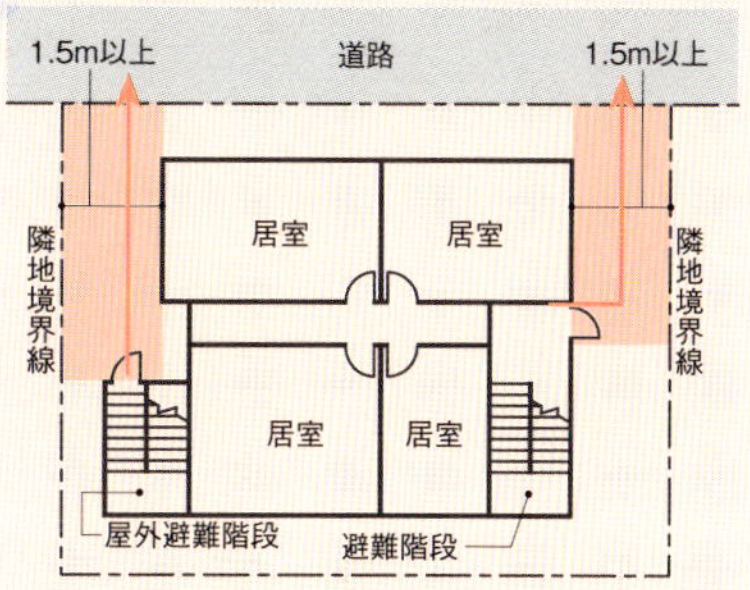

②木造などの建築物（延べ面積>1,000㎡）の周囲の通路幅

主要構造部の全部または一部が木造で、延べ面積1,000㎡以上の建築物は、幅員3m以上で、敷地が接する道まで達する敷地内通路が周囲に必要となる［令128条の2］

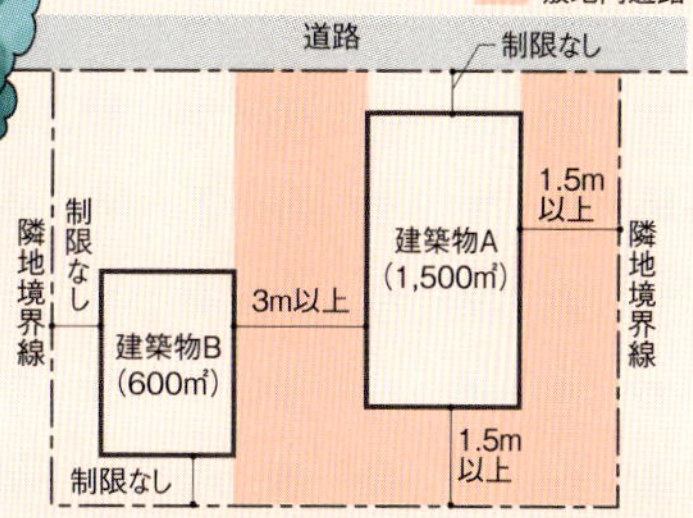

3m以上の敷地内通路が必要だが、1棟の延べ面積が3,000㎡以下の場合は、隣地境界線に接する部分の通路は、1.5m以上とすることができる

避難規定が適用される建築物は、原則、避難階段や避難階の出口から道や広場まで、幅1.5m以上の敷地内通路を設ける必要がある［表1・※3・令128条］。また、大規模木造建築物などの場合は、幅3m以上の敷地内通路を設ける必要がある［表2・令128条の2］。

表1｜大規模木造建築物［※1］などの敷地内通路

適用条件	通路幅	必要部分
1棟の延べ面積>1,000㎡	3m以上［※2］	建築物の周囲［※3］
2棟以上の延べ面積の合計>1,000㎡（耐火建築物、準耐火建築物、延べ面積>1,000㎡のものを除く）	3m以上	合計1,000㎡以内ごとに建築物を区画し、その区画相互間に設置［※4］
延べ面積の合計>3,000㎡	3m以上	合計3,000㎡以内ごとに建築物を区画し、その区画相互間に設置

表2｜敷地内通路の設置

適用対象	適用条件	通路幅	通路位置
特殊建築物	法別表1（い）欄（1）～（4）項の用途	1.5m以上	屋外避難階段、屋外への出口（令125条1項）から道路・公園・広場などの空地に通じる部分
中高層建築物	階数≧3		
無窓居室	採光上（1／20）、または排煙上（1／50）の無窓居室を有する建築物		
大規模建築物	延べ面積合計>1,000㎡		

※1 耐火構造の壁・特定防火設備で区画した耐火構造部分の面積は、床面積から除く｜※2 棟の延べ面積が3,000㎡以下の場合は、隣地境界線と接する部分の通路については1.5m以上｜※3 出口が道路に直接面している場合を除く｜※4 耐火・準耐火建築物が1,000㎡以内ごとに区画された建築物を相互に防火上有効に遮っている場合は適用を除外

龍実《りゅうみ》エイル

普段はやる気のない地味な女の子。出動時には無理やり陽気になり、まばゆい光を発してニコ〔70頁〕やあゆむ〔78頁〕ら仲間を導く。

非常用照明

出動時には陽気に変身！

①照明方法

非常用照明は、主電源が切れても予備電源で最低30分間以上点灯し、床面で1ルクス以上の平均照度を維持できる性能をもつ直接照明方式の設備とする〔令126条の5第1号〕

②非常用照明の設置が必要な建築物

一定の用途・規模の建築物では、災害時に停電しても照度を確保し、初期段階の避難を円滑に進められるよう、非常用照明の設置が義務付けられている。設置個所は、居室と、居室から地上にまで通じる廊下や階段などの屋内避難経路〔令126条の4〕

用途		設置部分
①	法別表1(い)欄(1)～(4)項に該当する特殊建築物	居室、および居室から地上に通ずる廊下・階段等の避難通路(採光上有効に開放された通路は除く)
②	階数が3以上、かつ延べ面積が500㎡の建築物	
③	採光上の無窓居室	
④	延べ面積が1,000㎡超の建築物	

④照度

床面の水平面照度は1ルクス以上の必要があり、蛍光灯を用いる場合は2ルクス以上を確保する〔令126条の5第1号イ、昭45建告1830号〕

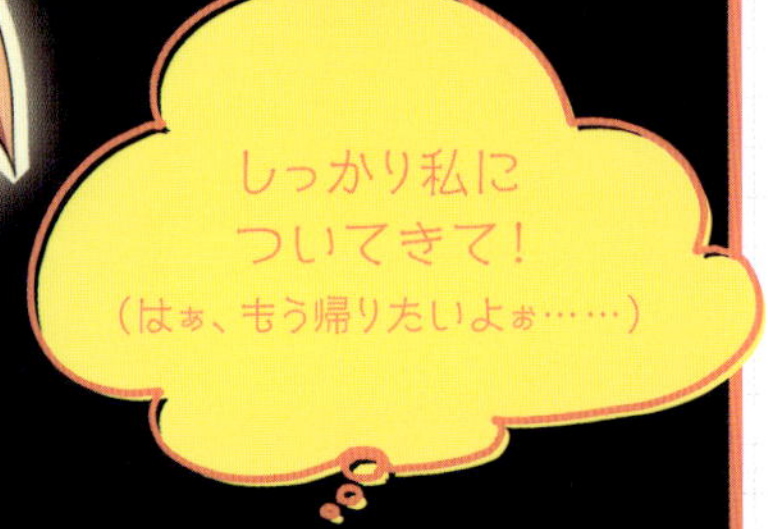

⑤照明器具

照明カバー・電球・内蔵電池などの主要部分は難燃材料でつくるか、覆う〔令126条の5第1号、昭45建告1830号〕

⑥非常用バッテリー

主電源が切れても予備電源で30分間以上点灯できる必要がある〔令126条の5第1号、昭45建告1830号〕

③避難階の直上・直下階での設置免除

戸建住宅・共同住宅の住戸や学校・体育館などでは非常用照明の設置が緩和される〔令126条の4〕

避難階の直上階の採光上有効な開口部を有する居室で、屋外避難階段までの歩行距離が20m以内であれば、非常用照明の設置は不要

避難階の直下階の採光上有効な開口部を有する居室で、屋外への出口までの歩行距離が20m以内であれば、非常用照明の設置は不要

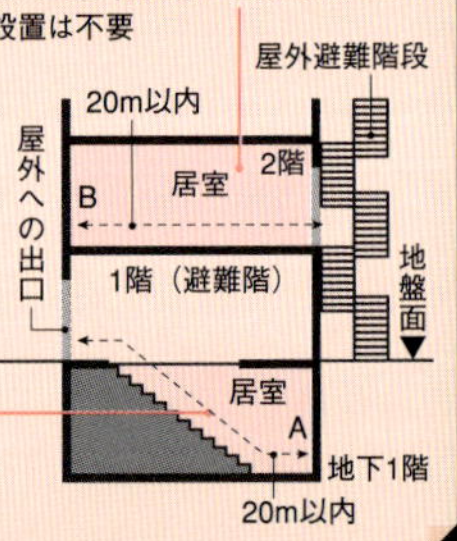

表｜非常用照明の設置が免除される建築物

用途		設置部分
①	戸建住宅・長屋・共同住宅	住戸
②	病院の病室、下宿の宿泊室、寄宿舎の寝室、その他これらに類する居室	
③	学校、体育館、ボーリング場、スキー場、スケート場、水泳場、スポーツの練習場[※2]	
④	避難階、又は避難階の直上階、もしくは直下階の居室で避難上支障がないもの	

図｜避難階での設置免除

非常用照明の設置を要する部分

非常用照明の設置が免除される部分[※2]

避難階の居室で屋外への出口Cまでの歩行距離が30m以内のため、非常用照明の設置は不要

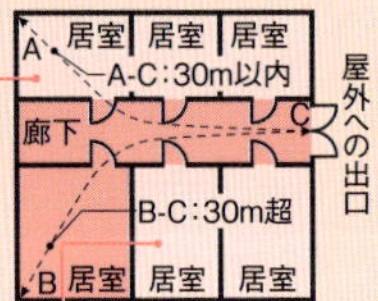

30㎡以下の居室で、地上への出口を有するか、または地上までの部分について非常用照明が設置されているか、採光上有効に直接外気に開放されているものも緩和の対象

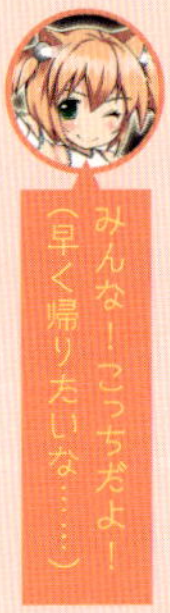

停電時でも円滑に避難できるように、②の建築物には非常用照明が必要となる。避難階の直上・直下の居室［※1］から避難階における屋外出口（屋外避難階段）までの歩行距離が20m以下で、避難上支障がない場合は設置を免れる［図・表・令126条の4、平12建告1411号］。

※1 採光上有効な開口部（該当居室の床面積に対して1／20以上の面積）を有する居室であることが条件

※2 学校は夜間に授業を行う場合や、体育館を地域に夜間開放する場合には設置が望ましい。学校に付属する体育館で、学校用としてのみ使用するものを除き、舞台または固定席を有し観覧場または集会場として利用するもの、また、ホテルなどに付属するレジャー色の強いプールなどには非常用照明の設置が必要

非常用エレベータ

31mを越えればこの子の出番！

リーフト・アセンソール

ほかのレンジャーに比べて高性能な装備が整っており、キョウコ［74頁］との組み合わせは最強コンビと評される。性格も面倒見がよく、まさに優等生タイプ。

①非常用エレベータの設置と緩和基準

高さ31mを超える建築物には、原則として、火災などの際に消防隊が消火・救出作業に使用するための非常用エレベータを設置しなければならない。ただし、31mを超える建築物であっても、各階の床面積や防火区画などが法令の規定を満たせば、設置が免除される［法34条2項、令129条の13の2］

緩和基準	
高さ＞31mの部分が右の①～④のいずれかに該当するとき	①階段室・機械室・装飾塔・物見塔など
	②各階の床面積の合計≦500㎡
	③階数≦4、かつ主要構造部が耐火構造で、防火区画［＊］≦100㎡
	④機械製作工場・不燃性物品保管倉庫等で、主要構造部が不燃材料

＊耐火構造の床・壁、もしくは特定防火設備（常時閉鎖式、または随時閉鎖式で煙感知器もしくは熱煙複合式感知器連動自動閉鎖）、廊下に面する1㎡以内の防火設備

フル装備で
助けに行くよ♪

④電話装置

エレベータ内と建物の中央管理室で連絡できる電話装置が必要［令129条の13の3第8項］

③不燃材料

乗降ロビーの天井・壁は下地・仕上げともに不燃材料でなければならない［令129条の13の3第3項5号］

⑤定格速度

エレベータの速度は分速60m以上でなければならない［令129条の13の3第11項］

②乗降ロビーの一般的構造

非常用エレベータは避難階を除く各階で、耐火構造の床、壁、遮煙性能を有する防火設備などで区画した乗降ロビーが必要となる。乗降ロビーは区画するほか、面積や消火設備の設置など、その構造が定められている［令129条の13の3第3項］

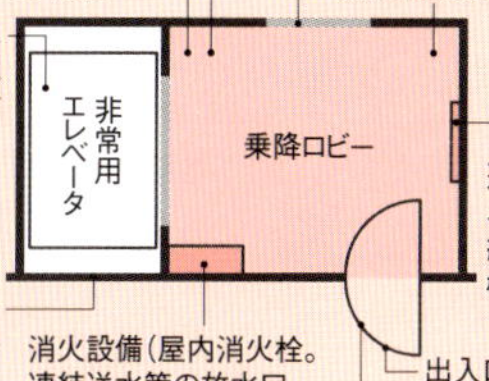

避難階を除き、専用の乗降ロビーを設ける。ほかの用途との兼用は不可
バルコニー・外気に向かって開放できる開口部、または排煙設備を設ける
乗降ロビーの床面積は1台につき10㎡
予備電源付き照明器具を設置
昇降機は2台以内ごとに耐火構造の壁・床で囲む（出入口を除く）
非常用エレベータ
乗降ロビー
避難階における避難経路を示す標識を設置
耐火構造の壁・床・天井で囲み、壁・床・天井の内装下地・仕上げは不燃材料とする
消火設備（屋内消火栓。連結送水管の放水口、非常用コンセント設備など）
出入口は特定防火設備とする
非常用エレベータは消防活動を主たる目的としているため、乗降ロビーの戸の開き方は消防隊が活躍しやすい方向とする

※上記のほか、令129条の13の3第3項の規定に適合させる

⑦予備電源

主電源が遮断された際でもエレベータを動かせる予備電源が必要［令129条の13の3第10項］

⑥消火栓

乗降ロビーは、消火設備（消火栓、連結送水管の放水口、非常用コンセントなど）が設置できる構造とする［令129条の13の3第3項8号］

表、図｜高さ31m超部分の床面積と台数の関係

31m超部分の床面積最大階の床面積S（㎡）	非常用エレベータの台数［＊］
S≦1,500	1
1,500＜S≦4,500	2
4,500＜S≦7,500	3
7,500＜S≦10,500	4

＊台数＝（S－1,500）／3,000＋1（小数点切り上げ）

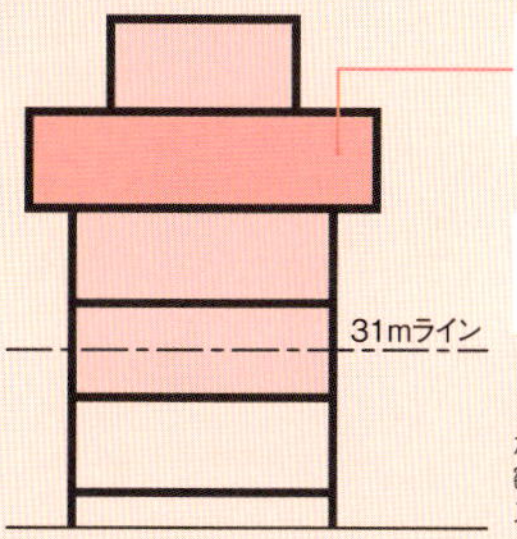

31mライン

高さ31m超部分の床面積最大の階
‖
この階の床面積で非常用エレベータの設置台数を決める［＊］

＊階の途中に31mラインがあり、その階が最大床面積を有する場合については厳密な規定はない（その階が対象となるケースもある）

高いところは任せてちょうだい♪

非常用エレベータの設置台数は、高さ31mを超える階のうち、床面積が最大の階の床面積によって決まる［図・表・法34条2項、令129条の13の2］。

対煙用救助ユニット
排煙設備・防煙区画

排《はい》煙《えん》少《しょ》女《じょ》帯《たい》(カズミとフルール)

火災時の煙の充満を防ぐためにカズミ〔84頁〕とフルール〔85頁〕が結成した二人組ユニット。週末は駅前で防煙漫談を行っている。

①防煙区画

火災の際には、発生した煙や有毒ガスの拡大を防ぎ、速やかに建物外に排出しなければならない。そのため、基準法では、煙や有毒ガスを500㎡以内ごとの区画に閉じ込めて、その区画に設けた排煙口から外部に排煙するよう規定している〔令126条の3第1項〕

②排煙設備

火災によって発生する煙や有毒ガスは、避難を困難にするため、煙やガスが天井に沿って広がるのを防ぐ設備を設けなければならない〔令126条の2〕。排煙設備は、間仕切壁や垂壁などの「防煙壁」と、煙を外部に排出するための「排煙口」(自然排煙〔84頁〕と機械排煙〔85頁〕の2種類)がある

煙は嫌いだけど
いぶりがっこは
大好きだよ～！

フルール・ハイエンベルフ
[機械排煙設備]

カズミ・ハイエンケン
[自然排煙設備]

③防煙壁

防煙壁とは、間仕切壁と、天井から50cm以上下方に突き出た垂壁のこと。下地も含めて不燃材料でつくるか覆わなければならない〔令126条の3第2項〕

防煙壁の構造

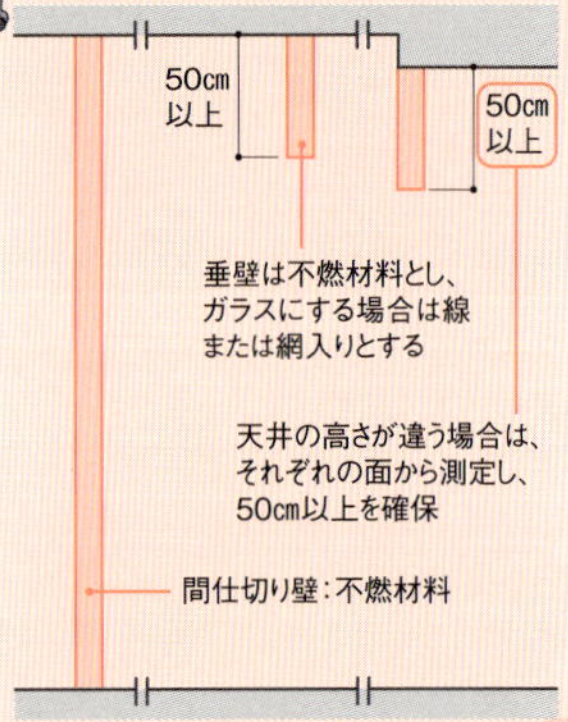

④排煙口

排煙口は防煙区画内の各部分からの水平距離が30m以下となるように、天井または壁の上部に設けなければならない〔令126条の3第3項〕

防煙区画

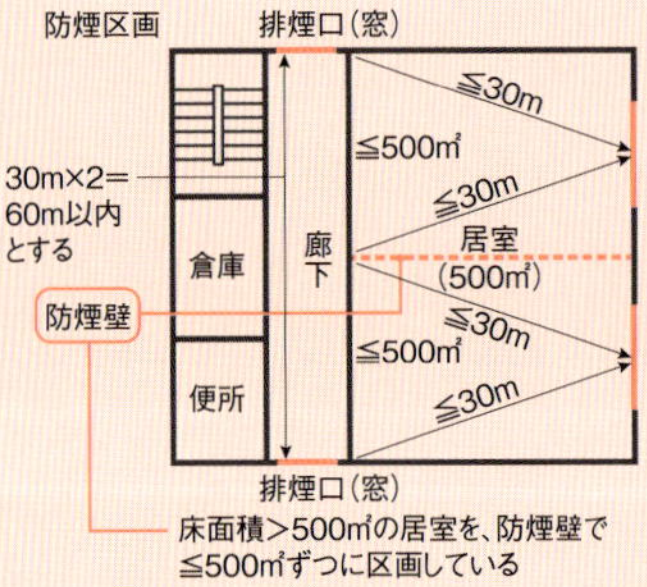

排煙口の設置

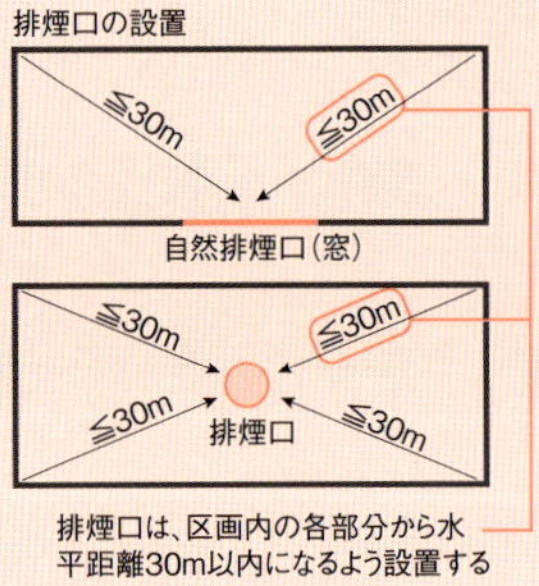

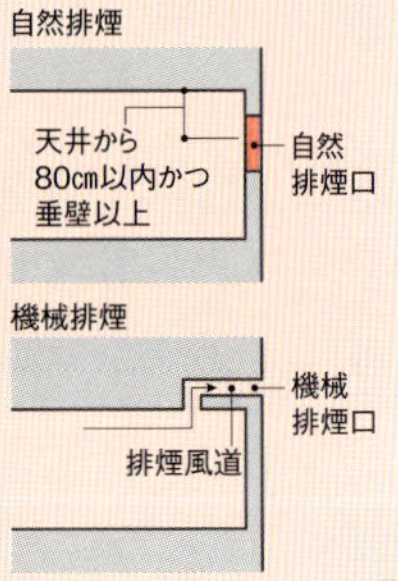

用途や規模に注意されたし！

排煙設備は、建築物全体に設置が義務付けられる場合と、居室単位で設置が義務付けられる場合の2パターンがある。建築物全体が排煙設備の設置対象となるのは表1の①・②。これらの場合、居室はもちろん、避難経路となる廊下や倉庫などの非居室も含めた建築物全体に排煙設備が必要となる。

一方、居室単位に設置が義務付けられているのは表1の③・④である［令126条の2、3］。

また、告示で定められている、火災が発生した場合に避難に支障をきたす高さまで煙が降下する恐れのない建築物の部分は、排煙設備設置の対象外となる［表2・平12建告1436号］。ほかにも、機械製作工場や不燃性の物品を保管する倉庫などで主要構造部が不燃材料でつくられたものや、その他これらと同等以上に火災発生のおそれの少ない構造の建築物も規制対象外となる。

ただし、スポーツ練習場など［※］は規制対象外となる、観覧場として利用するものや遊戯場などと一体利用される部分は免除されないので注意。

表1｜排煙設備が必要な建築物・部分はこいつらだ！

	設置対象：建築物または居室の用途・種類	設置対象：延べ面積	設置が免除される部分
①	法別表1(い)欄 (1)〜(4)項に該当する特殊建築物 (1)劇場、映画館、集会場など (2)診療所（病室があるもの）、共同住宅、児童福祉施設等 (3)学校、博物館、美術館、図書館など (4)百貨店、展示場、キャバレーなど	500㎡超	a.2)の用途で、100㎡以内に防火区画された部分（共同住宅の住戸は200㎡以内） b.学校、スポーツ練習場など c.②③で、高さ31m以下の部分で100㎡以内ごとに防煙区画された居室 d.階段の部分、昇降路の部分、乗降ロビーその他これらに類する建築物の部分 e.機械製作工場、不燃性物品倉庫などで、主要構造部が不燃材料のもの、その他同等以上に火災の発生のおそれの少ない構造のもの f.平12建告1416号に該当する建築物［表2］
②	階数が3以上の建築物		
③	延べ面積が1,000㎡超の建築物にある、床面積200㎡超の居室		
④	排煙上の無窓居室［＊］	―	

＊ 天井または天井から80㎝以内に、居室の床面積の1／50以上の窓・開口部がない居室

表2｜その排煙設備、免除できるかもよ〜？

	緩和の対象：建築物・居室の用途・種類	緩和の対象：面積の制限	緩和の条件
イ	階数が2以下の住宅・長屋	延べ面積が200㎡以下	有効換気面積が居室の床面積の1／20以上
ロ	児童福祉施設等（入所施設を除く）、美術館など	居室の床面積が100㎡程度	避難階、またはその直上階で一定の基準を満たすもの
ハ	危険物の貯蔵所、自動車車庫、通信機械室、繊維工場等		法令の規定に基づき、不燃性ガス消火設備または粉末消火設備を設けたもの
ニ ①	高さ31m以下の部分［＊1］　非居室	なし	居室や避難経路に面する開口部に防火設備［＊2］を設け、それ以外の開口部には戸・扉を設置、かつ内装仕上げが準不燃材料以上
ニ ②	高さ31m以下の部分［＊1］　非居室	床面積が100㎡以下	防煙壁により区画
ニ ③	高さ31m以下の部分［＊1］　居室	なし	床面積100㎡以内ごとに準耐火構造以上の床・壁・防火設備［＊2］で区画、かつ内装仕上げが準不燃材料以上
ニ ④	高さ31m以下の部分［＊1］　居室	床面積が100㎡以下	内装仕上げ・下地共に不燃材料以上
ホ	高さ31m超の部分　非居室・居室	床面積が100㎡以下	耐火構造の床・壁・防火設備［＊2］で区画、かつ内装仕上げが準不燃材料以上

＊1 法別表1（い）欄の特殊建築物の主たる用途に供する部分で地階にあるものは除く
＊2 常時閉鎖式、または随時閉鎖式で熱感知器煙感知器・熱煙複合式感知器連動自動閉鎖

図1｜これで排煙と防煙のために必要なものが楽々チェックできるよ〜 まずは免除できるかを確認するんだぽ〜い

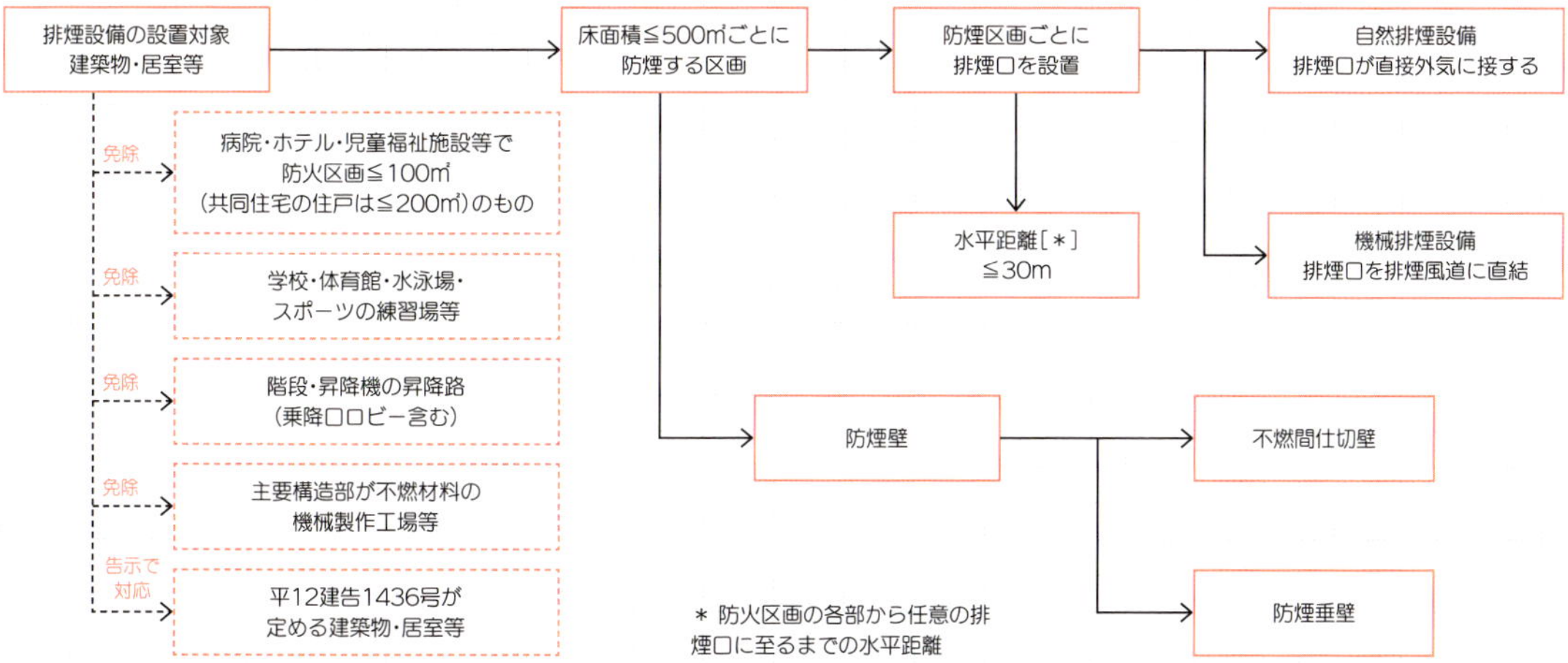

※ ほかに対象外となる用途は、学校、体育館、水泳場、スポーツ練習場など

エコかつロハスに救助！

自然排煙設備

カズミ・ハイエンケン

自然のパワーを武器に敵を排除する。フルール〔左頁〕とは対照的に、おおらかでおっとりした性格だが互いの仲はよい。趣味は登山とパワースポット巡り。

①自然排煙窓の構造

引違い窓の場合、片方を開放させてももう一方の半分は開放されないため、排煙上有効な部分は、開口面積の半分となる。また、天井から50cm以上の防煙垂壁で防煙区画されている場合、防煙垂壁の下から煙が広がるおそれがある。そのため、排煙上有効な部分は開口部上端からの防煙垂壁の下端以内の部分に制限される〔令126条の3第1項3号〕

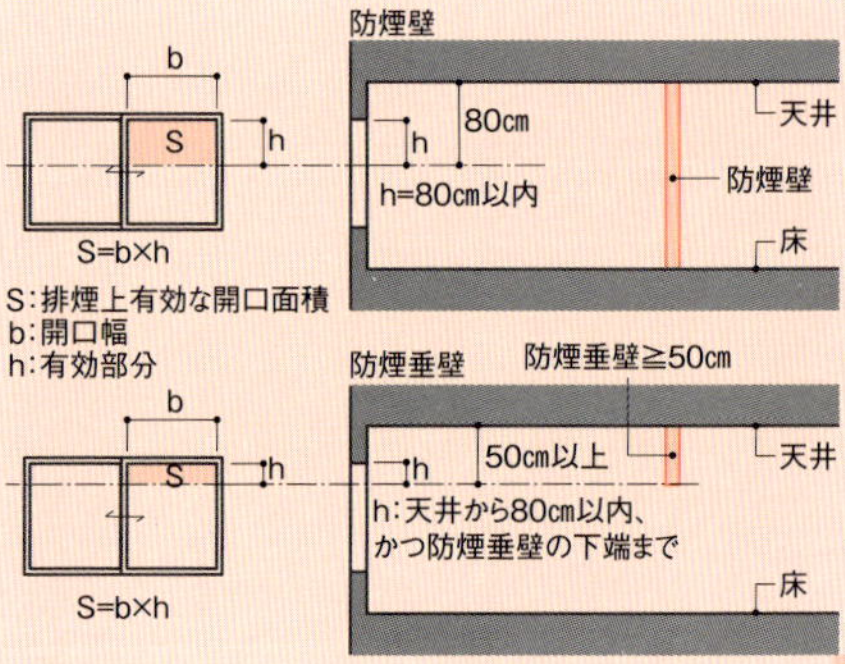

②自然排煙窓の開閉方式

窓が床から高い位置にあり、開閉できないときは、プッシュボタンなどの手動開放装置を取り付けて操作することになる。手動開放装置は、壁や柱に取り付ける場合は床面から0.8～1.5m以下の高さに、天井から吊り下げる場合は床面からおおむね1.8mの高さに、それぞれ設置しなければならない。また開放装置の近くには、見やすい方法で使用方法を表示する必要がある〔令126条の3第1項4～6号〕

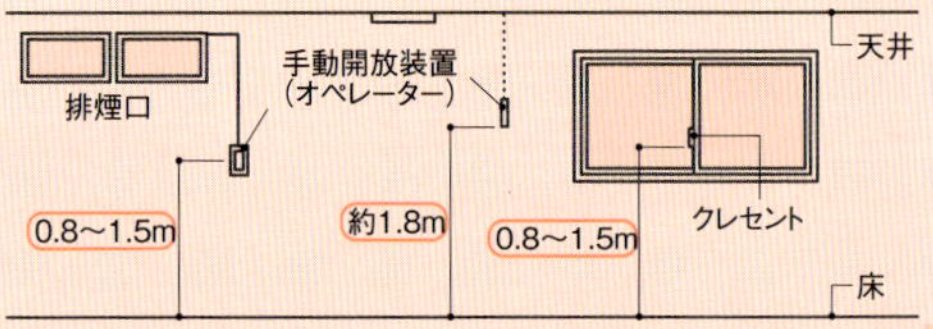

表｜自然排煙窓の構造

部位		構造	
排煙口の位置		(1)500㎡ごとに防煙壁で区画し、その防煙区画内の各部分から水平距離30m以上となるように設置 (2)天井、または天井から80cm以内の壁（最も短い垂壁の成が80cmに満たない場合はその寸法） (3)天井高≧3mの場合は床面からの高さ≧2.1m、かつ天井高×1／2以上の壁の部分（防煙壁の下端より上方）［平12建告1436号］	
開口面積		排煙上有効な開口面積≧防煙区画の床面積×1／50	
開放装置	設置	手動開放装置を設ける	左記に加え、見やすい方法で使用方法を表示
	位置	壁に設ける場合、床面からの高さ80cm以上1.5m以内 天井から吊り下げる場合、床面からおおむね1.8mの高さ	

自然排煙では、開閉可能かつ直接外気に接する窓が排煙口となる。煙は上昇して広がる性質をもつため、基準法では、天井面から80cm以内の部分を基本的に「排煙上有効な部分」とみなし、この範囲にある開口部を算定上有効とする。そのため自然排煙の場合、排煙口の有効開口面積として、防煙区画部分の床面積の1／50以上が必要とされる［表・令126条の3］。

機械排煙設備

びっくりドッキリメカで煙を強制排除！

フルール・ハイエンベルク

メカのパワーで敵を排除する。カズミ［右頁］とは対照的に、勝ち気な性格だが互いの仲はよい。メカオタクで、ロボットコンテストに出場したことも。

カトンボども！
全部吸い込んで
やる！

①機械排煙の構造例

排煙口の操作は、原則的に手動開放装置とし、壁に設ける場合は80cm以上150cm以下に取り付けて、その近くに操作方法を表示する。高さ31mを超える建築物と、合計床面積が1,000m^2を超える地下街に設ける排煙設備については、中央管理室から制御や作業状況の確認ができなければならない［令126条の3第1項11号］

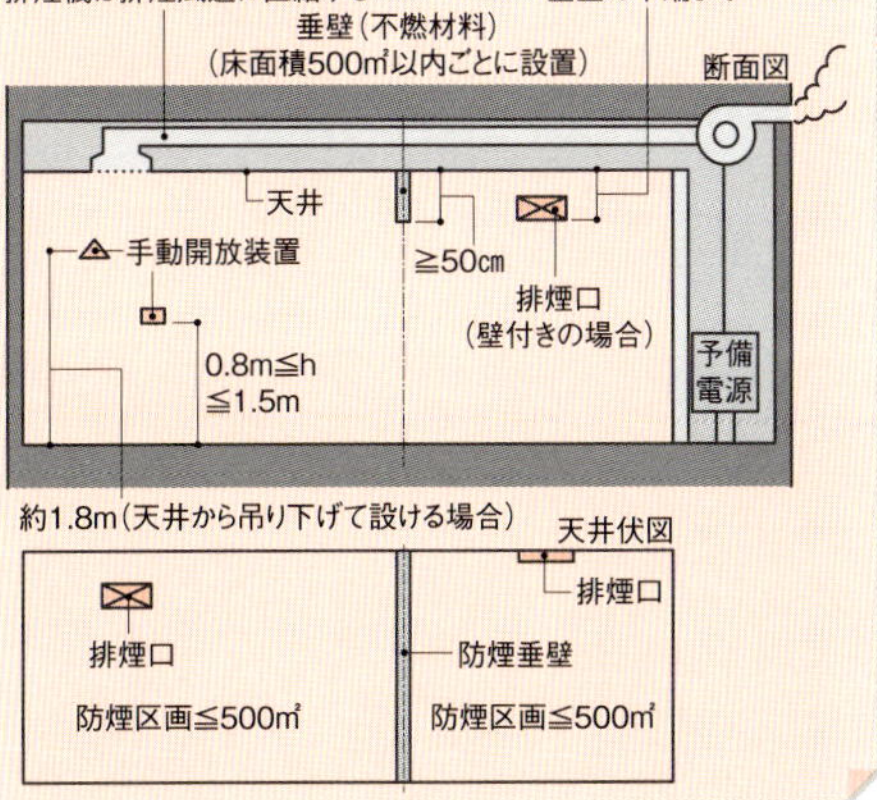

②排煙風道（ダクト）の性能

排煙機等に接続される排煙風道（ダクト）には、強度・容量・気密性が求められる。風道内の煙の熱で延焼を引き起こす危険があるため、風道は断熱し、可燃物と離して設置するなどの措置を講じなければならない。防煙壁を貫通する場合、断熱された不燃材料とし、貫通部の隙間を不燃材料で埋める［令126条の3第1項7号、平16国交告1168号］

③排煙口の風量

排煙口が開放されると、自動的に排煙が開始される。風量は120m^3／m^2分以上か、または当該防煙区画の床面積に1m^3／m^2・分を乗じた能力以上（複数の防煙区画がある場合は、最大防煙区画の床面積×2m^3／m^2・分）かの、いずれか大きいほうの排出能力が必要である［令126条の3第1項9号］

④予備電源

非常時に電気で駆動する排煙機は、予備電源をもたなければならない［令126条の3第1項10号］

表｜機械排煙設備の構造

部位	構造	
排煙風道の構造（小屋裏・天井裏・軒裏内）	不燃材料でつくり、かつ有効に断熱されたもの［平16国交国1168号］	左記に加え、木材などの可燃材料から15㎝以上離す
	金属などの断熱性を有しない不燃材料でつくり、断熱性を有する不燃材料で覆い、有効に断熱されたもの［平16国交告1168号］	
	防煙壁を貫通する場合、風道と防煙壁の隙間をモルタル等の不燃材料で埋める	
	風道に接する場合、その接する部分を不燃材料で作る	
排煙機能力	1つの排煙口の開放に伴い、自動的に作動する、排煙容量≧120m^3／分、かつ≧防煙区画の床面積×1m^3／m^2・分（2以上の防煙区画に係わる排煙機：防煙区画の最大床面積×2m^3／m^2・分以上）	
排煙口の位置	自然排煙に同じ［右頁表］	

機械排煙とは排煙口と排煙風道（ダクト）、予備電源をもった排煙機で構成される設備のことを指す。火災時に、手動開放装置または煙感知器と連動する自動開放装置で排煙口を開き、排煙機を起動させて風道を通じて煙を屋外に排出する。排煙口は、天井から80㎝以内（防煙垂れ壁などがある場合はその下端より上方）に設置しなければならないなどの規定がある［表・令126条の3］。

このメカは強力すぎる…!?

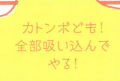

レンジャーを鍛えてバッチリ避難！

階避難安全検証法

甲《か》斐《い》・エスケープ＝杏《あん》

避難レンジャーの訓練を担当する先輩隊員。あゆむ〔78頁〕やカズミ〔84頁〕たちに技を伝授している。アレス〔88頁〕のことを尊敬していて、彼女の出動の際には必ず行動を共にしている。

①階避難安全検証法

火災が発生した場合に、その階にいる人がその階から安全に避難できることを検証する方法であり、火災が発生してから避難を開始するまでに要する時間、歩行時間、出口通過に要する時間等を計算する。〔図〕のステップを踏むことで検証される〔令129条3項〕

②適用除外となる規定

建築物の階について、階避難安全検証法を満たすことで、一部の規定の適用が免除される〔表・令129条〕

③階避難安全性能

この性能は当該階のいずれの室（火災の発生のおそれの少ない室を除く）で火災が発生しても、当該階に存する者のすべてが直通階段の1までに避難する間、各居室および直通階段に通ずる主たる廊下等において、避難上支障がある高さまで煙・ガスが降下しないこととする〔令129条2項〕

平面概念図

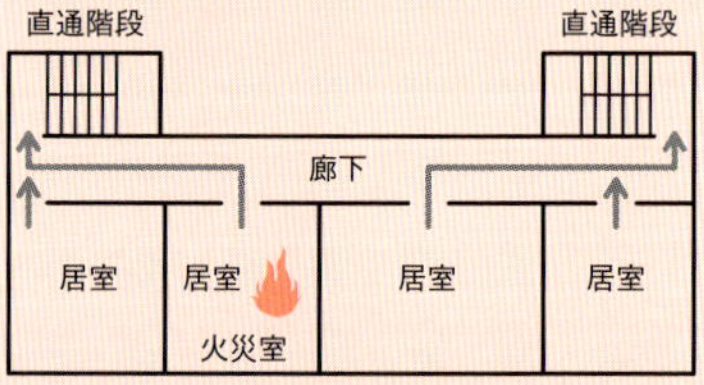

断面概念図

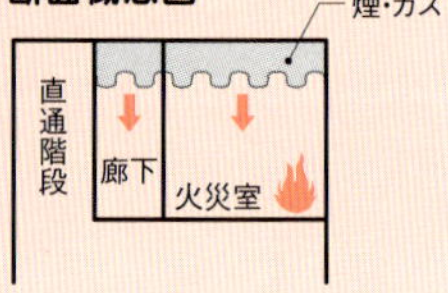

私が認めても、適用除外とならない規定もあるからな！

階避難安全検証法とは、火災時において当該建築物の階からの避難が安全に行われることを検証する方法である。建築物（主要構造部が準耐火構造もしくは不燃材料または特定避難時間倒壊等防止建築物に限る）の階（物販店舗は、屋上広場を含む）のうち、当該階が、階避難安全検証法により確かめられたものまたは大臣認定を受けたものについては、避難に関する一部の規定を適用しなくてよい[表]。ただし、適用の除外とならない規定もあり、主なものに、令112条5項（高層面積区画）、9項（たて穴区画）、12項・13項（異種用途区画）、令121条（2以上の直通階段の設置）、令122条（避難階段の設置）、令123条1項（屋内避難階段の構造）、2項（屋外避難階段の構造）、3項三号（特別避難階段の階段室等の構造）、令123条の2（共同住宅のメゾネット型住戸）、令124条1項（物販店舗の避難階段の幅、ただし、二号以外）、令125条（屋外への出口）、令126条（屋上広場等）、令126条の4・5（非常用の照明装置）などがある[令129条1〜3項]。

表1　適用除外となる規定はおさえておけ！

項目	条	項	号	規定の概要	階避難	全館避難
防火区画	令112	5	–	11階以上の100㎡区画	–	○
		9	–	竪穴区画	–	○
		12・13	–	異種用途区画	–	○
避難施設	令119	–	–	廊下の幅	○	○
	令120	–	–	直通階段までの歩行距離	○	○
	令123	1	1・6	屋内避難階段の耐火構造の壁・防火設備	–	○
		2	2	屋外避難階段の防火設備	–	○
		3	1・2	特別避難階段の付室の構造など	○	○
			3	特別避難階段の耐火構造の壁	–	○
			10・12	特別避難階段の付室に通ずる出入口の特定防火設備[※]・付室などの床面積	○	○
	令124	1	1	物品販売業を営む店舗における避難階段等の幅	–	○
			2	物品販売業を営む店舗における避難階段への出口幅	○	○
屋外への出口	令125	1	–	屋外への出口までの歩行距離	–	○
		3	–	屋物品販売業を営む店舗における屋外への出口幅	–	○
排煙設備	令126の2	–	–	排煙設備の設備	○	○
	令126の3	–	–	排煙設備の構造	○	○
内装制限	令128の5	–	–	特殊建築物の内装制限（2、6、7項[※2]、および階段に係る規定を除く）	○	○

図1　階避難安全検証法の検証手順はこれだ！

①当該階の各居室について、次のA≦Bを確かめる

A	当該階の居室ごとに、在室者[＊1]が、火災が発生してから避難を終了するまでに要する時間	≦	B	火災により生じた煙またはガスが避難上支障のある高さまで降下するために要する時間

＊1：当該居室に存する者（当該居室を通らなければ避難することができない者を含む）
＊2：当該居室から直通階段に通ずる主たる廊下その他の通路に通ずる出口に限る
＊3：当該居室の出口及びこれに通ずる出口に限る

C	当該階の火災室ごとに、階に存する者が階からの避難を終了するまでに要する時間	≦	D	火災により生じた煙またはガスが、各居室及び直通階段に通ずる主たる廊下等において避難上支障のある高さまで降下するために要する時間

A：時間を合計して計算
- 火災発生から在室者の避難開始までに要する時間
- 在室者が当該居室の出口[＊2]に達するまでに要する歩行時間
- 在室者が居室の出口[＊3]を通過する時間

B：大臣が定める方法により計算

C：次の時間を合計して計算
- 火災が発生してから階に存する者が避難を開始するまでに要する時間
- 階に存する者が直通階段に達するまでに要する歩行時間
- 階に存する者が直通階段に通ずる出口を通過するために要する時間

D：大臣が定める方法により計算

※ 屋内からバルコニーまたは付室に通じる出入口に限る

全館避難安全検証法

避難のプロが地上までお導き！

舘《たち》＝エスケープ・アレス

長年の経験と熟練の技で人々を避難に導くプロで、避難レンジャーの統括を行っている。あゆむ〔78頁〕に居室まんじゅうを作ってあげている。

①全館避難安全検証法

全館避難安全検証法とは、建築物のどこで火災が発生しても、その建築物にいる人が地上まで安全に避難できること（全館避難安全性能）を確認すること。

概念図

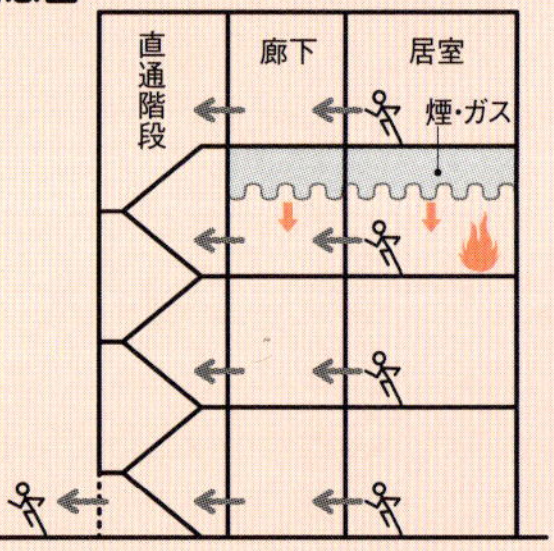

②適用の除外

建築物（主要構造部が準耐火構造もしくは不燃材料または特定避難時間倒壊等防止建築物に限る）で、全館避難安全検証法により確かめられたものまたは大臣認定を受けたものについては、避難に関する一部の規定が適用されない〔87頁〕

全館避難安全検証法とは、〔図〕の規定により、火災時に建築物からの避難が安全に行われることを検証する方法をいう。Aでは、次の時間を計算する。

・火災発生から在館者の避難開始まで要にする時間
・在館者が各室の各部分から地上に至るまでに要する歩行時間
・在館者が地上に通ずる出口を通過するために要する時間

Bでは、大臣が定める方法により計算する。

みんなが地上にたどり着くまでが勝負じゃい

図｜全館避難安全検証法の規定

①各階が、階避難安全性能［86頁］を有することについて階避難安全検証法により確かめる
②各階の各火災室について、次のＡ≦Ｂを超えないことを確認する

A	各階における火災室ごとに、在館者（当該建築物に存する者）が建築物からの避難を終了するまでに要する時間	≦	B	各階の火災室ごとに発生した火災により生じた煙またはガスが、階段の部分または当該階の直上以上の階の１に流入するために要する時間

Chapter 6

設備

セツビレッジ

のどかなこの村の人々は、純朴で生真面目な人柄が特徴です。
そのため、人目につくことをあまり好まず、
縁の下の力持ちとして活躍することも少なくありません。
そんな彼女たちの、影ながらの努力は必見です。

The visual dictionary of
Personificated Building Standards Law
Perfect Edition

昇降機

おせっかい焼きな村娘

登《のぼり》織《おり》＝イヴ・玲《れい》香《か》

階段三姉妹［70〜75頁］の遠い親戚で、よく一緒に遊んでいる。困っている人を放っておけない性格で、そんな人を見かけるとすぐに自分から声をかけてしまう。ルイ・マルの映画が好きという渋い側面も。

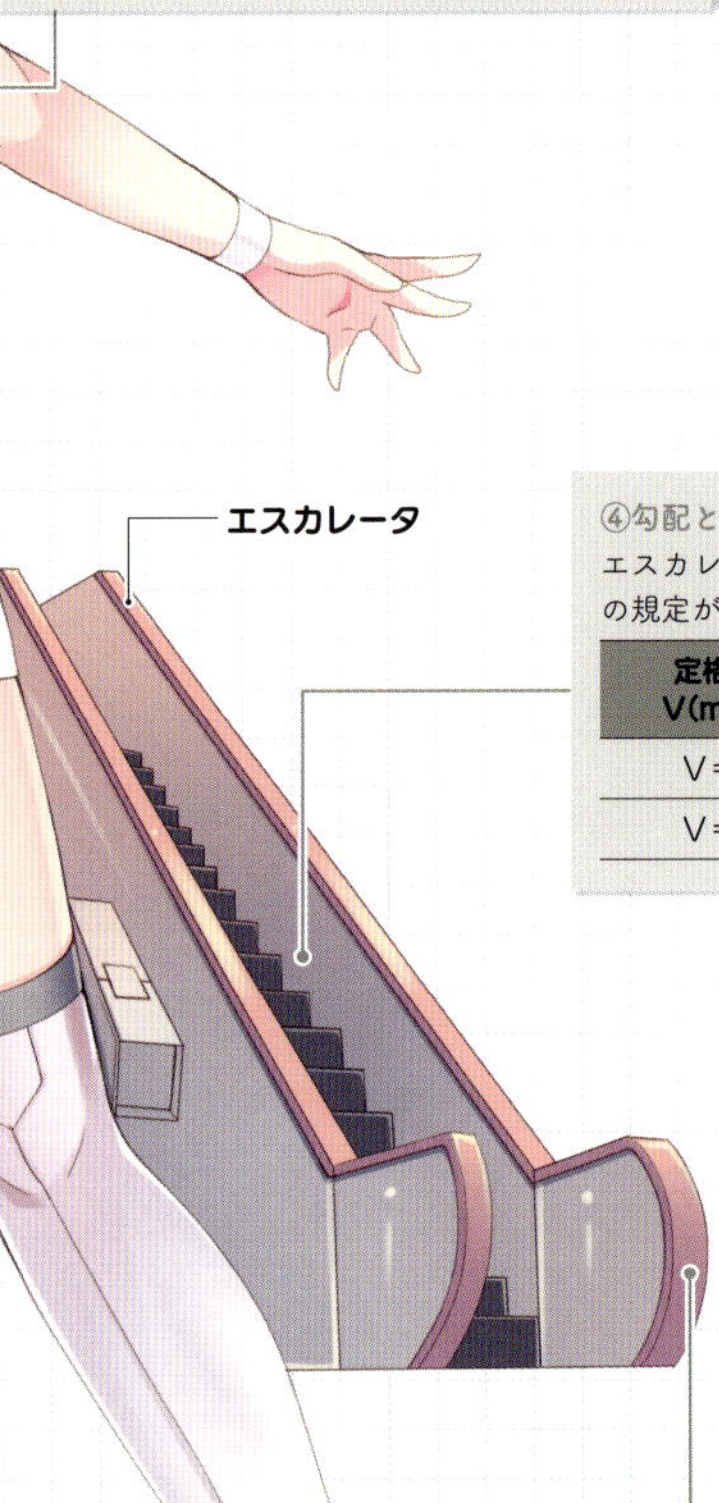

①エレベータ機械室の構造

エレベータ機械室では、図の規定を満たす必要がある［令129条の9］

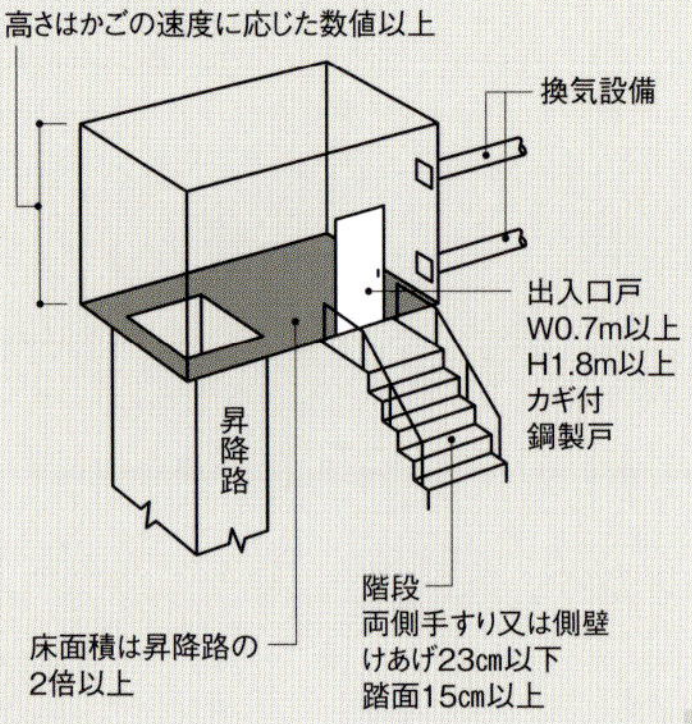

④勾配と定格速度

エスカレータの勾配と定格速度は、表の規定がある［令129条の12］

定格速度 V(m／分)	勾配
V＝50	8°以下
V＝45	8°超30°以下

③かごの構造

かご内の人・物による衝撃に対して安全なものとして大臣が定めた構造方法とする。原則、難燃材料でつくるか覆う。用途、積載量、最大定員を明示した標識をかご内に掲示する。また、昇降路の壁がない屋外エレベーターは風圧を確認する［令129条の4、令129条の6］

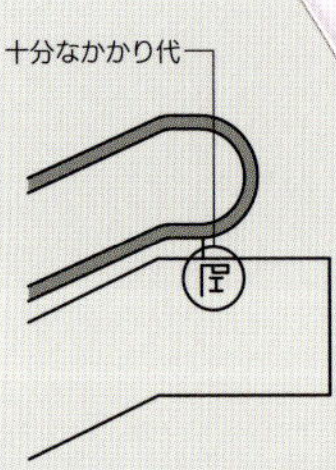

②脱落防止策

エスカレーターは、次に定める構造とする［令129条の12］

①	端部に「十分なかかり代」(緩和20mm)「十分な隙間」の確保
②	衝突時にトラス等が安全上支障となる変形が生じないことを構造計算で確認
③	バックアップ措置 ・下階床から支持柱 ・鋼材、ワイヤーロープ等で支持 ・上階梁からワイヤーロープで吊る等

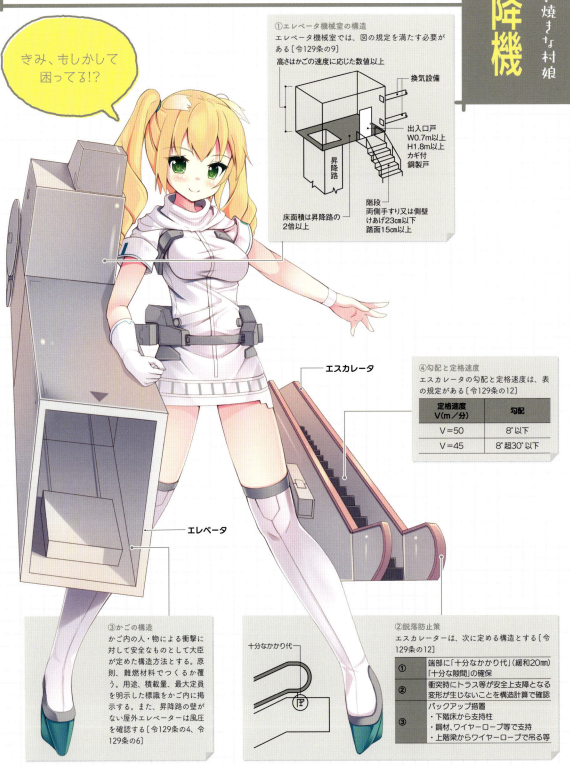

わたしの仲間は3タイプっ！

建築基準法では、エレベータ、エスカレータ、小荷物専用昇降機が昇降機として規定されている。水平投影面積が1㎡以下、かつ天井高が1.2m以下のものが小荷物専用昇降機の扱いとなる。

エレベータのかごの昇降により摩損または疲労破壊が生じるおそれのある部分では、通常の昇降の衝撃や安全装置が作動したときの衝撃でかごが落ちるような損傷をしないことが求められる。また、それ以外の部分については、通常の昇降の衝撃や安全装置が作動したときの衝撃で損傷しない仕様でなければならない［令129条の3、4］。

エレベータの安全装置についても規定がある。エレベータの制動装置は、かごに生じる垂直方向の加速度9.8m/S²、水平方向の加速度5m/S²をそれぞれ超えることなく安全にかごを静止させることができるものでなければならない。また、著しく停止位置が移動した場合や、昇降路の出入口がすべて閉じていない場合に、かごを昇降させない安全装置の設置も義務付けられている［令129条の10］。

図Ⅰ　エレベータの構造基準っ！

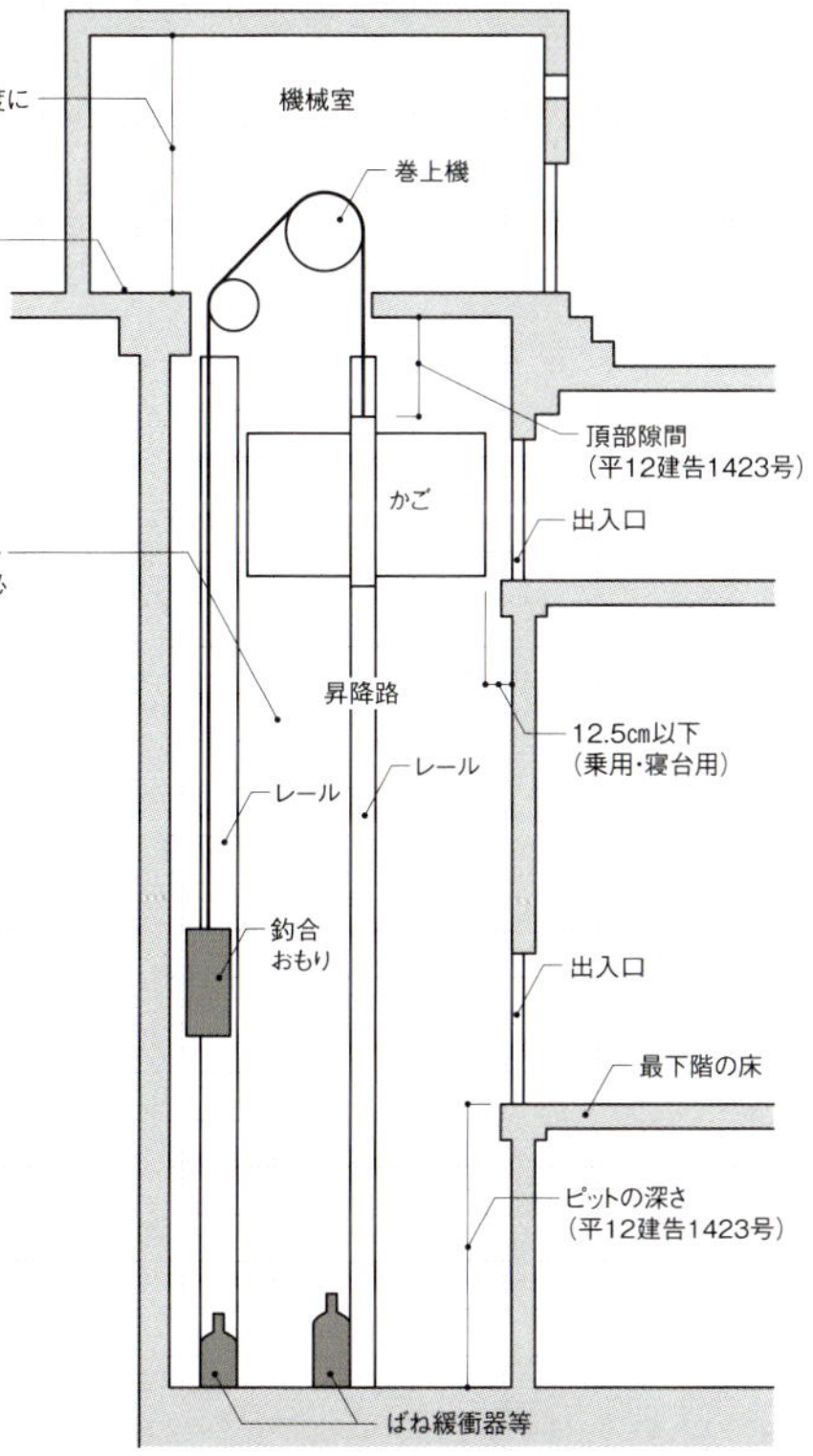
機械室の天井高はかごの定格速度に応じた数値以上（令129条の9）
機械室の床面積は昇降路の水平投影面積の2倍以上
昇降路内は難燃材料でつくりレールブラケット等のエレベーター設備に必要なものを除き突出物を設けない（令129条の7）

定格速度V(m／m)	天井高(m)
V≦60	2.0
60＜V≦150	2.2
150＜V≦210	2.5
210＜V	2.8

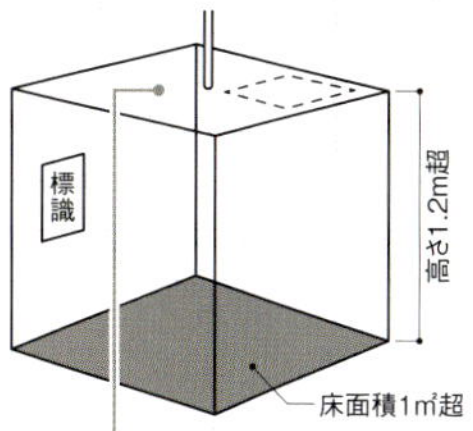

平12国交告1413号1項1号に規定される、かごの天井部に救出用の開口部を設けないエレベータの仕様に基づくことで、救出口を設けないことができる

釣合おもりの脱落防止（平25国交告1048号）

釣合おもりが脱落しない構造方法の例

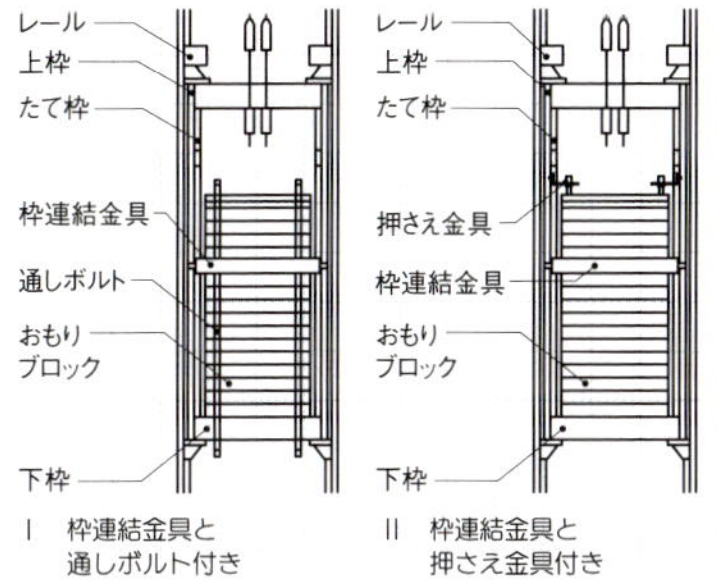

主要な支持部分の地震に対する構造計算［平25国交告1047号］

対象部位
・エレベーターのかごを支え、または吊る構造上主要な部分

例
・主索、主索の端部
・レール（支持部材含む）
・巻上機、制御盤、マシンビーム
・プランジャー
・シリンダー

図Ⅰ　エスカレーターの構造基準っ!!

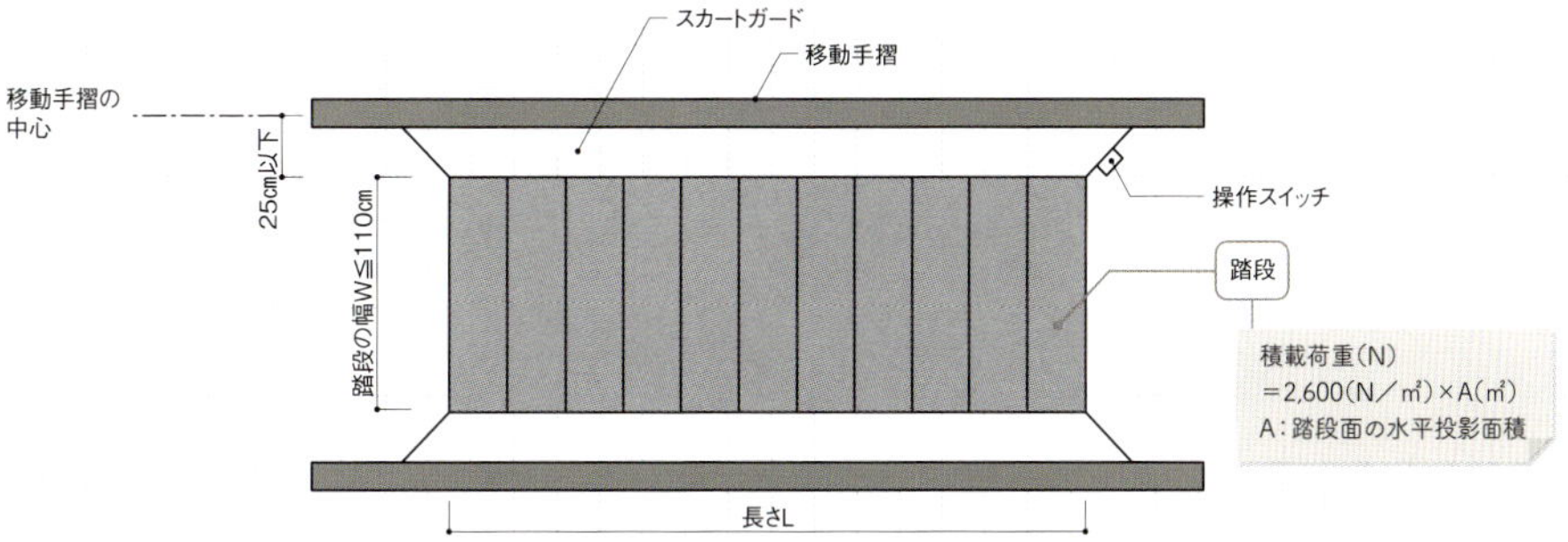

積載荷重（N）
＝2,600（N／㎡）×A（㎡）
A：踏段面の水平投影面積

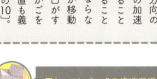

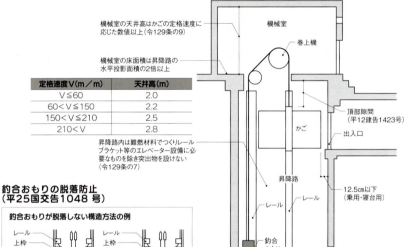

配管設備

初志貫徹する努力家

中部貫那《ちゅうぶかんな》　いちど決めたことは最後まで貫き通す、努力の塊。表にでることはあまり無いが、防子と特子〔62頁〕とは幼馴染で、たまに会っているようだ。

①吐水口空間
水槽等のあふれ面と、そこに給水する飲料水の配管設備の水栓の開口部は、逆流を防ぐために適当な垂直距離を保たなければならない〔令129条の2の5第2項二号〕

②トラップ
防臭・防虫のために排水トラップ、通気管等を設ける〔令129条の2の5第3項二号〕

③防火区画等を貫通する配管設備
防火区画等を貫通する場合は、貫通部分とその両側1m以内を不燃材料でつくる〔令129条の2の5第七項(イ)〕

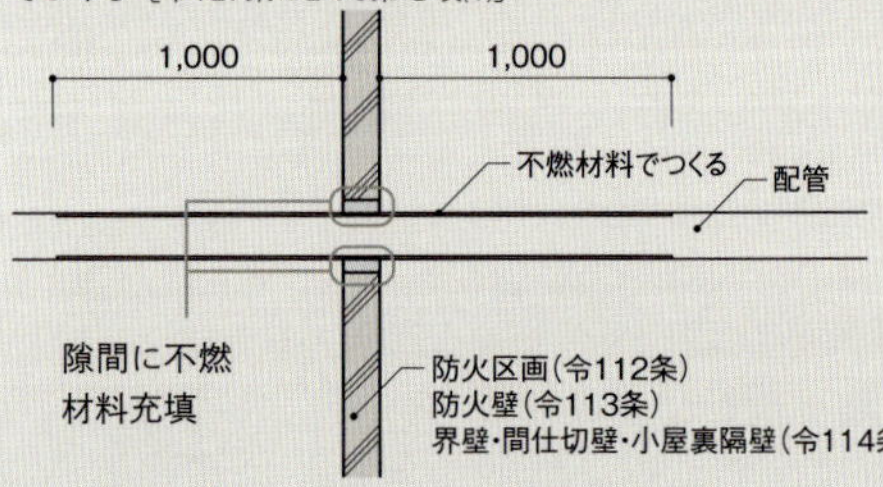

④飲料水の配管設備の結合
飲料水とそのほかの配管設備は、直接連結してはいけない〔令129条の2の5第2項一号〕

⑤排水設備
排水設備は、末端を公共の下水道等に連結させること〔令129条の2の5第3項三号〕

基準法には建築設備の規定が含まれている。給排水の配管をコンクリートに埋設する際、腐食防止の措置を行い、構造耐力上主要な部分を貫通する場合は、建築物の構造耐力に支障を生じないようにしなければならない。

便所は、水洗式とくみ取式の2タイプがあり、それぞれ構造等についての規定が設けられている〔図、法31条、令28、29、31～35条〕。

図｜便所の基準

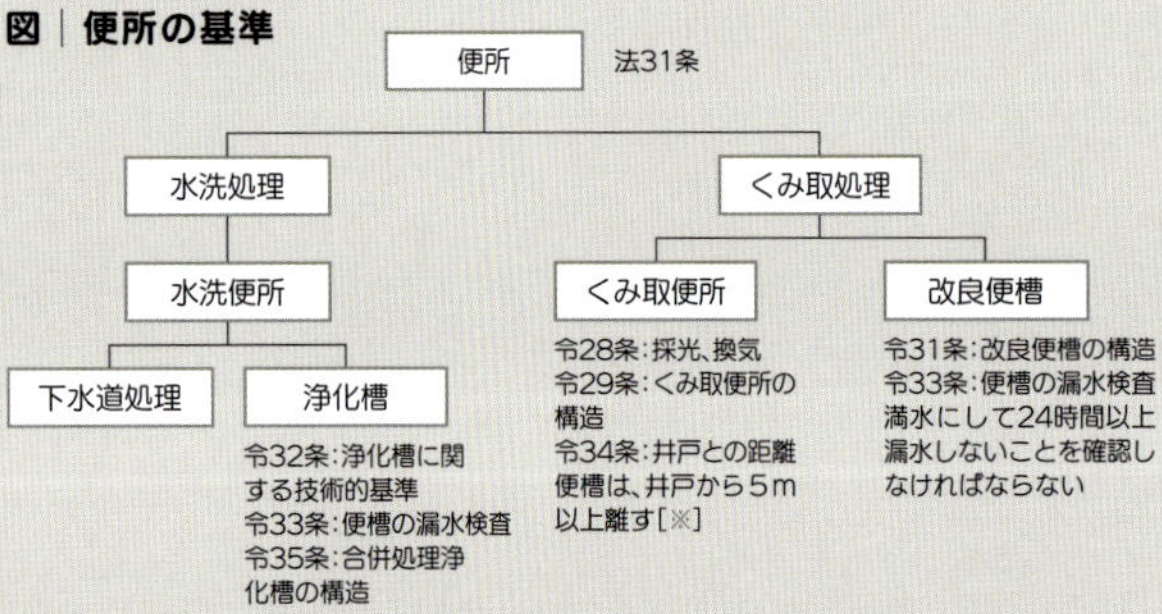

※ ただし、地盤面下3m以上埋設した閉鎖式井戸で、その導水管が外管を有せず、かつ不浸透質で作られている場合、またはその導水管が内径25cm以下の外管を有し、かつ導水管および外管が共に不浸透質で作られている場合は、1.8m以上とすることができる

Chapter 7

居室

KST《きょしつ》神7《セブン》

プロ彼女とは、著名人と付き合いながらも、
その事実を一切外部に漏らすことのない一般人女性のこと。
外では地味な彼女たちの楽しみは、室内デート♡部屋着も抜かりなくおしゃれします。
採光と換気を意識したほどよい露出に注目です！

The visual dictionary of
Personificated Building Standards Law
Perfect Edition

誰もが認めるプロ彼女

居室の定義

奥《おく》内《ない》居《いる》子《こ》

ほどよい肌見せファッションが得意。カッとなって怒ったりせず、常に爽やかなオーラを放つ。ポジティブで、もやもやした気持ちをため込んだりしない。「KST《きょしつ》神7《セブン》」のなかでも、典型的なモテる女子。

①居室の採光および換気

居室には、採光・換気・排煙などが必要なので、窓を設けなければならない［法28条］

②居室の天井高

居室の天井高は2.1m以上とするが、同じ室内で天井高が異なる場合は、平均高さを算出する［令21条］

天井高さの算出方法

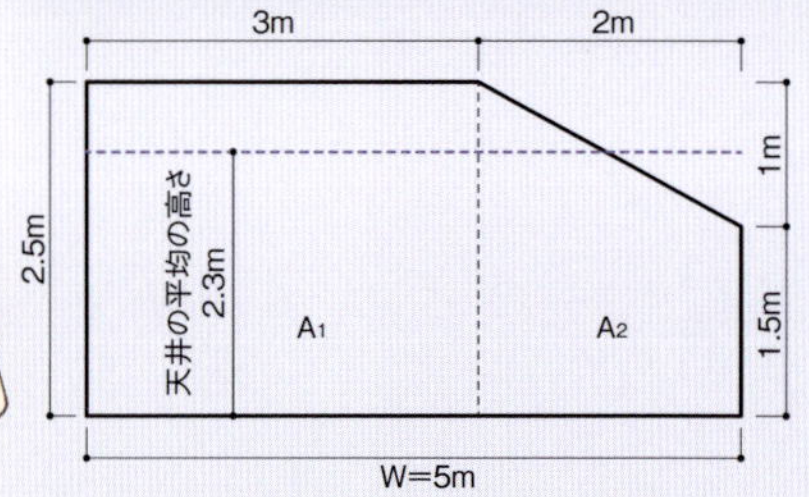

$$\text{天井の平均の高さ} = \frac{\text{室の断面積}}{\text{室の幅}} = \frac{A_1 + A_2}{W} = \frac{7.5+4}{5} = 2.3\text{m}$$

③外壁の床下部分

外壁の床下部分には、壁の長さ5m以下ごとに、面積300㎠以上の換気孔を設ける必要がある。ただし、防湿土間コンクリートやベタ基礎など防湿処理がされていれば適用されない［※・令22条2号］

④居室の床高

最下階の居室の床が木造の場合、床の高さは直下の地面からその床の上面までを、45cm以上とする［※・令22条1項］

継続的に使用する屋内空間が居室なの♪

居室とは、「居住、執務、作業、集会、娯楽そのほかこれらに類する目的のために継続的に使用する室」のこと。住宅の台所は小規模なため、垂壁などで区画されたものは居室として扱わない場合が多いが、食堂や居間と一体になった台所は居室に含まれる。飲食店の厨房は作業を継続的に行うため、居室となる［表・法2条4号］。

居室の天井高は室の床面から測る。同室内で天井高が変化する場合、平均の高さで2.1m以上必要［②］。ただし、居室に該当しない納戸や機械室などでは、天井高2.1m以上を満たさなくてもよい［令21条］。

表｜建物別「居室」の例

住宅	居間、応接室、寝室、書斎、食堂など
事務所	事務室、応接室、会議室、役員室、守衛室など
店舗	売場、事務室、食堂、調理室など
病院	病室、診療室、看護婦室、医師室など
工場	作業場、事務室、研究室、休憩室など

※ ただし、防湿土間コンクリートやベタ基礎など防湿処理がされていれば適用されない。また、木造住宅の基礎の立上り部分の高さは、建築基準法では地上部分で300㎜以上、住宅瑕疵担保責任保険では地上部分で300㎜以上、フラット35では400㎜以上という基準がある

地階の居室

ちょっとのわがままは許してほしい♡

近《チカ》井《イ》チカ　妹系小悪魔系女子。美容のため湿度に敏感。焼けたくないけど日には当たりたい。わがままで男を翻弄するタイプ。ストライプ柄のルームウェアがトレードマーク。

私のトリセツ
ちゃんと
読んだ？

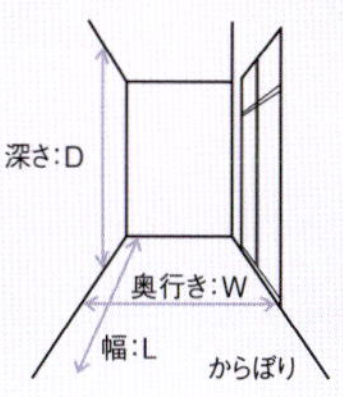

①からぼりに面する開口部の基準

雨水の排水設備を設けたからぼりに面する場所（上部が外気に開放されていること、W≧1mかつW≧4／10D、L≧2mかつL≧D）もしくは敷地内に当該開口部の下端よりも高い位置に地面がない場所［令22条の2第1号イ、平12建告1430号］

②開口部のサイズ

からぼりに設ける開口部は、「換気有効開口部面積≧居室の床面積×1／20」とする［平12建告1430号］

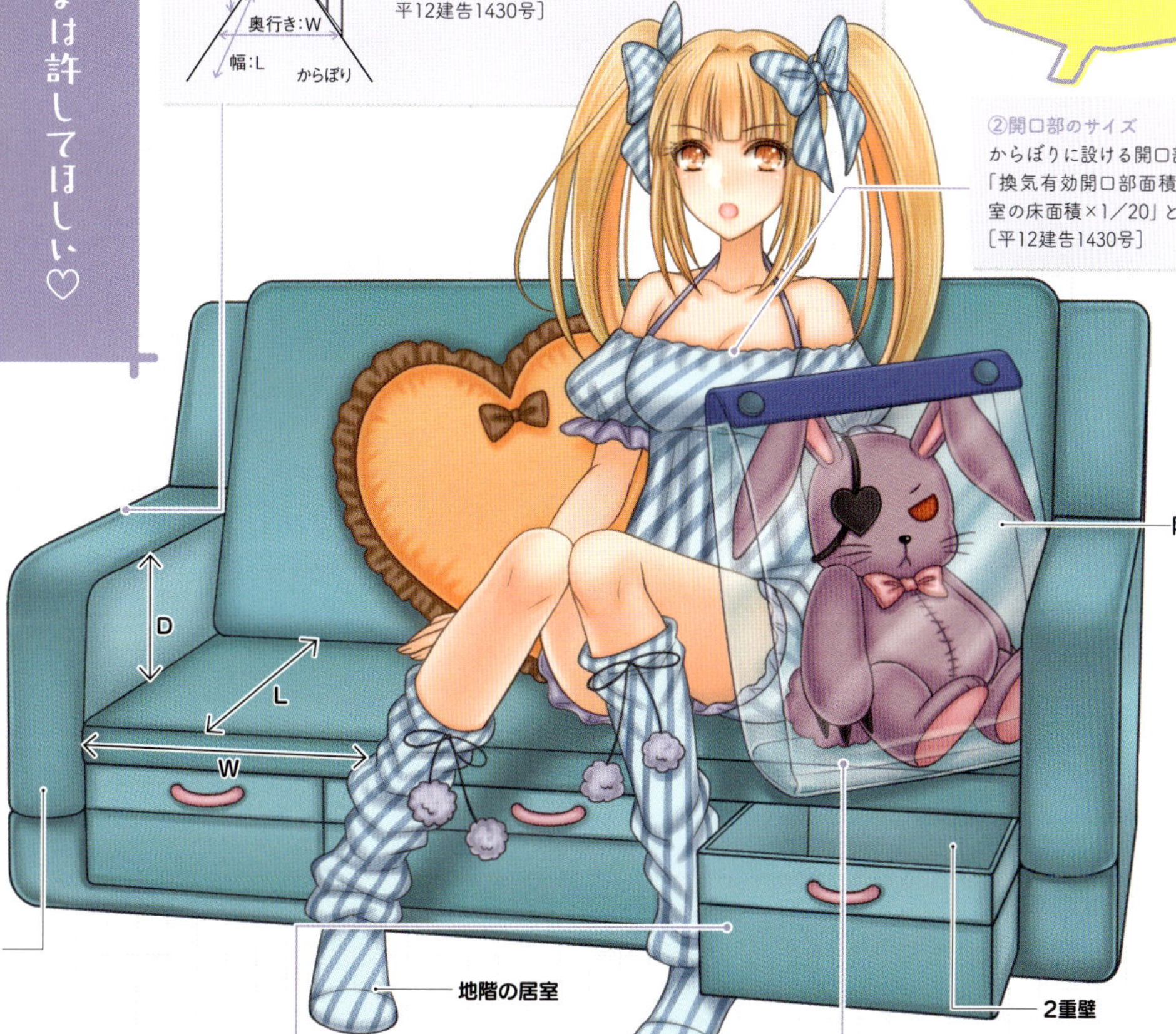

③外壁等の構造1　空隙の基準

直接土に接する部分に防水層を設ける以外に、空隙内に浸透した水を有効に排出する設備を設けること［令22条の2第2号イ（2）］

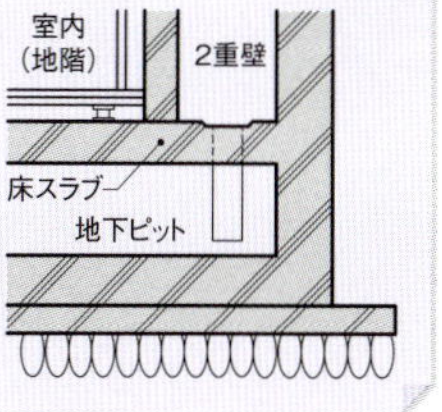

④外壁等の構造2　防水層の基準

直接土に接する部分に防水層を設ける場合。

a）埋戻しの工事中に防水層が破損を受ける場合は、亀裂、破断などを防止する保護層を設けること

b）下地の種類、土圧、水圧などによる割れ、隙間などが生じないよう、継目に十分な重ね合わせをすることに注意が必要［令22条の2第2号イ（1）、平12建告1430号］

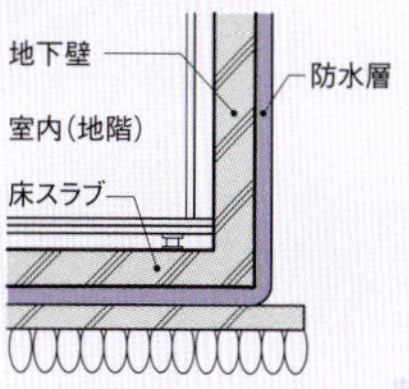

私の防湿と防水
しっかり考えてよね

住宅の居室、学校の教室、病院の病室または寄宿舎の寝室を地階［12頁］に設ける場合は、防湿・防水上の管理がなされるように、居室の仕様と外壁等の構造について、基準を満たす必要がある［法29条、令22条の2］。

居室については、からぼりなどに面して開口部を設ける［①、②］か、令20条の2に規定する換気設備を設けるか、もしくは除湿設備（建築設備として少なくとも配管などに接続されるもの。移動可能な除湿器は不可）を設けるか、3つのうちいずれかの方法で基準を満たす必要がある。

外壁等の構造については、防水層［③］、居室内への水の浸透を防止するための空隙《くうげき》［④］、大臣認定を受けた構法、の3つのうちいずれかの基準を満たす必要がある。

このとき、防水層は、壁・床・屋根において、直接土に接する部分に設ける。空隙は、外壁・床において、直接土に接する部分を耐水材料でつくったうえで、直接土に接する部分と居室に面する部分の間に設ける。

居室の採光

計算が得意な窓際のお姉さん

窓口《まどぐち》ひかる

窓口《まどぐち》ふうか［99頁］の姉。やりくり上手で面倒見がいい。しかし抜けている一面もあり、シャツのボタンを留め忘れることもしばしば。猫のように窓際でたそがれるのが好き。

①居室別必要採光面積

採光上有効な開口部の面積について、居室の種類に応じて床面積に対する割合が定められている［表1・令19条］

③採光補正係数の上限

天窓には採光補正係数の最大値3を適用することが可能［令20条2項］

②採光補正係数

有効採光面積は、（窓面積）×（採光補正係数）で求められる。採光補正係数には、D：開口部の直上にある建築物の各部分から、その部分に面する隣地境界線または同一敷地内のほかの建築物もしくは当該建築物のほかの部分までの水平距離と、H：開口部の直上にある建築物の各部分から、開口部中心までの垂直距離の二つの距離が関係する。算定式は、用途地域により異なる3種類があり、住居系地域は（D／H）×6−1.4、工業系地域は（D／H）×8−1、商業系地域と無指定区域は（D／H）×10−1である［令20条］。ただし、水平距離Dが住居系地域で7m以上、工業系地域で5m以上、商業系地域・無指定区域で4m以上の場合、採光補正係数が1未満の場合は1とみなされる

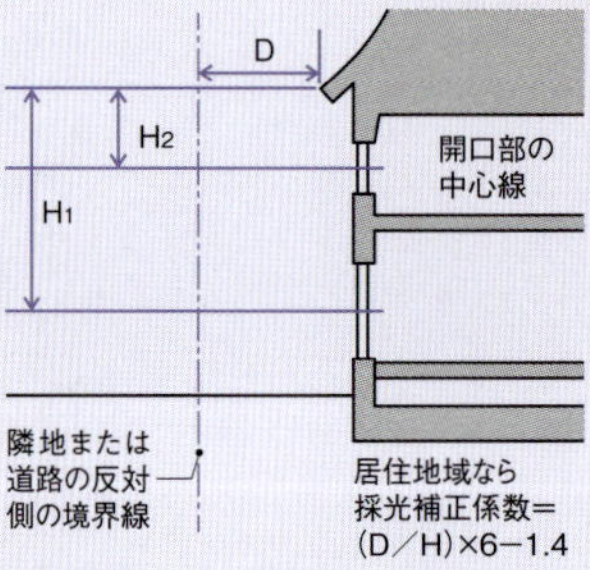

有効採光面積は私の掛け合わせよ

居室に必要な採光は、建築物や居室の用途で決まる。採光上有効な開口部面積（床面積に対する割合）も、居室の種類に応じて定められている。住宅や共同住宅の居室、寄宿舎や下宿の寝室、病院や診療所の病室、児童福祉施設等の寝室では、床面積に乗じる割合が1／7以上となる。児童福祉施設の保育室、訓練室、日常生活に必要な居室は同様に1／7以上の割合が要求される。病院や診療所、児童福祉施設などの患者や入所者の談話室、娯楽室などの居室の割合は1／10以上となる。幼稚園、学校の教室や保育所の保育室では、床面積に乗じる割合が1／5以上と最も大きい［※］。また、大学や専修学校の教室は、1／10以上と規定される［表1・令19条］。

有効採光面積を算定するのに必要な採光補正係数の算定式は、用途地域ごとに定められている。また、採光補正係数の最大値は3、採光補正係数の計算結果が負数の場合は0となる。開口部が道に面する場合、算定値が1以下の場合でも、開放性があるので、採光補正係数は1としてよい［令20条］。

表1｜有効な採光率、教えてあげる

建築物の用途	居室の用途	割合	条件
住宅・共同住宅の居室	居室	1/7	居住のために使用されるもの
寄宿舎	寝室	1/7	—
	食堂	1/10	—
下宿	宿泊室	1/7	—
病院・診療所	病室	1/7	—
	談話室・診察室	1/10	入院患者の談話、娯楽、その他これらに類する目的のために使用される居室も含む
児童福祉施設等	寝室	1/7	入所者が使用するものに限る
	保育室・訓練室	1/7	入所・通所者の保育、訓練、日常生活に必要な便宜の供与、その他これらに類する目的のために使用される居室も含む
	談話室・娯楽室	1/10	入所者の談話、娯楽、その他これらに類する目的のために使用される居室も含む
幼稚園・保育所・幼保連携型認定こども園	保育室・教室	1/5	昭55建告1800号により1/7まで緩和あり
		1/7	❶床面において200lx以上の照度を確保することができる照明設備を設置した場合（昭55建告1800号） ❷窓その他の開口部で採光に有効な部分の面積が、その保育室等の床面積の1/7以上であること（昭55建告1800号）
小学校・中学校・義務教育学校・高等学校・中等教育学校	教室	1/5	昭55建告1800号により1/7まで緩和あり
		1/7	❶床面からの高さが50cmの水平面において200lx以上の照明設備を設置した場合（昭55建告1800号） ❷窓その他の開口部で採光に有効な部分のうち、床面からの高さが50cm以上の部分の面積が、その教室の床面積の1/7以上あること（昭55建告1800号）
		1/10	上記❶に加え、音楽教室、または視聴覚教室で令20条の2に適合する換気設備が設けられたもの（昭55建告1800号）（幼稚園は除く）
	事務室・職員室	1/10	—
上記以外の学校	教室	1/10	—

表2｜補正係数の求め方だニャン

有効採光面積の算定式	有効採光面積＝開口部の面積×採光補正係数（K）				
採光補正係数（K）の算定式	K＝（d／h）×a－b	d:開口部の直上の庇等の先端から敷地境界線までの水平距離 h:開口部の直上の庇等の先端から開口部の中心までの垂直距離			
算定式の数値	用途地域	係数 a	係数 b	D［算定式の例外距離（※）］	適用条項（令20条）
	住居系地域	6	1.4	7m	2項1号
	工業系地域	8	1	5m	2項2号
	商業系地域・無指定	10	1	4m	2項3号
算定式によらない採光補正係数（K）	要件			Kの値	適用条項（令20条）
	開口部が道に面する場合		K＜1	K＝1	2項各号イ～ハ
	開口部が道に面しない場合（※算定式の例外距離）		d≧D　かつ　K＜1	K＝1	
			d＜D　かつ　K＜0	K＝0	
	天窓がある場合			K×3	2項本文かっこ書
	外側に幅90cm以上の縁側（濡れ縁を除く）等がある開口部の場合			K×0.7	
	K＞3の場合			K＝3	2項本文ただし書

緩和1：開口部が、道（都市計画区域内では法42条に規定する道路）に面する場合、道路境界線はその道の反対側の境界線とする（令20条2項1号本文かっこ書）
緩和2：公園等の空地または水面に面する場合、隣地境界線はその空地または水面の幅の1/2だけ隣地境界線の外側にある線とする（同）

※ 幼稚園、保育園の保育室・教室については、照明設備の設置により1／7に緩和できる。その際、床から50cm未満の部分についても算入可能である

採光の緩和

スーツをキメた窓際のお姉さん

窓口ひかる（オフバージョン）

ひかる［96頁］の、オフの時の姿。プロ彼女の仕事をこなしている以外の時は、意外にもスーツスタイルでいることが多い。

①用途による緩和

建築物の用途によって、以下のような緩和規定がある［法28条、令19条、昭55建告1800号］

対象建築物・居室	緩和条件［※1］
学校・保育所	条件を満たす照明設備等［※2］を設置した場合は採光上有効な開口部面積を低減できる
温湿度調整を必要とする作業を行う作業室そのほか用途上やむを得ない居室［※3］	採光のための窓や開口部を設ける必要がない［※3］

②縁側がある居室の採光

居室の外側に縁側（濡れ縁を除き、幅90cm以上）がある場合、算定地×0.7が採光補正係数となる［令20条］

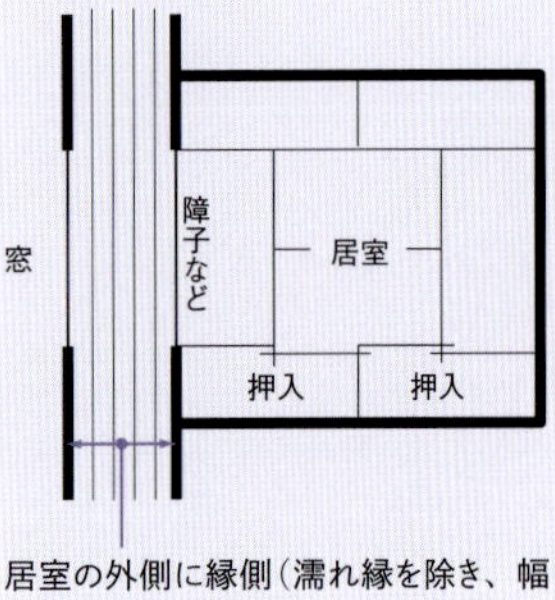

居室の外側に縁側（濡れ縁を除き、幅90cm以上）がある場合、算定値×0.7を採光補正係数とする

③水平距離Dの特例

開口部が道路に面している場合は反対側の道路境界線に、公園・広場・川などに面している場合は公園などの半分の幅だけ外側に隣地境界線があるものとみなす［令20条、平12国住指682号］

A：開口部が道路に面している場合

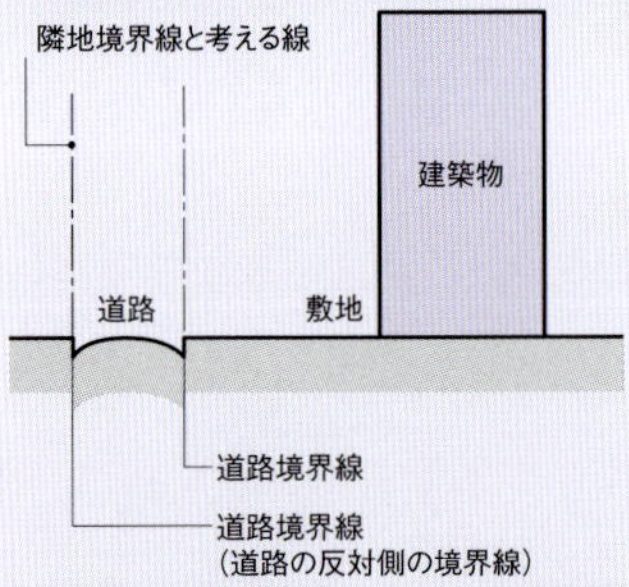

B：開口部が公園・広場・川などに面している場合

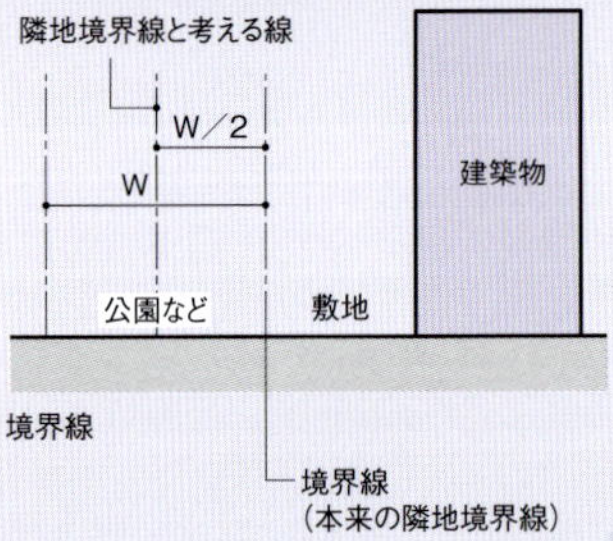

図｜外部に開口部のない居室の採光特例

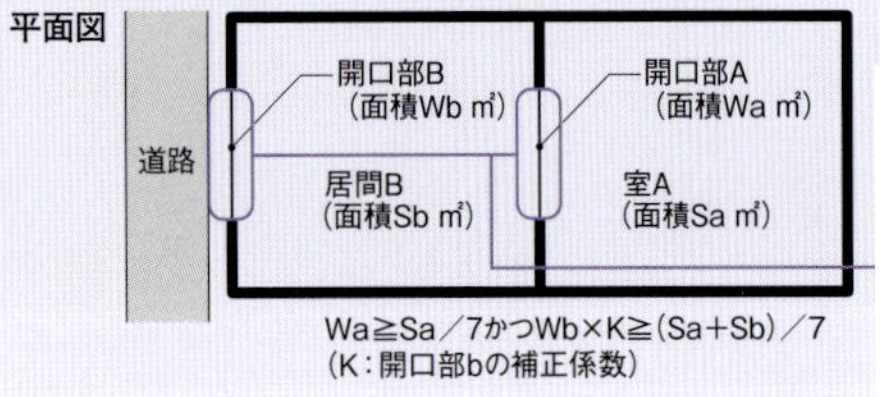

Wa≧Sa／7かつWb×K≧（Sa＋Sb）／7
（K：開口部bの補正係数）

近隣商業地域または商業地域において、居室間に設ける開口部（開口部A）がWa≧Sa／7かつWb×K≧（Sa＋Sb）／7（K：開口部bの補正係数）を満たしている場合、外壁の開口部を有しない居室（室A）について、居室間の壁開口部面積を採光に有効な開口部にできる［平15国交告303号］

はい、ご褒美！採光規定の緩和よ

一定の条件を満たしていれば、採光規定の緩和を受けられる。用途による緩和や、開口の前面に道路などがある場合に緩和が受けられるほか、居室が襖や障子などの建具で仕切られたほかの部屋に続く場合も緩和がある［図・法28条4項］

※1 事務所や店舗のなどの居室は採光を確保することは必須ではないが、採光上有効な開口部が床面積の1／20未満の「無窓居室」であるとさまざまな規制を受ける［102頁］
※2 一定の基準を満たす照明設備と開口部の設置。詳細は97頁を参照｜※3 法28条1項ただし書きに規定する居室。たとえば、大学・病院の実験室、手術室、エックス線撮影室など厳密な温湿度調整を必要とする作業を行う作業室や、そのほか用途上やむを得ない居室など

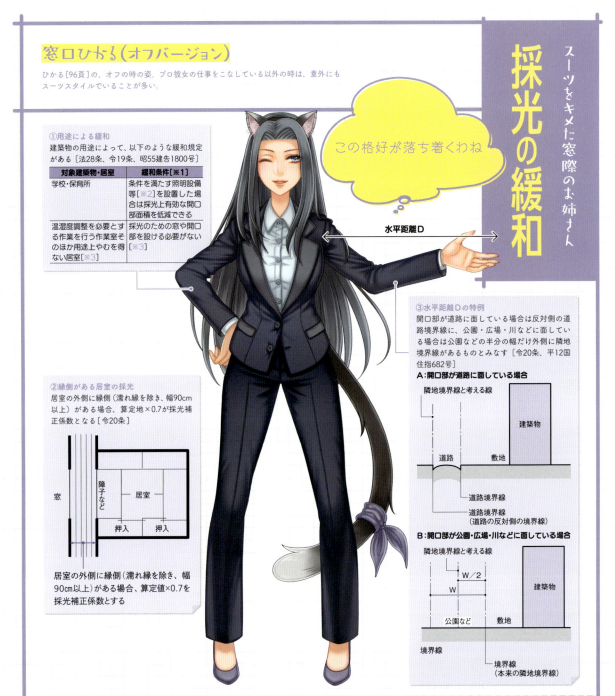

居室の換気

こう見えてやりくり上手なしっかり者

窓口《まどぐち》ふうか　窓口《まどぐち》ひかる［96頁］の妹。外見は似ていないがひかると同様に計算が得意で、やりくり上手。「露出は量より質」と心得ており、姉よりガードが固い。

とりあえず
両開きに
しときー♪

①換気
居室の床面積の1／20以上の有効換気窓が必要［法28条2項］

②両開き窓
有効窓面積＝窓面積（W×H）［※1］

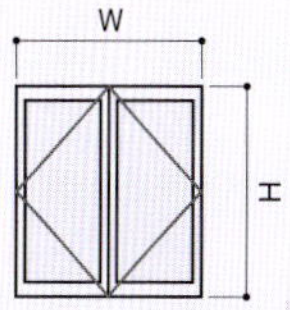

③上げ下げ窓
有効窓面積＝窓面積（W×H）×1／2［※1］

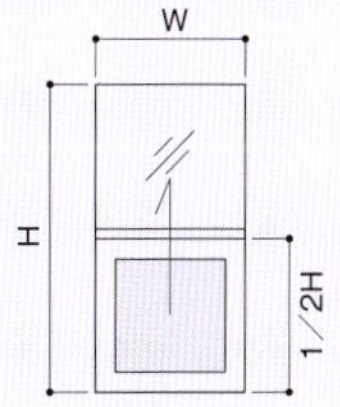
開き幅による

④内倒し窓
開く角度(a)45°以上90°以下の場合は有効窓面積(So)＝窓面積（W×H）、0°より大きく45°未満の場合はSo＝a／45°×W×Hとして扱うことも考えられる

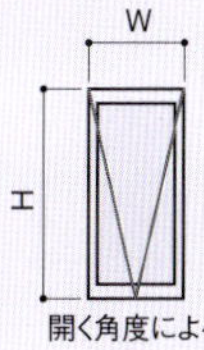

⑤引違い窓
有効窓面積＝窓面積×1／2［※1］

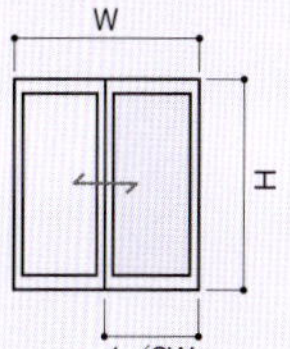

⑥機械換気設備
自然換気で充分でない場合に給気機・排気機等の機械力を用いて強制換気する方法。1種・2種・3種の区別がある［令20条の2］

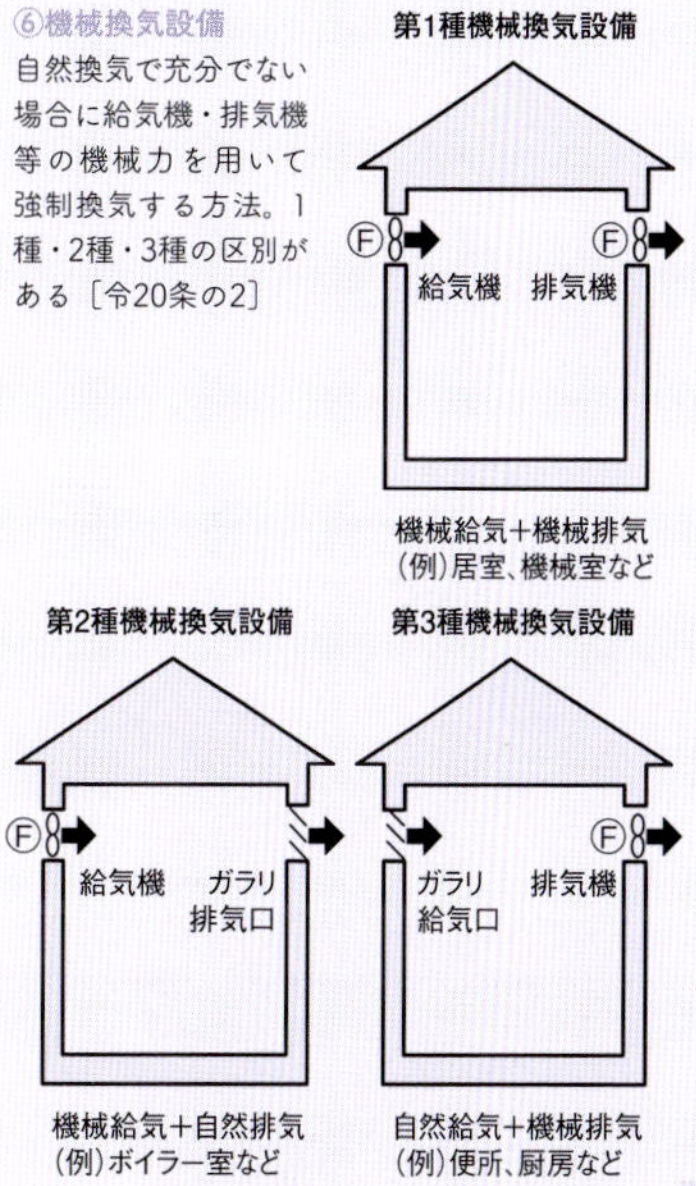

表｜設置すべき換気設備の種類

	自然換気設備	機械換気設備[⑥]	中央管理方式の空気調和設備
一般の居室	○	○	○
特殊建築物[＊]の居室	×	○	○

＊ 劇場・映画館・演芸場・観覧場・公会堂・集会場など

居室には原則として、床面積の1／20以上の有効換気窓が必要。有効換気窓とは、直接外気に開放できる部分のこと［②〜⑤］で、隣地境界までの距離は25㎝以上が望ましい［※2・法28条］。ただし、特殊建築物の居室のように、換気方法が機械換気設備や中央管理方式の空気調和設備に限定される場合がある［表・令20条の2］。

はめ殺しとか開放率ゼロやで

※1 有効窓面積は、原則的に開放される部分の面積のことなので、文中の数値はあくまでそれぞれの図についての目安である
※2 襖、障子などで随時開放できる2室の場合は採光と同様に1室として取り扱える［左頁図］

火気使用室

火遊びするなら私を呼んで！

日野洋寺萌子《ひのようじもえこ》

家庭的で料理上手。しかしドライな一面もあり、どれだけ派手に遊んでも、その痕跡を残さないところがプロ彼女たる所以《ゆえん》。

①自然換気設備の例

排気筒方式、煙突方式、換気フード付き排気筒方式の3つがある［※］

(1)排気筒方式

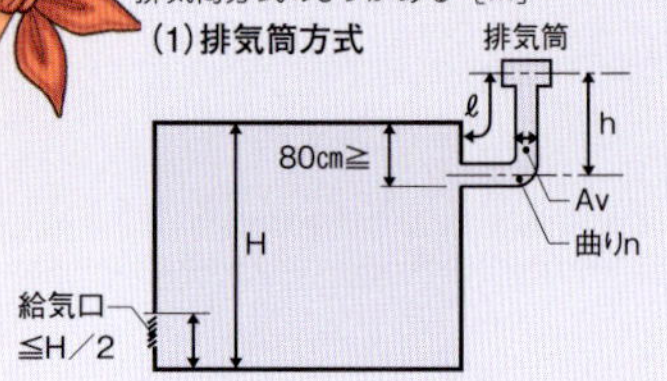

$$Av=\frac{40KQ}{3{,}600}\sqrt{\frac{3+5n+0.2\ell}{h}}$$

(2)煙突方式

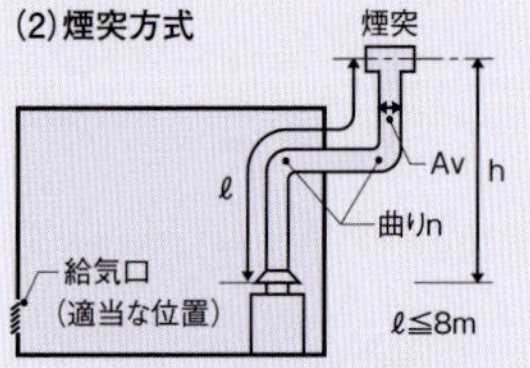

$$Av=\frac{2KQ}{3{,}600}\sqrt{\frac{0.5+0.4n+0.1\ell}{h}}$$

(3)換気フード付き排気筒方式（Ⅱ型）

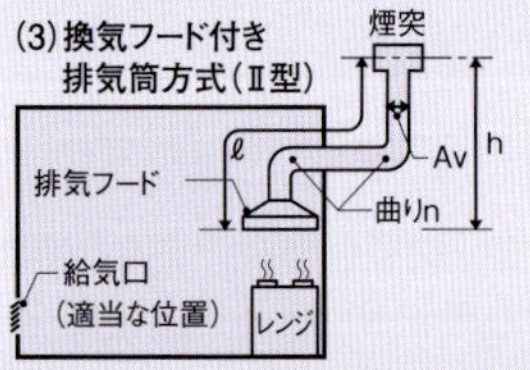

$$Av=\frac{30KQ}{3{,}600}\sqrt{\frac{2+4n+0.2\ell}{h}}$$ ［*］

* Ⅰ型の場合は20KQが30KQになる

②機械換気設備の例

換気扇等方式、排気フード付き換気扇等方式、煙突＋換気扇等方式の大きく3つがある。V、K、Qの凡例は自然換気設備の例を参照すること

(4)換気扇等方式

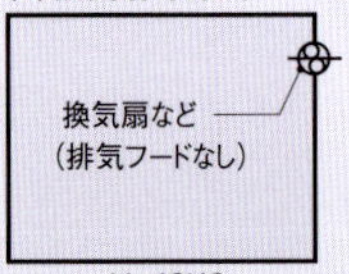

V=40KQ

(5)煙突＋換気扇等方式

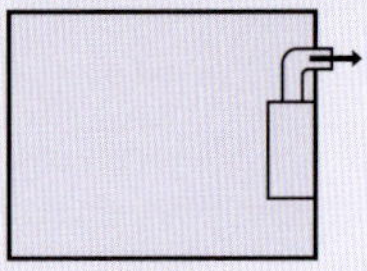

V=2KQ

(6)排気フード付き換気扇等方式（Ⅰ型）

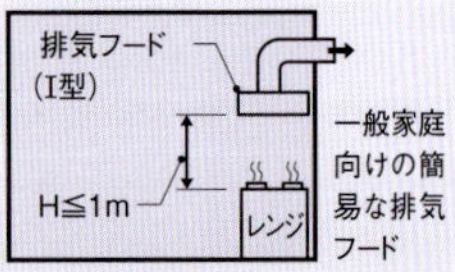

一般家庭向けの簡易な排気フード

V=30KQ［*］

* Ⅱ型の場合は30KQが20KQになる

表｜換気室設備の設置が不要となる条件

住宅または住戸内の調理室	次の条件をすべて満たす場合は設置免除 ⑴床面積合計≦100㎡ ⑵発熱量合計≦12kW ⑶開口部の換気上有効な面積≧調理室床面積×1／10、かつ、≧0.8㎡
上記以外の室	次のいずれかを満たす場合は設置免除 ⑴密閉式燃焼器具などを設けている室（火気使用室） ⑵発熱量合計≦6kW、かつ、換気上有効な開口部を設置した室

火を用いる設備・器具を使用する室には、表の条件を満たす場合を除き、換気設備を設ける必要がある［①、②・法28条3項、令20条の3］。

電化厨房機器（IHヒーターなど）は「火気使用」ではないため換気設備の設置義務はない。しかし、熱・水蒸気・臭気などを排除するため、やはり換気設備を設置したい。換気量の目安は、ミニキッチンで200㎥／時、一般家庭用で300㎥／時以上である。

※ Av：給気口・給気筒・排気口・排気筒・煙突の有効断面積［㎡］、K：理論廃ガス［㎡］、Q：燃焼器具の燃料消費量［KW・kg／時］、n：排気・煙突の曲り数、ℓ：排気筒・煙突の長さ［m］、h：排気口の中心または排気フードの下端から排気筒の頂部の中心までの高さ［m］煙突の場合は、火源から煙突頂部までの高さ（火源から8mの範囲の長さで算定）［m］、V：有効換気量［㎥／時］

シックハウス対策

ヘルシーな体で視線を独り占め！

四《しの》宮《みや》星《せい》子《こ》

代謝がよく、健康的。女の子の部屋に長居したがるような男性には拒否反応を示す。後腐れない関係を好み、お持ち帰りされてもその痕跡を残さない。

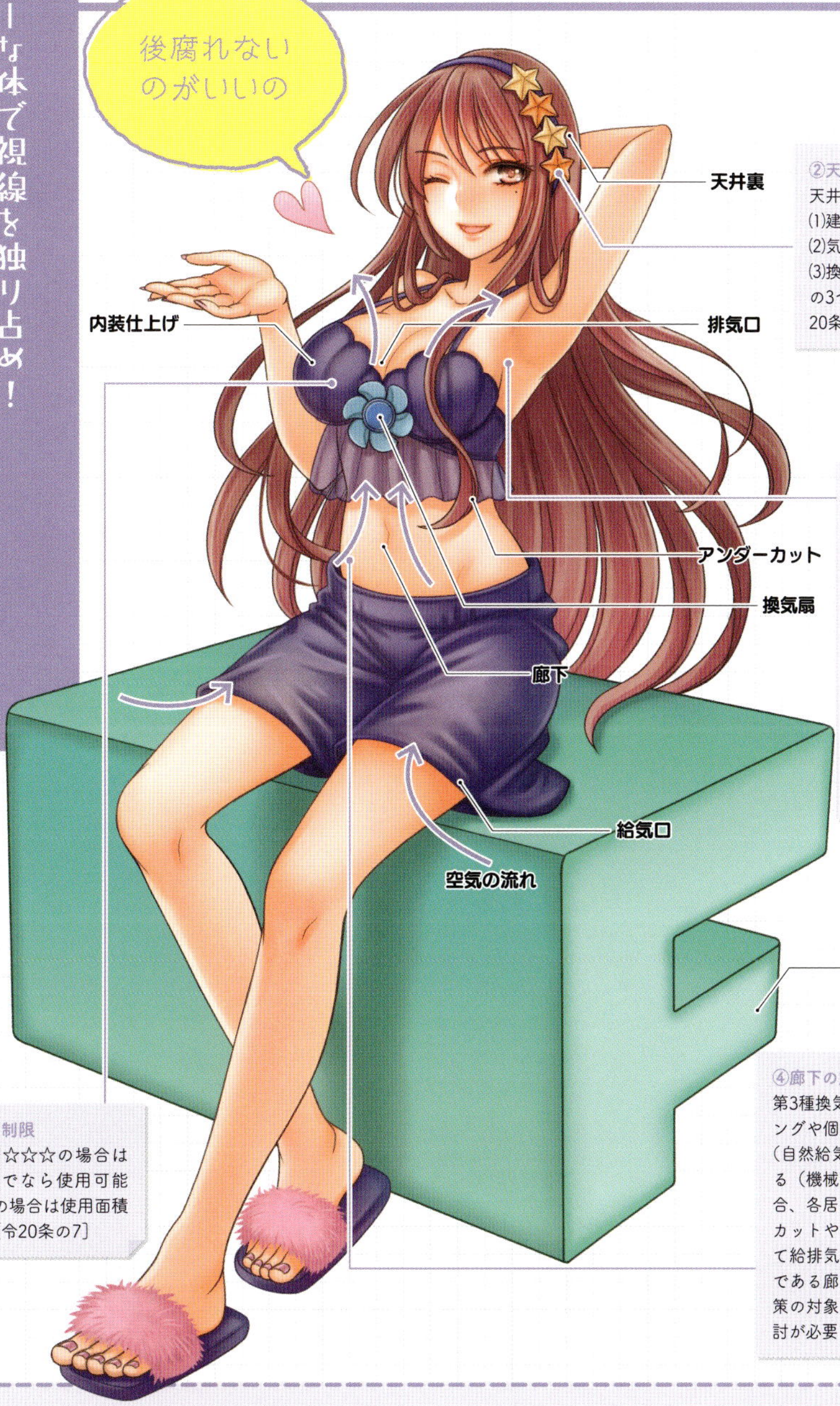

②天井裏［※1］などの制限

天井裏などは、
(1)建材はF☆☆☆以上
(2)気密層、通気止めを設ける
(3)換気する
の3つのうちいずれかとする［令20条の7］

③24時間換気設備の義務付け

ホルムアルデヒドは、家具などからも発散されるおそれがある。ホルムアルデヒドを発散する建築材料の使用有無にかかわらず、居室のシックハウスの換気には原則として、住宅等の居室［※2］にあっては、換気回数0.5回／h以上の24時間対応の換気設備の設置が必要［令20条の8］

①内装仕上げの制限

内装仕上げがF☆☆☆の場合は床面積の2倍までなら使用可能で、F☆☆☆☆の場合は使用面積の制限はない［令20条の7］

④廊下の対策

第3種換気の場合、リビング・ダイニングや個室などの給気口から給気し（自然給気）、浴室の換気扇で排気する（機械排気）方法がある。この場合、各居室や浴室の扉にはアンダーカットやガラリを設け、廊下を通じて給排気を行う。そのため、非居室である廊下や浴室もシックハウス対策の対象となり、気積に含めての検討が必要となる［令20条の3］

有害な化学物質なんて使っちゃダメ☆☆☆☆

衛生上有害な化学物質として基準法で定められているのは、石綿、クロルピリホス、ホルムアルデヒドの3種類。石綿などが含まれていて飛散のおそれがある建築材料の使用は禁止されている。同様に、クロルピリホスを添加してから5年未満の建築材料も使用できない。ホルムアルデヒドを発散する建築材料は発散量に応じて4種類に区分され、種類ごとに使用面積などが制限される［表・法28条の2、令20条の4～7、平14国交告1112号］。

表｜ホルムアルデヒド発散建築建材の規制

建築材料の種別	発散速度	表示方法	規制の内容
第1種［平14建告1113号］	0.12mg／㎡h超	旧表示（E2Fc2）または表示なし	居室の内装（壁、床、天井）の仕上げに用いない
第2種［平14建告1114号］	0.12mg／㎡h以下 0.02mg／㎡h超	JIS・JASのF☆☆	居室の内装の仕上げに用いるときは、それぞれ建築材料を用いる部分の面積に居室の用途の区分などに応じて定める数値を乗じた面積が、居室の床面積を超えない
第3種［平14建告1115号］	0.02mg／㎡h以下 0.005mg／㎡h超	JIS・JASのF☆☆☆	
規制対象外	0.005mg／㎡h以下	JIS・JASのF☆☆☆☆	規制は適用されない

※1 天井裏、小屋裏、床裏、壁、物置その他これらに類する部分
※2 住宅の居室、下宿の宿泊室、寄宿舎の寝室、家具その他これに類する物品販売業を営む店舗の売り場

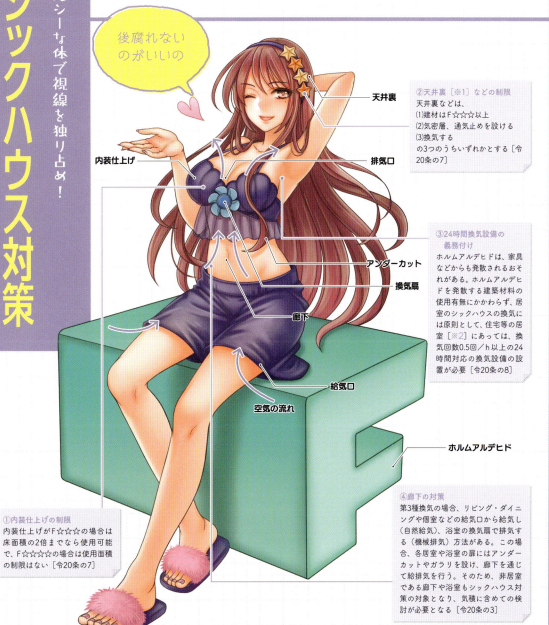

無窓居室

豊富なコネを味方につけた箱入り娘

無《む》双《そう》聖《せい》子《こ》　各界（避難・防火・敷地・居室）に太いパイプをもつお嬢様、庶民では認められないようなわがままもパパのバックアップで叶えてもらえる。

①換気無窓居室には換気設備を設置
換気に有効な開口部面積が居室床面積の1／20未満のとき、「換気無窓居室」とみなされ、自然換気設備、機械換気設備または空気調和設備などを設けることが必要〔99頁〕

②採光無窓居室には非常用照明を設置
採光上有効な部分の開口部面積が居室の床面積の1／20未満のとき、「採光無窓居室」とみなされ、非常用照明の設置が必要となる〔80頁〕

③歩行距離の規制
採光無窓居室の場合、採光上有効な部分の開口部面積が居室の床面積の1／20未満のとき、直通階段までの歩行距離を30m以内とする必要がある〔71頁〕

④排煙無窓居室には排煙設備を設置
天井から下方80cm以内で開放できる部分の面積が居室床面積の1／50未満の場合、「排煙無窓居室」とみなされ、排煙設備を設けることが必要〔82頁〕

⑤内装制限
下記(1)、(2)のいずれかに当てはまる場合は、採光・排煙無窓居室とみなされ、居室や地上へ通ずる主たる廊下、階段などの壁、天井の仕上げを準不燃材料にする〔66頁〕
(1)天井の高さが6m以下で、かつ50㎡を超える居室で、天井から下方80cm以内で開放できる部分の面積が居室床面積の1／50未満
(2)天井の高さが6m以下で、温湿度調整を必要とする作業室のほか、用途上、採光を確保できないことがやむを得ない居室

⑥採光の規制
住宅、学校、病院寄宿舎、児童福祉施設などは採光が必要な建築用途である。また、道または一定以上の空き地に面する部分が採光上有効な部分の開口部であり、各居室面積の1／5〜1／10以上とする〔96頁〕

⑦主要構造部の制限
②、③、⑥で記した無窓居室で、かつ直接外気に接する避難上有効な構造の開口部で下記(1)、(2)のいずれかの形状のものを有しない場合は、採光・避難無窓居室とみなされ、居室を区画する主要構造部を耐火構造または不燃材料でつくったものとする必要がある〔64頁〕
(1)直径1m以上の円が内接できる
(2)幅×高さが、それぞれ75cm以上×120cm以上

採光・換気・排煙・避難
全員私のスポンサーよ

無窓居室とは、採光・換気・排煙・避難の4項目の観点から、床面積に対する有効開口部面積の比率や、必要とされる開口部の大きさが、一定基準に満たない居室のこと。無窓居室とみなされた場合、主に非常時、防火・避難に関して危険性を抑えることを目的とした各種措置が必要になる［①〜⑦］。

このように基準法では、居室単位で無窓に当たるか否か判定する。他方、消防法上の無窓階は、階を単位として、火災時の避難や消火・救出活動を円滑に行うために必要となる開口部の有無を判定する。設置されている窓の大きさや数について、避難・消火・救出がしやすいかを判断することが目的で、無窓居室に係る制限とともに確認したい。

Chapter

8

構造

KOZO 英才塾

CITYの中でも、早期英才教育に力を入れているのがここ。
天才肌の子がしのぎを削って切磋琢磨しています。
天才ゆえにクールなところもありますが、それは完璧な設計を求める裏返し。
彼女たちの知能を支えるアイテムも要チェック。

The visual dictionary of
Personificated Building Standards Law
Perfect Edition

木造・補強CB造

手軽く勉強して、好成績もゲット！

木《もく》作《づくり》櫂《かい》、木《もく》作《づくり》葉《は》白《しら》、姐《そ》堰《せき》辺《へ》衣《い》

双子の姉妹である木作櫂と葉白、姐堰辺衣は、進学校であるＫＯＺＯ学校のなかよし3人組。勉強は、できるだけ簡便に済ませて放課後を謳歌するタイプだが、成績はそこそこ優秀。

②補強コンクリートブロックの構造

補強コンクリートブロック造の塀は、高さ2.2m以下、壁の厚さは15cm以上［※］としなければならない。また、長さ3.4m以下ごとに、径9mm以上の鉄筋を配置した控壁で、基礎の部分において壁面から高さの五分の一以上突出したものを設ける［令62条の8］

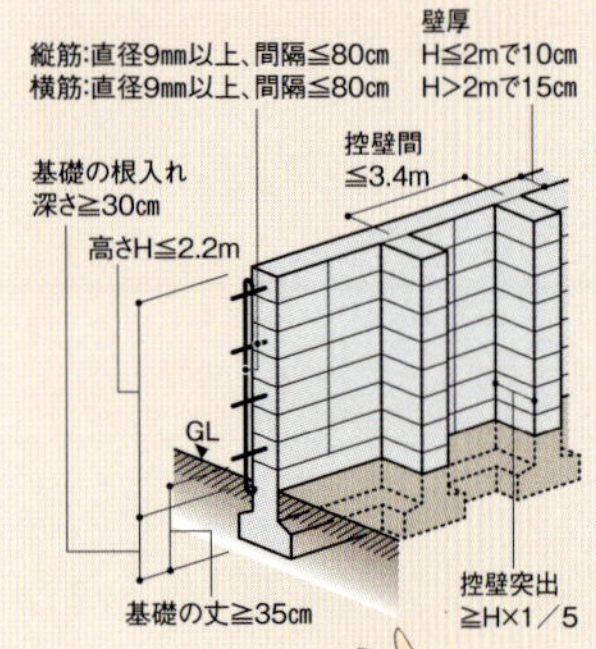

①筋かいの構造

圧縮力を負担する筋かいは、厚さ3cm以上で幅9cm以上の木材を使用したものとしなければならない［令45条］

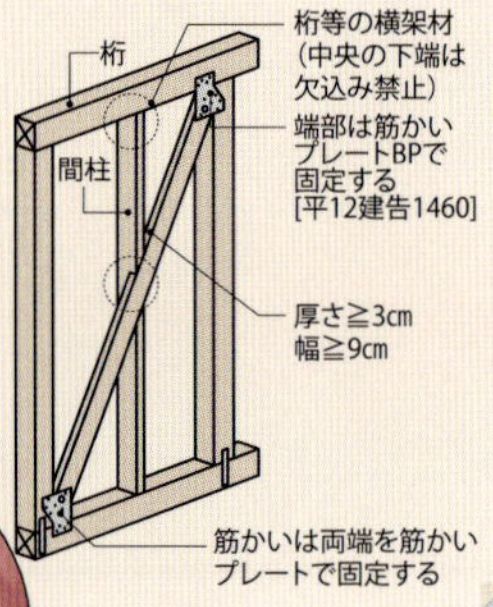

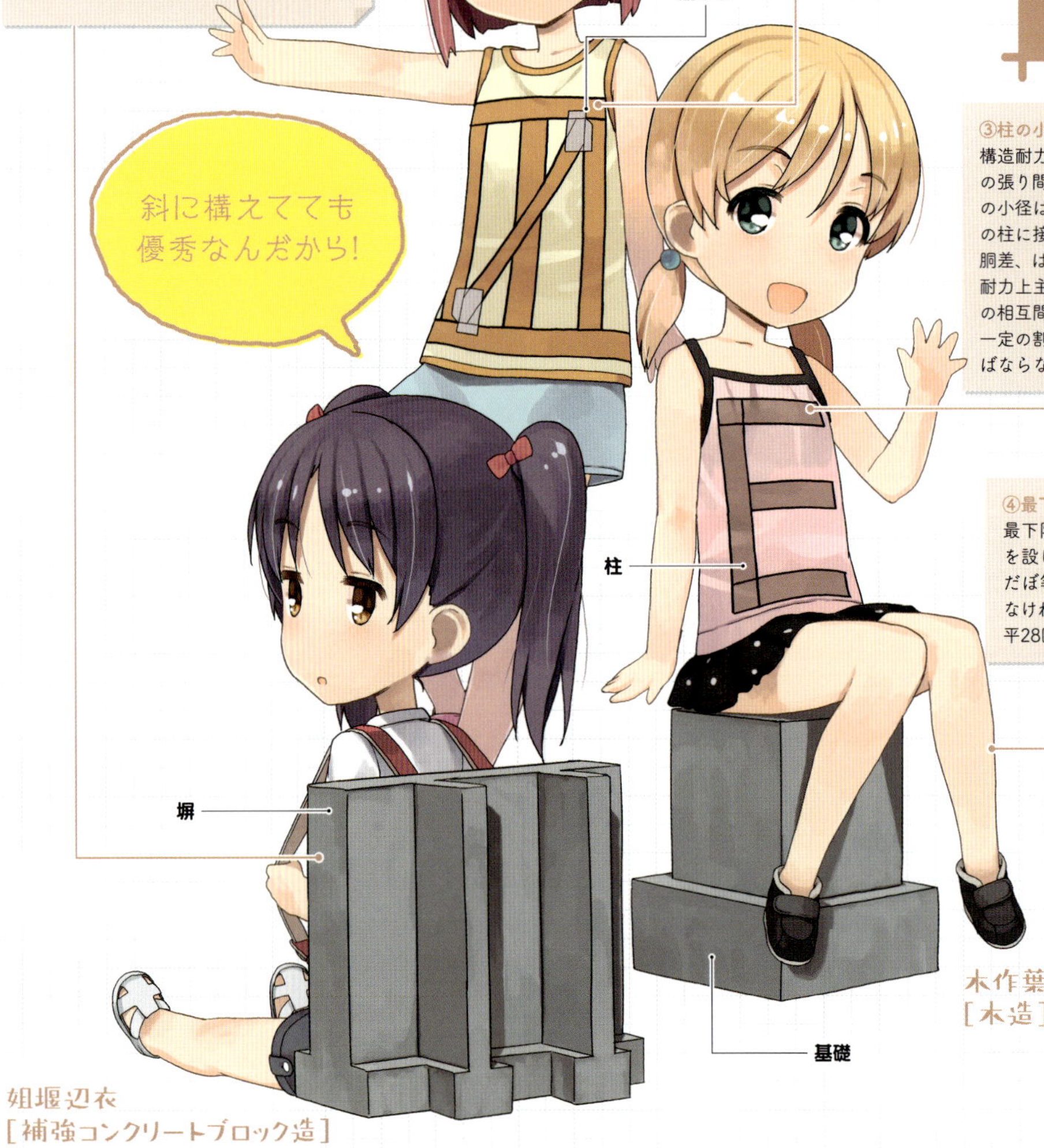

③柱の小径の倍率

構造耐力上主要な部分である柱の張り間方向およびけた行方向の小径は、それぞれの方向でその柱に接着する土台、足固め、胴差、はり、けたその他の構造耐力上主要な部分である横架材の相互間の垂直距離に対して、一定の割合以上のものでなければならない［表1・令43条］

④最下階の柱の下部

最下階の柱の下部には土台を設けるか、基礎と鋼材のだぼ等で緊結し、一体としなければならない［令42条・平28国交告690号］

木造の構造規定は、「材料」と「軸組み」に大別される。材料規定では、節や腐れ等の構造耐力上の欠点のない材料を使うよう定めている。軸組規定では、筋かいの構造や例示の壁倍率で2方向の水平力に対して、壁量計算をして、軸組等の必要壁長を決める。そのほか、柱の小径、最下階の柱の下部の仕様などについて規定がある［令41、45、46条］。

組積造は、レンガ、石などを積んでつくられる構造で、地震に弱いため、「壁長」と「開口部」「壁高と壁厚の関係」「壁頂部の臥梁《がりょう》」の規定があり、［表］のような仕様が定められている。また、直上の開口部との垂直距離は60㎝以上あける［令51・54・55・57条］。

補強コンクリートブロック造は、その空洞部に鉄筋を配し、モルタル等を充填して組積する構造である。耐力壁の中心線で囲まれる部分の水平投影面積は60㎡以下とし、各階の梁・桁方向の壁量は、それぞれ15㎝／㎡以上とするほか、下図のような規定を満たす必要がある［表3・令62条の2、4］。

表1、2｜柱の小径についてだよ！

図　横架材間距離

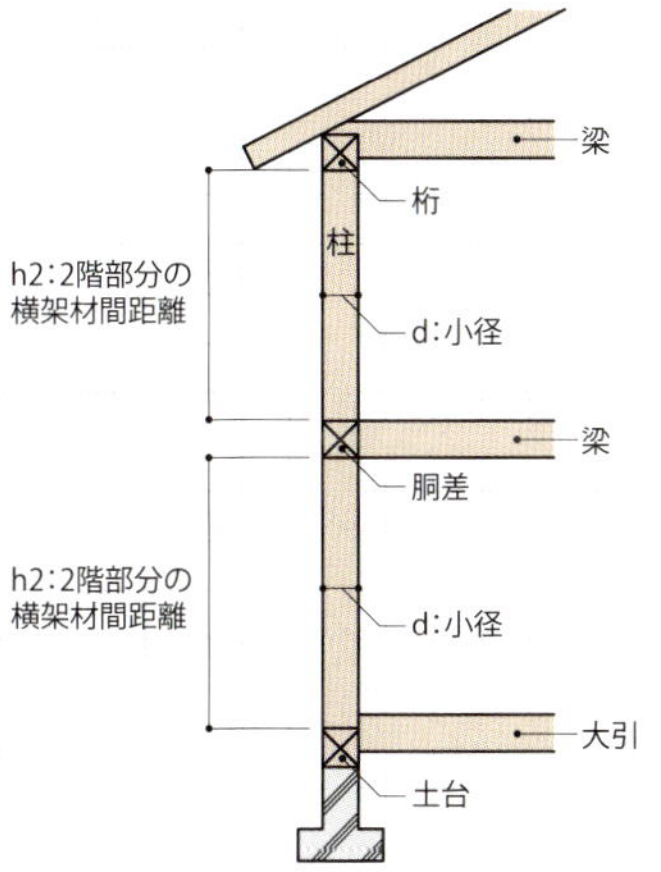

表1　柱の小径の倍率と横架材垂直距離

柱＼建築物		土蔵造等の重量が特に大きい建築物	左記以外軽い屋根（金属板、石板、石綿スレート等）の建築物	左記以外
梁間、または桁行方向の間隔が10m以上の柱、学校、保育所、劇場、映画館、演芸場、観覧場、公会堂、集会場、10㎡超の物品販売店と公衆浴場の柱の小径の倍率	最上階・平屋	1／22	1／30	1／25
	その他	1／20	1／25	1／22
上記以外の柱の小径の倍率	最上階・平屋	1／25	1／33	1／30
	その他	1／22	1／30	1／28
地上3階建て以上の建築物の1階の構造耐力上主要な柱の小径	13.5㎝以上			
構造耐力上主要な柱の有効細長比（断面の最小二次半径に対する座屈長さの比）	150以下			

表2　構造耐力上必要な軸組等

①	各階の張り間方向及びけた行方向に、それぞれ壁や軸組をつり合いよく配置する
②	原則として、床組及び小屋梁組には木板等を大臣が定める基準で打ち付け、小屋組には振れ止めを設ける
③	階数が2以上又は延べ面積が50㎡超の木造建築物においては、各階の張り間方向及びけた行方向の壁や軸組を、その種類に応じた倍率にその長さを乗じた壁量計算によって設ける

表3｜組積造・補強コンクリートブロック造にも基準があるからね～

表3　組積造の壁に関する規定

壁長L	L≦10m	
壁厚d	L≦5mの場合	5m<L≦10mの場合
階数≧2	d≧30㎝かつd≧H／15	d≧40㎝かつd≧H／15
階数≧1	d≧20㎝かつd≧H／15	d≧30㎝かつd≧H／15

＊　H:高さ

図　補強CB造の建築物の壁

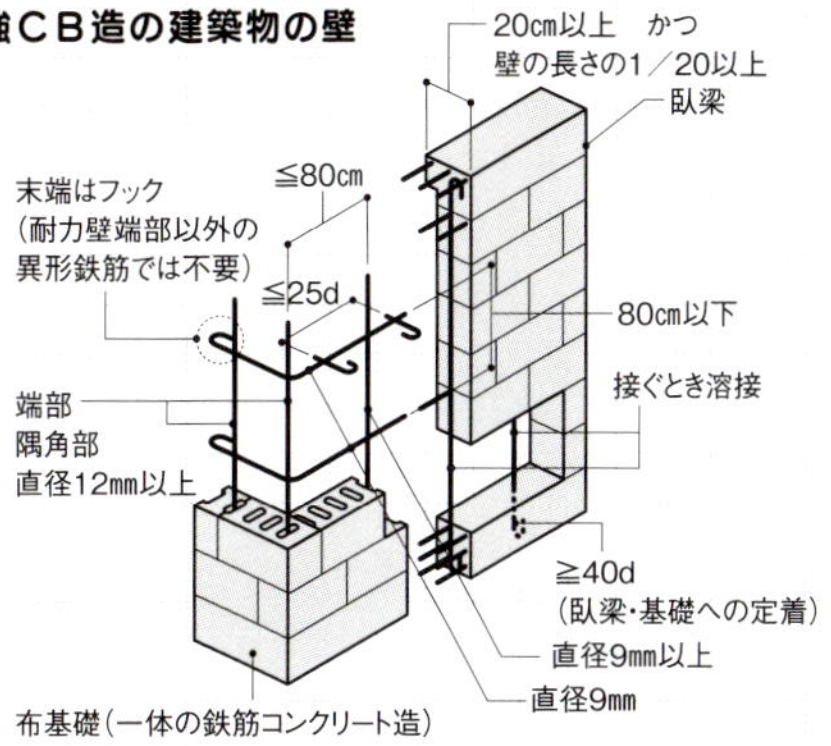

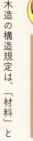

実直な優等生のたそがれ
S造・RC造

羽兼《はがね》サエ、混凝《こんく》リコ

羽兼サエ、混凝リコは、櫂[104頁]の同級生。櫂たちよりもまじめでお堅い性格。ふたりは波長が合うようで、学内の活動などでコンビを組むこともある。

①柱・床・梁・壁のかぶり厚

中和の進行を抑えるように、鉄筋からコンクリート表面までの「かぶり厚さ」を部位ごとに制限している〔令79条〕

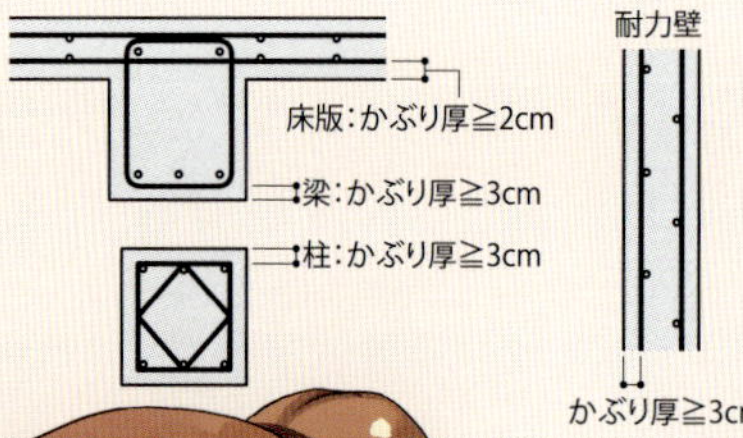

②S造のボルトの規定

高力ボルト・ボルト又はリベットの相互間の中心距離は、その径の2.5倍以上とする。また、ボルト径とボルト孔に関する規定による〔令68条〕

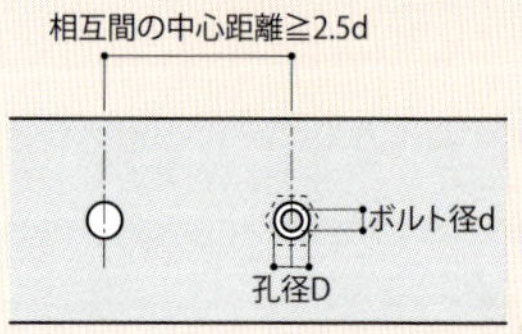

③防火被覆

耐火・準耐火構造以外の地上3階以上の建築物で、国土交通大臣が火災で耐力が低下し建築物全体が倒壊のおそれがあると定めたものに関しては、柱に30分の防火被覆をしなければならない〔令70条〕

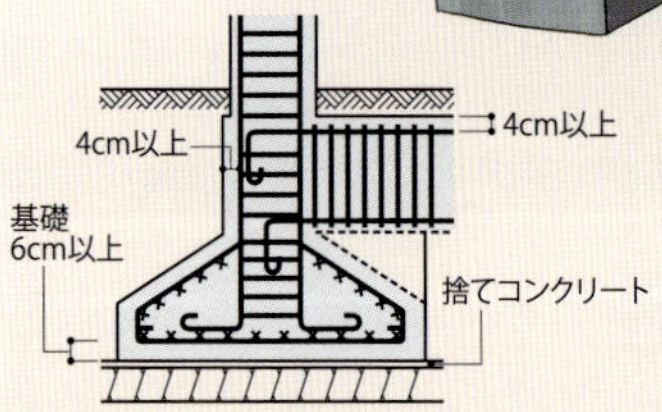

④基礎のかぶり厚

直接土に接する壁・柱・床・梁または布基礎の立上り部分のかぶり厚さは、4cm以上とする〔令79条〕

⑤RC造の柱の規定

主筋は4本以上とし、帯筋と緊結する。帯筋径は6mm以上とし、間隔は15cm（柱に接着する壁・梁等から上方又は下方に柱の小径の2倍以内の部分は10cm）以下で、かつ、最も細い主筋径の15倍以下とする〔令77条〕

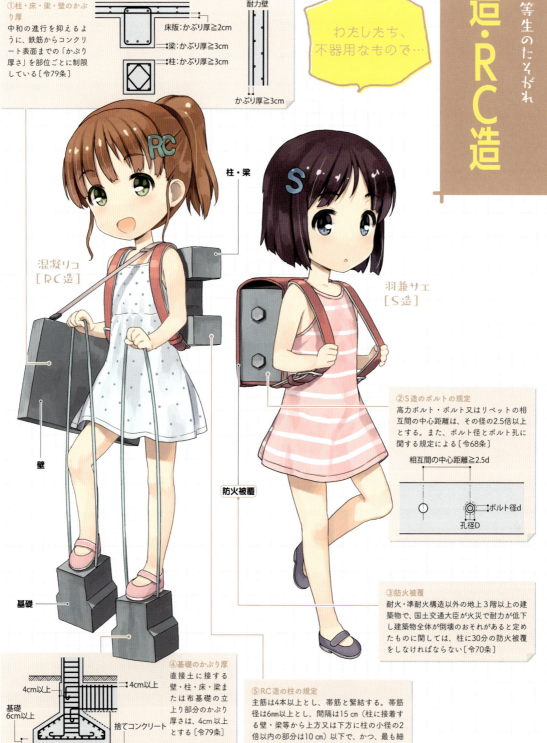

鉄とコンクリートの性質にあわせて規定が決められているのね

構造計算の結果とは別に、安全性を確保するための規定が定められている。S造の構造躯体に使われる鉄鋼は、炭素鋼・ステンレス鋼または鋳鉄に規定されている。構造耐力上主要な部分の鋼材の圧縮材の有効細長比は、柱は200以下、柱以外は250以下とする［令64条、令65条］。

鉄筋コンクリート造（以下、RC造）は、主に引張力を鉄筋が、圧縮力をコンクリートが負担する。建築基準法では、「鉄筋」と「コンクリート」部分に分けて規定されている。コンクリートの材料は、骨材、水、混合材料には、鉄筋をさびさせたり、コンクリートの凝結・硬化を妨げたりするような酸、塩、有機物、泥土を含まないものとする。RC造に使用するコンクリートの4週圧縮強度は、12N／㎟（軽量骨材の場合は9N／㎟）以上に定められる。コンクリート打込み中および打込み後5日間は、コンクリート温度が2℃を下らないようにし、かつ、乾燥・震動等によりコンクリートの凝結等が妨げられないように養生する［令72条、74、75条］。

表1｜ボルト、継手長さの構造基準を覚えようね

ボルト		高力ボルト		ボルト		リベット
	径d(㎜)	d≧27	d<27	d≧20	d<20	リベット孔に十分埋まるように打つ
	孔径D(㎜)	D≦d+3	D≦d+2	D≦d+1.5	D≦d+1	
継手長さ	項目			内容		適用条項
	引張力の最も小さい部分			25d以上(軽量コンクリートは30d以上)		令73条2・4項
	そのほか			40d以上(軽量コンクリートは50d以上)		

表2｜S造・RC造の構造基準(補足事項)だよ

S造	接合	軒高≦9m、張り間≦13mの建築物(延べ面積≦3,000㎡)は、その接合でボルトが緩まないように、コンクリートへ埋め込むか、ナット部分を溶接するか、ナットの2重使用とするなどの有効な戻止めをする際に、ボルト接合が認められる	令67条
	斜材、壁等の配置	軸組、床組、小屋梁組には、形鋼、棒鋼、構造用ケーブルの斜材または鉄筋コンクリート造の壁、屋根版、床版を釣合いよく配置する。ただし、国土交通大臣が定める基準［昭62建告1899号］に従った構造計算によって構造耐力上安全が確かめられた場合は、この必要がない	令69条
RC造	コンクリートの材料	・骨材、水、混合材料には、鉄筋をさびさせたり、コンクリートの凝結・硬化を妨げたりするような酸、塩、有機物、泥土を含まないものとする ・骨材は、鉄筋相互間または鉄筋とせき板との間を容易に通る大きさであり、適度な粒度・粒形のもので、かつそのコンクリートに必要な強度、耐久性、耐火性のあるものとする	令72条
	コンクリートの強度	コンクリートは、4週圧縮強度が12N／㎟以上(軽量骨材を使用する場合は9N／㎟以上)とする。また、設計基準強度との関係において、国土交通大臣が定める基準に適合するものであること。4週圧縮強度を求める強度試験は、国土交通大臣の指定する日本工業規格(JIS A 1108、A 1107)による強度試験とする	令74条
	柱の構造	・帯筋比(柱の軸を含むコンクリートの断面の面積に対する帯筋の断面積の和の割合として国土交通大臣が定める方法［昭56建告1106号］により算出した数値)は0.2%以上とする ・柱の小径≧構造耐力上主要な支点間距離の1／15 ・主筋の断面積の和≧コンクリートの断面積の0.8%	令77条
	床版の構造	・床版の厚さ≧8㎝ かつ≧短辺方向の有効梁間長さ×1／40 ・最大曲げモーメントを受ける部分の引張り鉄筋の間隔は短辺方向≦20㎝、長辺方向≦30㎝で、かつ床版の厚さ≦3倍	令77条の2
	梁の構造	梁は複筋梁とし、あばら筋の間隔≦梁の丈3／4(臥梁の場合、30㎝以下)	令78条
	耐力壁	・厚さ≧12㎝、開口部周囲に径≧12㎜の補強筋を配置 ・径≧9㎜の鉄筋を縦横に間隔30㎝以下(複配筋として配置する場合は45㎝以下)、平屋建ての場合は35㎝以下(複配筋として配置する場合は50㎝以下)で配置 ・壁式構造の耐力壁は、上記以外に長さ≧45㎝、かつ端部と隅角部に径≧12㎜の縦筋を配置。また、各階の耐力壁は頂部と脚部を当該耐力壁の厚さ以上の幅の壁梁(最下階の脚部では布基礎か基礎梁)に緊結する	令78条の2

構造計算

5つの武器ですべてを解く！

多《た》仲《なか》器《き》利《り》子《こ》　数学、物理が大好きで、それが高じて建築の構造設計にまで興味をもつに至った。雲《くも》隠《がくれ》吊《つる》子《こ》[110頁]らに勉強を教えるなど、面倒見のよい一面も。

私に解けない問題は
ないわ

③保有水平耐力計算（ルート3）
保有水平耐力（各階が保有する水平せん断力）を計算し、その数値が必要保有水平耐力以上であり、部分的な破損や塑性変形でも建築物が倒壊・崩壊しないことを確認する［令82条～令82条の4］

④限界耐力計算
地盤を精査し、稀な積雪、暴風、地震でも地上と地下で建築物が損傷しないことを確かめる。また、極めて稀な地震（安全限界時）の加速度で各階にはたらく地震力が、各階の保有水平耐力以下であることを確認する［令82条の5］

⑤時刻歴応答解析
高さ60m超の超高層建築物の安全性の確認は、「時刻歴応答解析」で行う。荷重・外力によって建築物の各部分に連続的に生ずる力・変形が、当該建築物の各部分の耐力及び変形限度以下となることを確認する［令81条1項］

①許容応力度計算（ルート1）
固定・積載・積雪荷重、風圧力、地震力により、構造耐力上主要な部分の部材に生じる力で、その断面の長期・短期応力度を算出。その数値が、それぞれ許容応力度以下で、変形・振動で構造部材に支障がないことを確認する［令82条、令82条の4］

②許容応力度等計算（ルート2）
荷重・外力による長期・短期の応力度が、長期・短期に生ずる力に対する許容応力度を超えず、各階の剛性率、偏心率、層間変形角が一定限度であるかを確かめる［令82条、令82条の2、令82条の4、令82条の6］

表｜建築物の区分に応じた構造計算方法　［法20条1項、令36条］

構造計算方法	一号（超高層）高さ>60m	二号（大規模）		三号（中規模）	四号（小規模）	適用される構造方法（仕様規定）令36条
		高さ>31m	高さ≦31m			
時刻歴応答解析 令81条1項	○	○	○	○	○	耐久性等関係規定（令36条1項で定められる）
限界耐力計算 令82条の5		○	○	○	○	
保有水平耐力計算 令82条～82条の4		○	○	○	○	令36条～80条の3の一定部分
許容応力度等計算 令82条の6			○	○	○	令36条～80条の3
許容応力度計算 令82条・82条の4				○	○	
構造計算不要					○	

この5つあれば何でも設計できそうね

建築物等の規模に応じて、構造計算方法を選択する必要がある。建築物に作用する荷重・外力は、建築計画や地域特性によって数値が異なるので注意する。また、小規模な建築物の場合には、構造計算が免除される［法20条1項4号］。

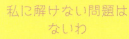

自らを追い込むストイックな

荷重・外力

嘉住多恵《かじゅうたえ》

雪にも風にもめげることなく自らを鍛え続けるアスリート。器利子［108頁］の科学的アプローチをトレーニングに取り入れている。

雪にも風にも…
負けないもんっ!

①固定荷重（G）
建築物自体の荷重（自重）。建築物の各部分の実況に応じて算出するか、法に定められた数値を採用する［令84条］

②積載荷重（P）
建築物内の物や人の荷重。固定荷重同様、建築物の実況に応じて算出するか、法に定める数値を採用する。法の規定値は、室の用途と構造計算の対象によって異なる［法85条］

③積載荷重（S）
屋根に積もる雪の重量による荷重。積雪単位荷重に屋根の水平投影面積（㎡）と垂直積雪量（㎝）を乗じて求める［※1］［令86条］

④風圧力（W）
建築物が受ける風の圧力。速度圧に風力係数を乗じて求める。速度圧は、建築物の屋根の高さや周辺の地表面の状況により国交大臣が定める方法で算出した数値と、各地域の風速の観測データにもとづき国交大臣が定めた風速から計算する［※2］［令87条］

⑤地震力（K）
地震によって建築物の地上部分に作用する地震層せん断力は、地震層せん断係数に荷重（固定荷重＋積載荷重）を乗じて求める［令88条］

表｜積載荷重表

室の種類			積載荷重（N／㎡）		
			床	大梁・柱・基礎	地震力
①	住宅の居室、住宅以外の建築物の寝室・病室		1,800	1,300	600
②	事務室		2,900	1,800	800
③	教室		2,300	2,100	1,100
④	百貨店・店舗の売場		2,900	2,400	1,300
⑤	劇場、映画館、演芸場、観覧場、公会堂、集会場等の建築物の客席・集会場	固定席	2,900	2,600	1,600
		その他	3,500	3,200	2,100
⑥	自動車車庫、自動車通路		5,400	3,900	2,000
⑦	廊下、玄関、階段		③～⑤に掲げる室に連絡するものは、⑤の「その他」の数値を採用		
⑧	屋上広場、バルコニー		①の数値。ただし、学校と百貨店の用途に供する建築物は④の数値を採用		

1次設計で建築物の構造耐力上主要な部分に生じる応力の算出に使用する主な荷重と外力は、「固定荷重」「積載荷重」「積雪荷重」「風圧力」「地震力」であり、上記のように規定されている。積載荷重については、［表］に定められている［令83条、85条］。

5つもトレーニングメニューがあるのね!

※1 屋根勾配が60度以下の場合は、勾配に応じて積雪荷重に屋根形状係数を乗じる。勾配60度超の場合は、積雪荷重は0にできる。なお、平成31年1月15日に施行される改正告示により、積雪後の降雨を考慮した割り増し係数を乗じる必要がある場合が存在する

※2 風を有効に遮る建築物や防風林などがある場合は速度圧を1／2にできる

特定天井

頭上に潜む刺客！？

雲《くも》隠《がくれ》吊《つる》子《こ》　かくれんぼが得意で、いつも天井の隙間に身をかくしている。多恵［109頁］ほどではないがストイックな性格なので、多恵とともにトレーニングに励むこともある。

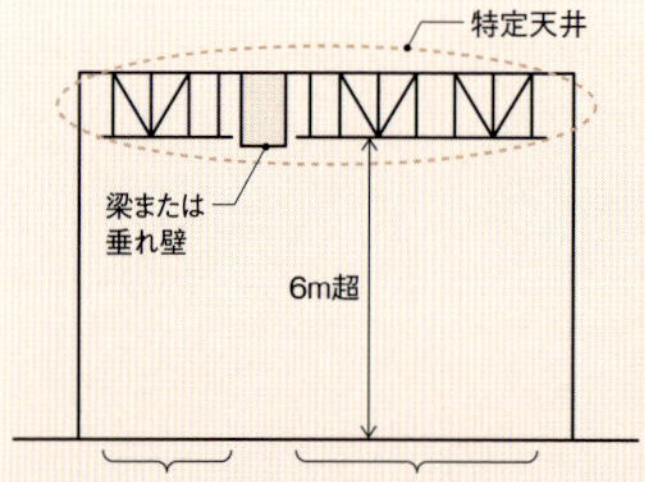

③天井に梁または垂れ壁がある場合
高さ6m超の天井が梁・垂れ壁で分割されていても、特定天井の対象としては一続きの天井として扱う。ただし、梁・垂れ壁の水平投影面積は計上しない

見つけられるかしら？

①特定天井の対象
以下の天井は、特定天井の対象となる［平25国交告771号］

①	吊り天井であること
②	人が日常立ち入る場所にある
③	高さが6mを超えるもの
④	水平投影面積が200㎡を超えるもの
⑤	質量が2kg／㎡を超えるもの（下地材・照明設備含む）

②検証ルート
特定天井の検証は、仕様基準を満たす仕様ルート、構造計算により耐震性能を確かめる計算ルートのほか、大臣認定を得るルートの3通りの方法がある［平25国交告771号］

図｜一般基準［平25国交告771号］

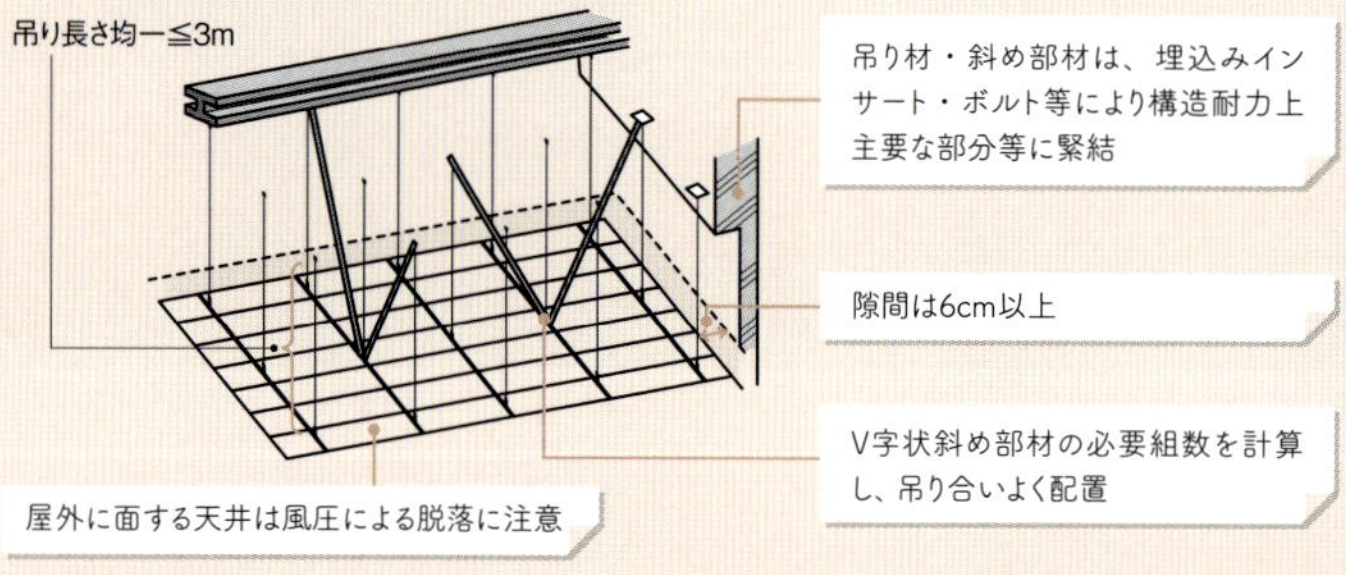

一定の規模以上で、脱落によって重大な危害を生ずるおそれのある天井は特定天井と呼ばれ、構造耐力上安全なものとしなければならない。仕様ルートの一般的な基準として「隙間あり天井」があるが、左図のような仕様を満たす必要がある［平25国交告771号］。

落ちたらだめなのよ！

Chapter 9
関連規定など
かんれんきてーエリア

きじゅんほーCITYの外に広がるエリアには、
CITYのみんなを見守るたくさんの住人が住んでいます。
CITY住民の親戚から、人間離れした子まで、
バラエティ豊かなともだちの世界観を楽しみましょう。

建築士法

この町の見回り隊長

ファストエル、セカンダルフォン

たてものともだちワールドを見守る天使。姉で落ち着いているファストエルは全体を見回り、妹で実はお転婆なセカンダルフォンはより小さい範囲を守備している。

わたしたち、
めちゃめちゃタフよ!

②二級建築士
都道府県知事の免許を受け、二級建築士の名称を用いて、建築物に関し、設計、工事監理その他の業務を行う者〔建築士法2条３項〕

①一級建築士
国土交通大臣の免許を受け、一級建築士の名称を用いて、建築物に関し、設計、工事監理その他の業務を行う者〔建築士法2条2項〕

③構造・設備設計一級建築士
構造／設備設計一級建築士とは、一級建築士として5年以上下記の業務に従事した後、登録講習機関の講習をその申請前1年以内に修了した一級建築士をいう〔建築士法10条の2の2〕

構造設計一級建築士	構造設計の業務
設備設計一級建築士	設備設計の業務

階級に応じて建てられるものが変わるよ！

建築士法では、建築物の設計、工事監理等を行う技術者の資格を定めている。建築士免許は、建築士名簿に登録することにより行う。大臣は一級建築士名簿を、知事は二級・木造建築士名簿を、一般の閲覧に供する［建築士法4〜6条］。建築士が建築士法等の規定に違反等をした場合は、大臣または知事は、戒告もしくは1年以内の業務の停止を命じ、またはその免許を取り消すことができる。免許を取り消された場合、取り消された日から5年を経過しないと、免許を受けることができない。道路交通法等の建築と関係しない罪を犯し、禁錮以上の刑に処せられた場合でも、免許は取り消される［建築士法7条三項］。

知事は、都道府県指定登録機関に、二級及び木造建築士の登録事務、名簿を一般の閲覧に供する事務（「二級建築士等登録事務」という）を行わせることができる。

建築士事務所に属する建築士は、3年以上5年以内の省令による期間（3年以内）ごとに登録講習機関が行う講習を受講する［建築士法22条の2］。

表1｜建築士法で定める用語の定義はこれだ！

設計図書	建築工事の実施のために必要な図面［現寸図その他これに類するものを除く］及び仕様書
設計	その者の責任において設計図書を作成すること
構造設計	基礎伏図、構造計算書等の建築物の構造に関する設計図書の設計
設備設計	建築設備［＊］の各階平面図・構造詳細図等の建築設備に関する設計図書の設計
工事監理	その者の責任において、工事を設計図書と照合し、それが設計図書のとおりに実施されているかいないかを確認すること

＊建築物に設ける電気、ガス、給水、排水、換気、暖房、冷房、消火、排煙もしくは汚物処理の設備または煙突、昇降機もしくは避雷針をいう

表2｜管理建築士の責務よ！

①	管理建築士は、建築士事務所の次の技術的事項を総括する 1. 受託可能な業務の量、難易、内容に応じ必要な期間の設定 2. 受託しようとする業務を担当させる建築士等選定・配置 3. 他の建築士事務所との提携と提携先への業務案の作成 4. 建築士事務所に属する建築士等の監督、業務遂行の適正確保
②	管理建築士は、その者と建築士事務所の開設者が異なる場合は、建築士事務所の開設者に対し、1.〜4.の技術的事項に関し、建築士事務所の業務が円滑、適切に行われるよう必要な意見を述べる
③	建築士事務所の開設者は、②の場合管理建築士の意見を尊重しなければならない

表3｜建築士資格と設計、工事管理の関係を押さえるんだ！

規模等 / 延べ面積A㎡	木造				木造以外		
	高さ13m以下、かつ、軒高9m以下			高さ13m超、または、軒高9m超	高さ13m以下、かつ、軒高9m以下		高さ13m超、または、軒高9m超
	階数1	階数2	階数3以上		階数2以下	階数3以上	
A≦30	不要	不要	1・2	1	不要	1・2	1
30＜A≦100	不要	不要	1・2	1	1・2	1・2	1
100＜A≦300	1・2・木	1・2・木	1・2	1	1・2	1・2	1
300＜A≦500	1・2	1・2	1・2	1	1	1	1
500＜A≦1,000	1・[2]	1・[2]	1・[2]	1	1	1	1
1,000＜A	1・[2]	1	1	1	1	1	1

凡例

不要	資格不要
1・2・木	一級、二級、木造建築士
1・2	一級、二級建築士
1・[2]	一級、二級建築士。ただし、学校・病院・劇場・映画館・観覧場・公会堂・集会場（オーディトリアムを有しないものを除く）・百貨店の用途の建築物で、延べ面積が500㎡超は一級建築士のみ
1	一級建築士

注1：増築、改築、大規模の修繕、大規模の模様替の場合は、該当する部分とする

注2：構造設計一級建築士の関与の対象となる建築物は、一級建築士の業務独占の対象となる建築物のうち建築基準法20条1項一号または二号の建築物（型式適合認定建築物を除く）である。構造設計一級建築士は、その関与の対象となる建築物の構造設計または法適合確認（工事監理を除く）を行う

注3：設備設計一級建築士の関与の対象となる建築物は、階数が3以上で、床面積5,000㎡超の建築物である。設備設計一級建築士は、その関与の対象となる建築物の設備設計または法適合確認（工事監理を除く）を行う

建築士事務所

建築士のパワーを発揮するための場所

ソロモン＝オフィスヒム、ラオ

白魔道師。ファストエル、セカンダルフォン［112頁］の力を召還して、自在に扱うことができる。妖精のラオをいつも連れている。実はかなり高齢という噂がある。

DONDON
建てようね!

①再委託の制限
建築士事務所の開設者は、委託者の許諾を得た場合においても、委託を受けた設計または工事監理の業務を建築士事務所の開設者以外の者に委託してはならない。また、建築士事務所の開設者は、委託者の許諾を得た場合においても、委託を受けた設計または工事監理（いずれも延べ面積が三百平方メートルを超える建築物の新築工事に係るものに限る）の業務を、それぞれ一括して他の建築士事務所の開設者に委託してはならない［建築士法24条の3］

②建築士事務所の管理
建築士事務所の開設者は、一級建築士事務所、二級建築士事務所または木造建築士事務所ごとに、それぞれ当該一級建築士事務所、二級建築士事務所または木造建築士事務所を管理する専任の一級建築士、二級建築士または木造建築士を置かなければならない［建築士法24条］

③標識の掲示
建築士事務所の開設者は、その建築士事務所において、公衆の見やすい場所に国土交通省令で定める標識を掲げなければならない［建築士法24条の5］

仕事したかったら、事務所を登録せんとな

建築士事務所について、その事務所の所在地の都道府県知事の登録を受けることで、全国での業務が可能となる。登録の有効期間は5年間である。登録を受けないで、他人の求めに応じ報酬を得て、設計等を業として行ってはならない。建築士事務所について登録を受けた者を建築士事務所の開設者という。開設者自身は建築士の資格がなくてもよい〔建築士法23条、23条の10〕。

延べ面積300㎡超の建築物の新築の設計または工事監理受託契約の当事者は、契約の締結に際して一定の事項を書面に記載し、署名または記名押印をして相互交付する必要がある〔建築士法22条の3の3〕。

また、建築士事務所協会は協会会員の名簿を、建築士事務所協会連合会は連合会会員の名簿を、それぞれ一般の閲覧に供する。また、建築士事務所協会および建築士事務所協会連合会は、建築士事務所の開設者に対する研修および建築士事務所に属する建築士に対する研修を実施する〔建築士法27条の2第6項、7項〕。

表1｜ 建築士事務所の開設者は、以下の義務があるよ!

条文	義務
設計等の業務に関する報告書 [建築士法23条の6]	事業年度ごとに、業務報告書を作成し、当該建築士事務所の登録をした都道府県知事に提出[事業年度経過後3か月以内]する
建築士事務所の管理 [建築士法24条 1項]	一級、二級または木造建築士事務所ごとに、それぞれ当該建築士事務所を管理する専任の建築士を置く
名義貸しの禁止[建築士法24条の2]	自己の名義をもって、他人に建築士事務所の業務を営ませない
再委託の制限[建築士法24条の3]	再委託は委託者の許諾を得た場合でも次のように制限される a. 設計または工事監理の業務を建築士事務所の開設者以外の者に委託しない b. 延べ面積が300㎡を超える建築物の新築工事に関する設計または工事監理業務を一括して他の建築士事務所の開設者に委託しない
帳簿の備付け等および図書の保存 [建築士法24条の4、規則21条4・5項]	建築士事務所の業務を記載した帳簿を備え付け、これを保存する。また、業務に関する図書[設計図書等]を保存する。帳簿は各事業年度の末日をもって閉鎖。閉鎖した日の翌日から15年保存
標識の掲示[建築士法24条の5]	その建築士事務所において、公衆の見やすい場所に標識を掲げる
書類の閲覧[建築士法24条の6]	業務の実績、属する建築士の氏名・業務実績、保険契約等を記載した書類を備え置き、設計等を委託しようとする者の求めに応じ、閲覧させる
重要事項の説明等[建築士法24条の7]	設計受託契約や工事監理受託契約を建築主と締結しようとするときは、あらかじめ、建築主に対し、管理建築士等をして、契約内容等を記載した書面を交付して重要事項説明[＊]を説明させる
書面の交付[建築士法24条の8]	設計受託契約または工事監理受託契約を締結したときは、遅滞なく、契約内容を記載した書面を当該委託者に交付する

註
＊:重要事項説明の内容は以下のとおり
①設計受託契約は、作成する設計図書の種類
②工事監理受託契約は、工事と設計図書との照合の方法および工事監理の実施の状況に関する報告の方法
③当該設計・工事監理に従事する建築士の氏名およびその資格
④報酬の額および支払の時期
⑤契約の解除に関する事項
このほか、規則17条の38第1号~6号の事項がある

表2｜ 管理建築士は、以下のような定義があるんじゃ

法24条2項	建築士法24条1項[※]の規定により置かれる建築士事務所を管理する建築士(以下「管理建築士」という)は、建築士として三年以上の設計その他の国土交通省令で定める業務に従事した後、第二十六条の五第一項の規定および同条第二項において準用する第十条の二十三から第十条の二十五までの規定の定めるところにより国土交通大臣の登録を受けた者[以下この章において「登録講習機関」という]が行う別表第三講習の欄に掲げる講習の課程を修了した建築士でなければならない
法24条3項	受託可能な業務の量および難易並びに業務の内容に応じて必要となる期間の設定
	受託しようとする業務を担当させる建築士その他の技術者の選定および配置
	他の建築士事務所との提携および提携先に行わせる業務の範囲の案の作成
	建築士事務所に属する建築士その他の技術者の監督およびその業務遂行の適正の確保

表3｜ 以下の設計業務報告をするんじゃよ

①	事業年度における事務所の業務の実績の概要
②	建築士事務所に属する建築士の氏名
③	②の建築士の当該事業年度における業務の実績[当該建築士事務所におけるものに限る]
④	①~③に掲げるもののほか、国土交通省令で定める事項

建築士事務所の開設者は、事業年度ごとに、上記の項目を記載した設計等の業務に関する報告書を作成し、毎事業年度経過後三ヶ月以内に当該建築士事務所に係る登録をした都道府県知事に提出しなければならない

※ 建築士事務所の開設者は、一級建築士事務所、二級建築士事務所または木造建築士事務所ごとに、それぞれ当該一級建築士事務所、二級建築士事務所または木造建築士事務所を管理する専任の一級建築士、二級建築士または木造建築士を置かなければならない

建築協定

分割しすぎに注意

京《きょう》帝《てい》カスキ　面積服装学院の姉妹校にあたる服飾学園の生徒。生地を継ぎはぎしてデザインすることが得意。分裂症ぎみなところがあり、生地を細かくしすぎてしまうことも。

①建築協定
土地所有者は、建築協定書を作成し、その代表者により特定行政庁に提出し、その認可を受ける。建築協定書には、土地所有者等全員の合意が必要。ただし、借地権目的の土地については、当該土地所有者の合意は不要である［法70条］

②協定の公告・許可
市町村長は、建築協定書の提出があった場合、公告し、20日以上、関係人の縦覧に供する。縦覧期間の満了後、関係人に対し公開による意見聴取を行わなければならない。また、建築主事を置く市町村以外の市町村長は意見聴取後、建築協定書を、これに対する意見および意見聴取記録を添えて、都道府県知事に送付する。特定行政庁は、建築協定の認可の申請が、法73条1項一号から三号に該当するときは、認可し公告しなければならない［法71条、法72条、法73条］

③協定の廃止
建築協定区域内の土地の所有者等は、認可を受けた建築協定を廃止しようとする場合、過半数の合意をもって、その旨を特定行政庁に申請して認可を受けなければならない［法76条］

④協定の特則
対象区域における土地で、土地の所有者が一者の場合、所有者は当該土地の区域を建築協定区域とする建築協定を定めることができる［法76条の3］

⑤協定区域隣接地
建築協定区域に隣接した土地で、建築協定の一部とすることにより建築物の利用の増進および土地の環境の改善に寄与するものとして、建築協定区域の土地となることを当該建築協定区域内の土地所有者が希望するものとして、建築協定区域隣接地を定めることができる［法70条］

みんなで話し合って服のデザインを決めるの

住宅地や商店街としての利便性を高めるために、一定の区域を定めて、その区域内における建築物の敷地、位置、構造、用途、形態、意匠または建築設備に関する基準などを定められるようにしたものが、建築協定である。当該地域の市町村が、条例で協定の締結について定めることで、建築基準法を緩和しない範囲で建築協定を行うことができる。協定の申請には、土地の所有者等の全員の合意をとりつけたうえで、特定行政庁に提出し許可を受ける。

建築協定は、有効期間が終了しても、所有者が求めれば廃止できる［※］。また、分譲住宅地を新たに開発する場合など、事業者が良好な環境を確保することを見込んで、一者で建築協定が締結できる特則も存在する。その場合、対象区域に他の土地所有者、借地権者がいないことを除いて、通常の建築協定と同じ手続きを踏む。許可の日から起算して3年以内に、建築協定区域内の土地に2以上の土地の所有者が存在することになったときから効力が発生する。

［法69条、70条、76条、法76条の3］

図1｜敷地は細かく分割…じゃなくて、ルールを守ってね!

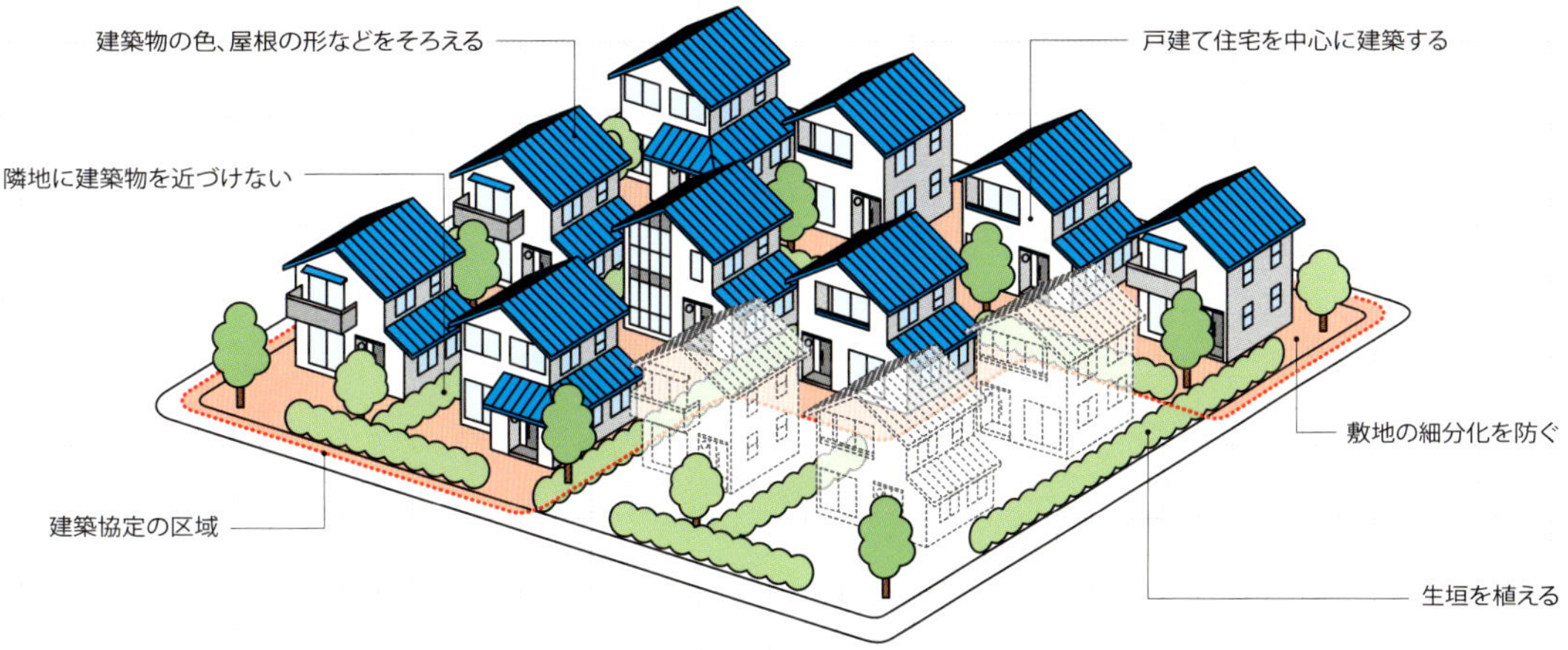

表1｜建築協定書に定める内容はこれよ!

①	建築協定区域
②	建築物に関する基準
③	協定の有効期間
④	協定違反の措置

表2｜特定行政庁は、以下の場合、建築協定を認可するよ

①	建築協定の目的となっている土地または建築物の利用を不当に制限するものではないこと
②	法69条の目的に合致する
③	建築協定において建築協定区域隣接地を定める場合に、その区域の境界が明確に定められていること。そのほかの建築協定区域隣接地について、国土交通省令で定める基準に適合するものであること

図2｜手続きはテキトーに…はダメで、以下の流れをおさえること!

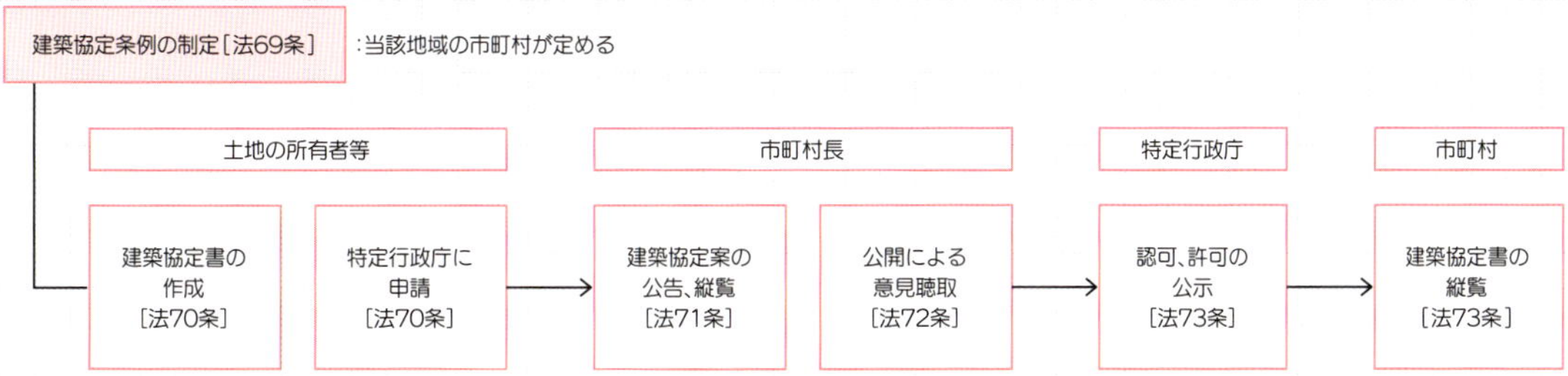

※ 所有者等の過半数の合意が必要。特定行政庁の認可後、廃止される

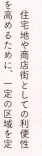

地区計画

個性を引き出すクラフトガール

高《たか》氏《うじ》カイサ　服飾学校に通う生徒。素材を生かした服飾をつくるのが得意。ものづくり全般に興味があり、実は模型作りも好きで、詩廷角江《していすみえ》［120頁］の模型店に通っている。

素材が一番大事!!

①地区計画等
地区計画等とは、固有の地域特性を生かすために、一定の区域を行政庁が設定し、その実状にあわせて、建築物や道路、公園等の設備について整備を進めるもの。地区計画・防災街区整備地区計画・歴史的風致維持向上地区計画・沿道地区計画・集落地区計画の5つをいう［法68条の2～8］

②地区整備計画等
地区整備計画等とは、地区整備計画・特定建築物地区整備計画・防災街区整備地区整備計画・歴史的風致維持向上地区整備計画・沿道地区整備計画・集落地区整備計画の6つのこと［表2］

③再開発等促進区等
特定の区域において、市街地の再開発・開発整備を実施すべき地域を再開発等促進区として定めることができる。ただし、再開発等促進区または沿道再開発等促進区の、地区整備計画または沿道地区整備計画の区域で、特定行政庁が認める次のものは適用除外とする［法68条の3第1項、2項］

①	容積率の最高限度が定められている区域内の容積率
②	建蔽率の最高限度が6／10以下の区域内の建蔽率

④誘導容積型地区計画
公共施設が未整備で、土地の有効利用が図られていない区域などでは、地区整備計画に、道路等の公共施設が整備された場合の目標容積率と、公共施設の整備状況に応じた暫定容積率を定め、指定容積率の範囲内で暫定容積率よりも高い容積の建築が可能になる［法68条の4・都計法12条の6］

⑤道路の位置の指定に関する特例
地区計画等に道の配置・規模・区域が定められている場合は、法42条1項五号の位置指定道路は、それに従う。また、特定行政庁は、地区計画等に道の配置・規模やその区域が定められている場合など、原則として、予定道路の指定を行うことができる［法68条の6、68条の7］

地区計画では、きめ細かい計画ができるんだな

都市計画法で定められた地域地区だけでは、良好な環境をつくるうえでカバーできないようなきめ細かな土地利用に対応するべく、特定の地区について土地利用規制と道路、公園などの整備を組み合わせることでまちづくりを誘導するのが地区計画である。地区計画等の区域では、市町村により建築物の敷地、構造、用途などの事項を条例で制限することができる[表]。地区整備計画は、地区計画の区域内の、道路・公園の整備、用途の制限などに関する具体的な計画のことで、市町村は、地区整備計画等が定められている区域に限り、建築物の敷地、構造、建築設備、用途に関する事項について、条例で制限を付加することができる。

地区計画等では、区域内において、再開発等促進区等、誘導容積型地区計画や高度利用型地区計画など、土地の健全な高度利用や都市化のために、容積率、建蔽率制限や道路位置指定などについて、制限の緩和措置が設けられている。[法68条の2〜8・都計法12条の4]。

表1　各地区計画が定められる対象の内容なんだな

各計画	内容	対応法令
地区計画	建築物の形態や、公共建築その他の施設の配置などからみて、一体としてそれぞれの区域の特性にふさわしい態様を備えた良好な環境の各街区を整備し、開発し、保全することが適切と認められるもの	都市計画法12条の5
防災街区整備地区計画	当該区域における特定防災機能の確保と土地の合理的かつ健全な利用を図るため、当該区域の各街区を防災街区として一体的かつ総合的に整備することが適切であると認められるもの	密集市街地における防災街区の整備の促進に関する法律32条1項
歴史的風致維持向上地区計画	当該区域における歴史的風致の維持および向上と土地の合理的かつ健全な利用を図るため、その歴史的風致にふさわしい用途の建築物その他の工作物の整備および当該区域内の市街地の保全を総合的に行うことが必要であると認められるもの	地域における歴史的風致の維持及び向上に関する法律31条1項
沿道地区計画	沿道整備道路に接続する土地の区域で、道路交通騒音による障害の防止と、適正かつ合理的な土地利用の促進を図るため、一体的かつ総合的に市街地を整備することが適切であると認められるもの	幹線道路の沿道の整備に関する法律9条1項
集落地区計画	営農条件と調和のとれた良好な居住環境の確保と適正な土地利用を図るため、当該集落地域の特性にふさわしい整備及び保全を行うことが必要と認められるもの	集落地域整備法5条1項

図1　地区計画のイメージをよく理解しておくんだな

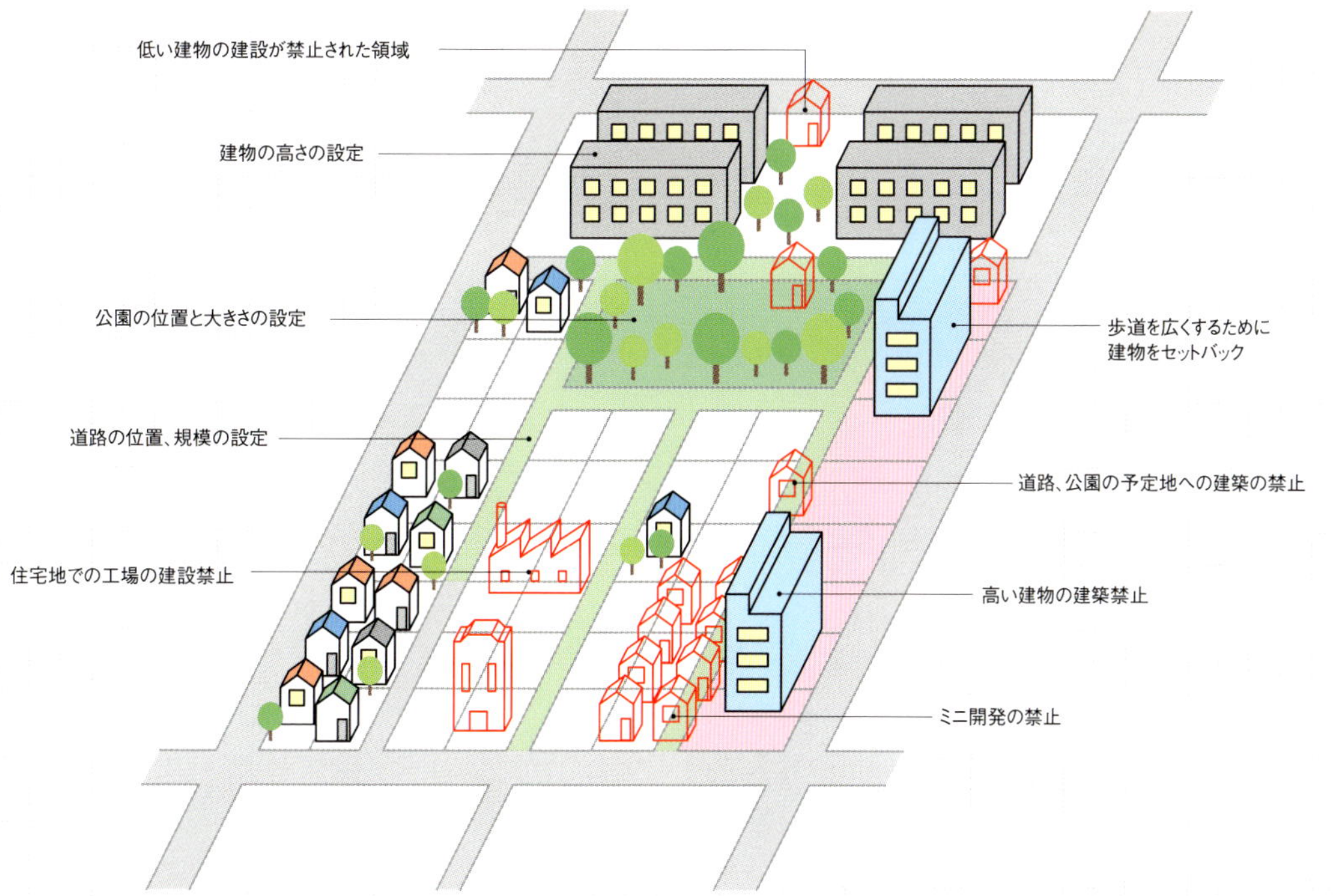

都市計画法

建築模型の棚づくりを極めた早熟店長

詩《し》廷《てい》角《すみ》江《え》　住吉いちご〔24頁〕らが通う模型店の子ども店長。幼いながらも、みごとな棚作りでお店は繁盛している。最近は新入りのみどり〔26頁〕を気にかけている。

⑤都市計画区域外
都市計画区域、準都市計画以外の区域。都市計画区域外でも、地方公共団体により、条例で敷地と道路の関係、容積率、建蔽率、高さの最高限度、日影の制限について、必要に応じて定めることができる〔法68条の９第1項、令136条の２の９〕

④準都市計画区域
都市計画区域外で、相当数の建築物等の開発行為、建築行為等が現に行われ、または行われると見込まれる区域を含む一定の区域〔都計法5条の２〕

③非線引き区域
都市計画区域内で、線引きがされていない区域。特定行政庁が、都市計画審議会の議を経て、形態制限を定めることができる

②市街化調整区域
市街化を抑制すべき区域。以下を除いて、原則建築が禁止されている。特定行政庁が、都市計画審議会の議を経て、形態制限を定めることができる〔都計法7条〕

①市街化区域
既成市街地や、優先的に市街化を図るべき区域。13種類の用途地域が指定される。用途地域ごとに建築できる用途が決まっている。〔都計法7～９条〕

わいも考えて棚つくっとるんやで～

日本の国土は、市街化区域、市街化調整区域、非線引き区域、準都市計画区域、都市計画区域外に分けられている。このうち、市街化区域、市街化調整区域、区域区分非設定地域は「都市計画区域」となる。都市計画区域、準都市計画区域内で開発行為を行う場合、あらかじめ、都道府県知事［※1］の許可を受けなければならない。ただし、一定の開発行為については、許可が不要である［表1・都計法29条、都計法令19条］。

市街化調整区域のうち開発許可を受けた区域以外の区域内では、都道府県知事の許可を受けなければ、法29条1項2号・3号の建築物以外の建築物を新築し、または第一種特定工作物を新設してはならない。ただし、一部の建築物の新築・改築・用途の変更または第一種特定工作物の新設は制限されない［表2、都計法43条］。都市計画施設の区域または市街地開発事業の施行区域内で建築物の建築［※2］をする場合、都道府県知事の許可を受ける必要がある［表3］。ただし、許可が不要な行為もある［表4・都計法53条］。

表1｜開発行為は許可が要るのと要らんのがあるからな

<table>
<tr><th>開発行為の内容</th><th>市街化区域</th><th>市街化調整区域</th><th>非線引き区域</th><th>準都市計画区域</th></tr>
<tr><td>3,000㎡未満［＊1］の開発行為［都計法令19条］</td><td>1,000㎡以上の開発行為の場合は必要［＊2］</td><td>要</td><td>不要</td><td>不要</td></tr>
<tr><td>1,000㎡未満［＊1］の開発行為［都計法令19条］</td><td>不要</td><td>要</td><td>不要</td><td>不要</td></tr>
<tr><td>農林漁業の建築物とこれらを営む居住者の建築物のための開発行為［都計法令20条］</td><td>要</td><td>不要</td><td>不要</td><td>不要</td></tr>
<tr><td>駅舎、図書館、公民館等の公益上必要な建築物［都計法令21条］</td><td colspan="4" rowspan="4">不要</td></tr>
<tr><td>都市計画事業・土地区画整理事業・市街地再開発事業　等</td></tr>
<tr><td>非常災害のための応急措置</td></tr>
<tr><td>通常の管理行為や軽易な開発行為［都計法令22条］</td></tr>
</table>

＊1：開発許可権者が条例で300㎡まで引き下げ可
＊2：三大都市圏の既成市街地、近郊整備地帯等は500㎡以上

表2｜開発許可を受けた土地以外の土地の建築等でも、以下の場合は制限されへんで

①	都市計画事業での建築物の新築・改築・用途変更、第一種特定工作物の新設
②	非常災害のため必要な応急措置として行う建築物の新築・改築・用途の変更または第一種特定工作物の新設
③	仮設建築物の新築
④	都計法法29条1項九号の開発行為その他政令で定める開発行為が行われた土地の区域内で行う建築物の新築・改築・用途の変更、第一種特定工作物の新設
⑤	通常の管理行為・軽易な行為等で、政令で定めるもの。都計法令35条より、既存の建築物の敷地内において行う車庫、物置等の附属建築物の建築など

表3｜都道府県知事は、申請が次のどれかに該当するなら、許可せんといかんのやで

①	当該建築が、都市計画施設または市街地開発事業に関する都市計画に適合するもの
②	立体的都市施設の範囲外で行われるもので当該都市施設に支障のあるもの
③	当該建築物が次の要件に該当し、容易に移転し、または除却することができるものであると認められること ・階数が2以下で、かつ、地階を有しないこと ・主要構造部が木造・鉄骨造・コンクリートブロック造その他これらに類する構造であること

表4｜建築許可なしで建築できるものもあるで

①	政令で定める軽易な行為
②	非常災害のため必要な応急措置
③	都市計画事業の施行として行う行為またはこれに準ずる行為として都市計画施設管理予定者等が当該都市計画に適合して行うもの
④	都計法法11条3項後段の規定により地下に立体的な都市施設の範囲を定めるときは、離隔距離の最小限度及び載荷重の最大限度に適合するもの
⑤	都計法法12条の11の都市計画施設である道路の区域のうち建築物等の敷地として併せて利用すべき区域内での行為で、当該道路整備上著しい支障を及ぼすおそれがないものとして政令で定めるもの

表5｜都市計画区域やったら、都市計画に以下みたいな方針を定められるで

①	都市再開発法２条の３第１項または第２項の規定による都市再開発の方針
②	大都市地域における住宅及び住宅地の供給の促進に関する特別措置法４条１項の規定による住宅市街地の開発整備の方針
③	地方拠点都市地域の整備及び産業業務施設の再配置の促進に関する法律30条の規定による拠点業務市街地の開発整備の方針
④	密集市街地における防災街区の整備の促進に関する法律3条1項の規定による防災街区整備方針

※1 指定都市等の区域内は、当該指定都市等の長
※2 新築、増築、改築、移転

防火対象物

江戸っ子気質のお祭リガール

城《じょう》火《び》消《けし》鳶《とび》子《こ》

祭りと喧嘩が大好き。蕎麦が柔らかいとキレる。昌華《しょうか》セツ［124頁］のことをいつも気にかけており、姉御肌な一面も。

①消防用設備等

学校・病院・工場・事業場・興行場・百貨店・旅館・飲食店・地下街・複合用途防火対象物等の関係者は、政令で定める技術上の基準に従って、消防用設備等を設置・維持しなければならない〔消防法17条〕

②防火管理者

多数の者が利用する防火対象物（学校・病院・工場・事業場・興行場・百貨店・複合用途防火対象物等）の管理についての権原者は、防火管理者を定め、消防計画の作成、その他防火管理上必要な業務を行わせる〔消防法8条〕

③危険物の貯蔵

指定数量以上の危険物は、貯蔵所以外の場所での貯蔵、または製造所・貯蔵所・取扱所以外の場所での取扱いをしてはならない。ただし、所轄消防長又は消防署長の承認を受けて10日以内の期間、仮に貯蔵・取り扱う場合を除く〔消防法10条〕

④防火対象物

防火対象物とは、山林又は舟車、船きょもしくはふ頭に繋留された船舶、建築物その他の工作物若しくはこれらに属する物をいう〔表、消防法2条2項〕

⑤避難上必要な施設

学校・病院・工場・事業場・興行場・百貨店・旅館・飲食店・地下街・複合用途防火対象物等の管理について権原を有する者は、防火対象物の廊下・階段・避難口等の避難上必要な施設について避難の支障になる物件が放置されないよう、かつ、防火戸について閉鎖の支障になる物件が放置されないように管理する〔消防法8条の2の4〕

対象の建築物をおさえときな〜

火災の予防、警戒、鎮圧や、災害時などにおいて傷病者を適切に搬送できるように定められているのが消防法である。防火対象物として、[表]の建築が定められており、これらの管理の権原者は、防火管理者を定めなければならない。防火対象物のなかでも、百貨店、旅館、病院、地下街、複合用途防火対象物など、多数の者が出入りするものは、特定防火対象物に定められている。

学校、病院などでは、避難の妨げにならないよう、対象の廊下、階段、避難口その他について、避難の妨げになるものが放置されないよう管理が義務付けられている。そのほか、政令に定められた技術に従って消防用設備を設置、維持する必要がある。その消防用設備等の技術上の基準の改正法令の施行または適用の際、既存の防火対象物または現に工事中の防火対象物の消防用設備等は、改正法令の規定を適用せず、従前の規定が適用される[※][消防法2条、法8条、法8条の2の4、法17条、法17条の2の5、法17条の2の5第2項]。

表1　防火対象物の概要でぇ[抜粋:建築物その他の工作物若しくはこれらに属するもの]

(一)	イ　劇場、映画館、演芸場、観覧場 ロ　公会堂、集会場
(二)	イ　キャバレー、カフェー、ナイトクラブその他これらに類するもの ロ　遊技場、ダンスホール ハ　風営法2条5項の性風俗関連特殊営業を営む店舗[他に規定されているものを除く]等 ニ　カラオケボックス、その他遊興のための設備・物品を個室[これに類する施設を含む]において客に利用させる役務を提供する業務を営む店舗
(三)	イ　待合、料理店その他これらに類するもの ロ　飲食店
(四)	百貨店、マーケットその他の物品販売業を営む店舗又は展示場
(五)	イ　旅館、ホテル、宿泊所等 ロ　寄宿舎、下宿または共同住宅
(六)	イ　病院、診療所または助産所 ロ　老人短期入所施設、養護老人ホーム、特別養護老人ホーム、軽費老人ホーム、有料老人ホーム、介護老人保健施設、老人短期入所事業を行う施設、小規模多機能型居宅介護事業を行う施設、認知症対応型老人共同生活援助事業を行う施設等、救護施設、乳児院、障害児入所施設、障害者支援施設、短期入所等施設 ハ　老人デイサービスセンター、軽費老人ホーム、老人福祉センター、老人介護支援センター、有料老人ホーム、老人デイサービス事業を行う施設、小規模多機能型居宅介護事業を行う施設等、更生施設、助産施設、保育所、幼保連携型認定こども園、児童養護施設、児童自立支援施設、児童家庭支援センター、一時預かり事業、家庭的保育事業を行う施設等、児童発達支援センター、児童心理治療施設、児童発達支援、放課後等デイサービスを行う施設、身体障害者福祉センター、障害者支援施設、地域活動支援センタ　、福祉ホ　ム、生活介護・短期入所・自立訓練・就労移行支援・就労継続支援・共同生活援助を行う施設 ニ　幼稚園または特別支援学校
(七)	小学校、中学校、義務教育学校、高等学校、中等教育学校、高等専門学校、大学、専修学校、各種学校等
(八)	図書館、博物館、美術館等
(九)	イ　公衆浴場のうち、蒸気浴場等 ロ　イに掲げる公衆浴場以外の公衆浴場
(十)	車両の停車場または船舶もしくは航空機の発着場(旅客の乗降または待合いの用に供する建築物に限る)
(十一)	神社、寺院、教会等
(十二)	イ　工場または作業場 ロ　映画スタジオまたはテレビスタジオ
(十三)	イ　自動車車庫または駐車場 ロ　飛行機または回転翼航空機の格納庫
(十四)	倉庫
(十五)	(一)〜(十四)項に該当しない事業場
(十六)	イ　複合用途防火対象物のうち一部が[一]〜[四]項、[五]項イ、[六]項、[九]項イの防火対象物 ロ　イ以外の複合用途防火対象物
(十六の二)	地下街
(十六の三)	建築物の地階(十六の二項)に掲げるものの各階を除く)で連続して地下道に面して設けられたものと当該地下道とをあわせたもの((一)〜(四)項、(五)項イ、(六)項、(九)項イに掲げる防火対象物の用途に供される部分が存するものに限る)
(十七)	文化財保護法により重要文化財、重要有形民俗文化財、史跡もしくは重要な文化財として指定され、または旧重要美術品等の保存に関する法律によって重要美術品として認定された建造物
(十八)	延長50m以上のアーケード
(十九)	市町村長の指定する山林
(二十)	総務省令で定める舟車

※ ただし、特定防火対象物については、適用除外されない

消防用設備

いざというときに頼りになる存在

昌華《しょうか》・ブレイズ＝セツ

避難レンジャー消防支部隊員。鳶子とともに災害の予防、事後対応にあたることが多い。機械いじりが趣味。短気な鳶子の女房役的存在である。

①警報設備
火災の発生を報知する設備。自動火災報知設備、漏電火災警報器など［消防法令7条３項］

②避難設備
避難器具、誘導灯・誘導標識など［消防法令7条4項］

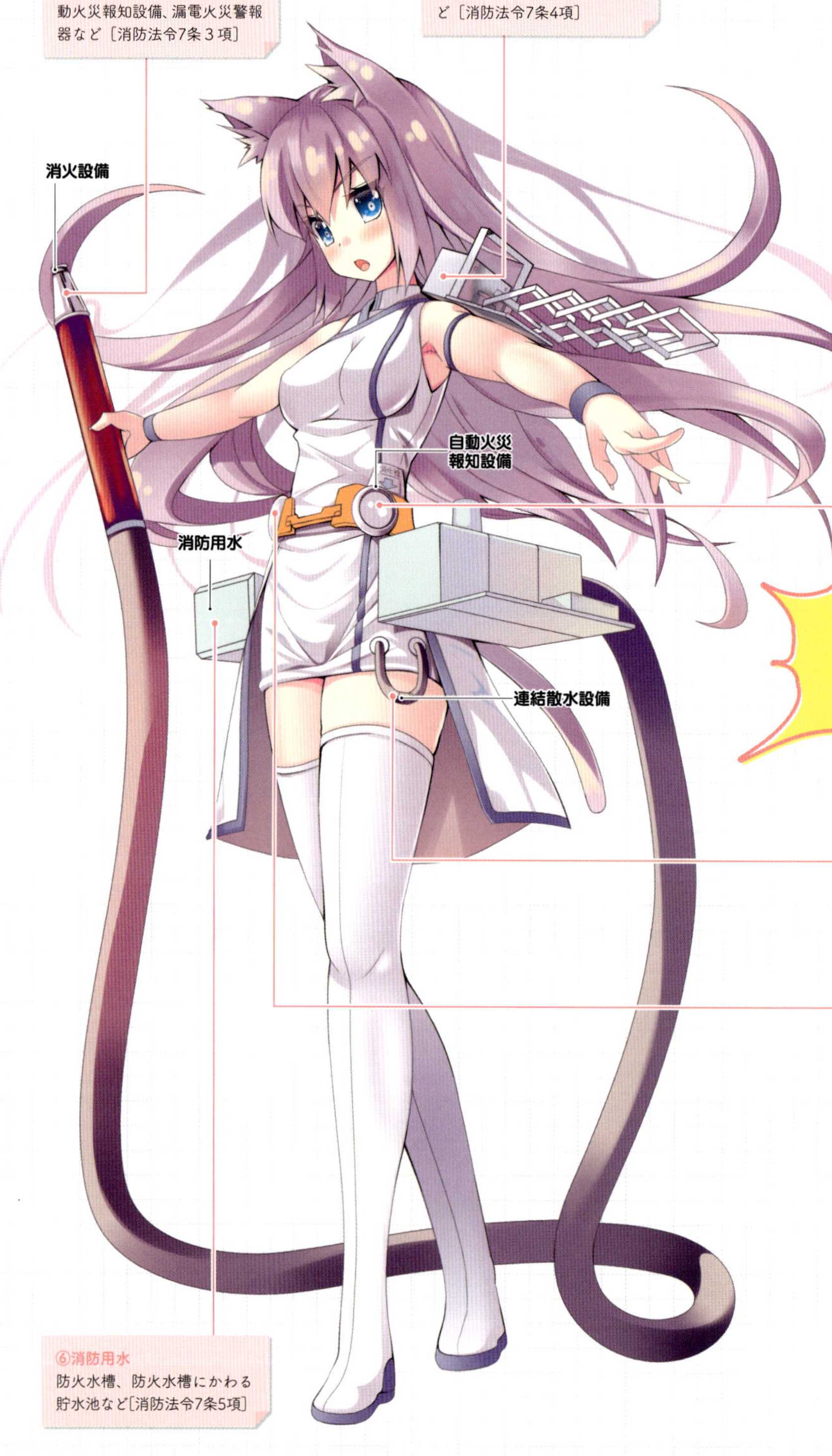

③消火設備
水その他の消火剤を使用して消火を行う設備。消火器、スプリンクラー、泡消火設備など［消防法令7条2項］

④消火活動上必要な施設
排煙設備、連結散水設備など［消防法令7条6項］

⑤住宅用防災機器の設置
住宅用防災機器のうち、住宅用防災警報器または住宅用防災報知設備の感知器は、次に掲げる住宅の部分（②又は③の住宅の部分は、他の住宅との共用部分を除く）に設置する

①	就寝用居室
②	①の住宅の部分が存する階［避難階を除く］から直下階に通ずる階段［屋外に設けられたものを除く］
③	①または②のほか総務省令で定める部分

⑥消防用水
防火水槽、防火水槽にかわる貯水池など［消防法令7条5項］

設備をどこに設置するのか、忘れちゃだめよん

消防用設備等は、防火対象物［令別表第1］の用途および規模に応じて、消防用設備等の設置が定められている。各消防用設備の設置場所については、表1中に示した条文で確認されたい。

屋内消火栓設備の設置場所は、令別表第1［一］項の防火対象物で、延べ面積が500㎡以上のものや、令別表第1［十一］項の神社等および［十五］項の令別表に記載のない事業所等で、延べ面積1,000㎡以上のものなど、規模に応じて規定されている。水噴霧消火設備等については、令別表第1の用途に応じて、水噴霧消火設備、泡消火設備、不活性ガス消火設備、ハロゲン化物消火設備または粉末消火設備のうち、いずれかを設置する必要がある。避難器具は、令別表第1の防火対象物の用途および規模に応じて規定されており、防火対象物の階［※］に設置する。また避難器具は、避難に際して容易に接近することができ、階段、避難口等から適当な距離にあり、かつ、当該器具の使用の際に安全な構造を有する開口部に設置する。

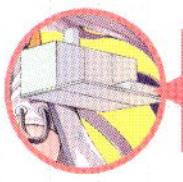

表1｜ 消防用設備等の種類を覚えておくのよん

消火設備	一　消火器、簡易消火用具［水バケツ、水槽、乾燥砂、膨張ひる石、膨張真珠岩］ 二　屋内消火栓設備 三　スプリンクラー設備 四　水噴霧消火設備 五　泡消火設備 六　不活性ガス消火設備 七　ハロゲン化物消火設備 八　粉末消火設備 九　屋外消火栓設備 十　動力消防ポンプ設備	消防法令7条2項 消防法令10条1項 消防法令11条1項・2項・4項 消防法令12条1項・3項・4項 消防法令13条1項・2項 消防法令19条1項・2項・4項 消防法令20条1項・2項・5項
警報設備	一　自動火災報知設備 一の二　ガス漏れ火災警報設備 二　漏電火災警報器 三　消防機関へ通報する火災報知設備 四　非常警報器具［警鐘、携帯用拡声器、手動式サイレンその他］、非常警報設備［非常ベル、自動式サイレン、放送設備］	消防法令7条3項 消防法令21条1項・3項 消防法令21条の2第1項 消防法令22条1項 消防法令23条1項・3項 消防法令24条1項・2項・3項・5項
避難設備	一　避難器具［すべり台、避難はしご、救助袋、緩降機、避難橋その他］ 二　誘導灯、誘導標識	消防法令7条4項 消防法令25条1項 消防法令26条1項・3項
消防用水	防火水槽、貯水池その他の用水	消防法令7条5項 消防法令27条1項・2項
消火活動上必要な設備	排煙設備、連結散水設備、連結送水管、非常コンセント設備、無線通信補助設備	消防法令7条6項 消防法令28条1項・3項 消防法令28条の2第1項・3項・4項 消防法令29条1項 消防法令29条の2第1項 消防法令29条の3第1項

表2｜ 自動車の整備、駐車場に関する規定ですよん

防火対象物	消火設備
令別表第1の防火対象物の自動車修理又は整備用の部分で、床面積が、地階または2階以上の階は200㎡以上、1階は500㎡以上のもの	泡消火設備、不活性ガス消火設備、ハロゲン化物消火設備又は粉末消火設備
令別表第1の防火対象物の駐車用途の部分で、次に掲げるもの 1　当該部分の存する階［屋上部分を含み、駐車するすべての車両が同時に屋外に出ることができる構造の階を除く］の当該部分の床面積が、地階または2階以上の階は200㎡以上、1階は500㎡以上、屋上部分は300㎡以上のもの 2　昇降機等の機械装置により車両を駐車させる構造のもので、車両の収容台数が10以上のもの	水噴霧消火設備、泡消火設備、不活性ガス消火設備、ハロゲン化物消火設備又は粉末消火設備

表3｜ 排煙設備のきまりごとだよん!

①	排煙設備は、火災時の煙を有効に排除すること
②	排煙設備には、手動起動装置又は自動起動装置を設けること
③	排煙設備の排煙口、風道等は、煙の熱等によりその機能に支障を生ずるおそれのない材料で造ること
④	排煙設備には非常電源を附置すること

※排煙上有効な窓等の開口部が設けられている部分その他の消火活動上支障がないものとして総務省令で定める部分には、排煙設備を設置しないことができる［令28条3項］

※ 避難階および11階以上の階を除く

バリアフリー法

もう誰にも転んでほしくないの!

令《れい》弦《げん》堂《どう》美《メイ》帆《ファン》

冥界の人口がこれ以上増えないよう、不慮の事故を減らすべく日夜建築物の段差を減らすことを心がけている。階段３姉妹[70～75頁]のことが気になっているが、自分からは声をかけられないでいる。

①認定特定建築物の容積率の特例

認定特定建築物の建築物特定施設の床面積のうち、移動等円滑化の措置をとることで通常の建築物の建築物特定施設の床面積を超える場合の床面積は、容積率の算定の基礎となる延べ面積に算入しないものとする。算入しない床面積は、認定特定建築物の延べ面積の1／10を限度とする［バリアフリー法19条、令24条］

②建築物特定施設

出入口・廊下等・階段・傾斜路・エレベータその他の昇降機・便所・ホテルまたは旅館の客室・敷地内の通路・駐車場・その他国土交通省令で定める施設など［バリアフリー法2条18項、令6条］

③特別特定建築物

特別特定建築物［表２］のうち、以下のものは、建築物移動等円滑化基準に適合させる義務がある［バリアフリー法14条、令9条］

特別特定建築物の工事種別	床面積の合計
建築［増築・改築・用途変更は当該部分］	2,000㎡以上［公衆便所は50㎡以上］

④既存特定建築物に設けるエレベータ

既存の特定建築物に車いす利用者のエレベータを設ける場合、次の基準に適合し、所管行政庁が認めたときは、建築基準法の一部の適用については、当該エレベータの構造は耐火構造とみなす［バリアフリー法23条］

1　エレベータおよび当該エレベータの設置にかかわる特定建築物の主要構造部の部分の構造が主務省令で定める安全上および防火上の基準に適合していること

2　エレベータの制御方法およびその作動状態の監視方法が主務省令で定める安全上の基準に達していること

⑤建築物移動等円滑化基準

不特定かつ多数の者が利用し、または主に高齢者・障害者等が利用する建築物特定施設の構造および配置について定められる主な基準［表3・バリアフリー法14条、令10条］

対象となる建築物が定められているアル

高齢者、障害者等の移動等の円滑化の促進に関する法律［以下、バリアフリー法］は、高齢者、障害者の移動を円滑にするために設けられたもの。この対象となる建築物には、特定建築物と特別特定建築物の2タイプがある。

特別特定建築物は、建築物移動等円滑化基準に適合する義務がある。特定建築物にあっては、この基準への適合は努力義務である。地方公共団体は、条例で特別特定建築物に定める特定建築物を追加したり、義務の対象となる規模［※1］を引き下げたり、建築物移動等円滑化基準に必要な事項を付加することなどが可能である［バリアフリー法14条、法16条］。

バリアフリー法の認定申請者は、所管行政庁に対し、申請に併せて建築基準法の確認申請書を提出し、建築主事の適合通知を受けるように申し出ることができる。所管行政庁が、通知を受けて認定をしたときは、当該特定建築物は、確認済証の交付があったものとみなされる［バリアフリー法17条］。

表1｜特定建築物はこれアル

学校
病院または診療所
劇場、観覧場、映画館または演芸場
集会場または公会堂
展示場
卸売市場または百貨店、マーケットその他の物品販売業を営む店舗
ホテルまたは旅館
事務所
共同住宅、寄宿舎または下宿
老人ホーム、保育所、福祉ホームその他これらに類するもの
老人福祉センター、児童厚生施設、身体障害者福祉センターその他これらに類するもの
体育館、水泳場、ボーリング場その他これらに類する運動施設または遊技場
博物館、美術館または図書館
公衆浴場
飲食店またはキャバレー、料理店、ナイトクラブ、ダンスホールその他これらに類するもの
理髪店、クリーニング取次店、質屋、貸衣装屋、銀行その他これらに類するサービス業を営む店舗
自動車教習所または学習塾、華道教室、囲碁教室その他これらに類するもの
工場
車両の停車場または船舶若しくは航空機の発着場を構成する建築物で旅客の乗降または待合いの用に供するもの
自動車の停留または駐車のための施設
公衆便所
公共用歩廊

表2｜特別特定建築物も覚えるアルよ

特別支援学校
病院または診療所
劇場、観覧場、映画館または演芸場
集会場または公会堂
展示場
百貨店、マーケットその他の物品販売業を営む店舗
ホテルまたは旅館
保健所、税務署その他不特定かつ多数の者が利用する官公署
老人ホーム、福祉ホームその他これらに類するもの［主として高齢者、障害者等が利用するものに限る］
老人福祉センター、児童厚生施設、身体障害者福祉センターその他これらに類するもの
体育館［一般公共の用に供されるものに限る］、水泳場［一般公共の用に供されるものに限る］若しくはボーリング場または遊技場
博物館、美術館または図書館
公衆浴場
飲食店
理髪店、クリーニング取次店、質屋、貸衣装屋、銀行その他これらに類するサービス業を営む店舗
車両の停車場または船舶若しくは航空機の発着場を構成する建築物で旅客の乗降または待合いの用に供するもの
自動車の停留または駐車のための施設［一般公共の用に供されるものに限る］
公衆便所
公共用歩廊

表3｜これが建築物移動等円滑化基準アルね

場所	基準
廊下等	表面は粗面または滑りにくい材料で仕上げる。階段または傾斜路の上端に近接する廊下等の部分には、視覚障害者に対し段差または傾斜の存在の警告を行うために、点状ブロック等を敷設する
階段	踊り場を除き、手すりを設ける。表面は、粗面または滑りにくい材料で仕上げる。主たる階段は、回り階段でない。踏面の端部とその周囲の部分との色の明度、色相または彩度の差が大きいことにより段を容易に識別できるものとする。段鼻の突き出しほか、つまずきの原因となるものを設けない。段がある部分の上端に近接する踊場の部分には、点状ブロック等を敷設する
傾斜路	勾配が1／12を超えまたは高さ16cmを超える傾斜がある部分には、手すりを設ける。表面は粗面または滑りにくい材料で仕上げる。その前後の廊下等との色の明度、色相または彩度の差が大きいことによりその存在を容易に識別できるものとする。傾斜がある部分の上端に近接する踊場の部分には、点状ブロック等を敷設する
便所	便所のうち1以上に、車いす使用者用便房を1以上設ける［※2］。便所内に、高齢者、障害者等が円滑に利用することができる構造の水洗器具を設けた便房を一以上設ける。不特定かつ多数の者が利用し、または主として高齢者、障害者等が利用する男子用小便器のある便所を設ける場合、そのうち一以上に、床置式の小便器、壁掛式の小便器その他これらに類する小便器を一以上設けなければならない
ホテルまたは旅館	客室の総数が50以上の場合は、車いす使用者用客室［※3］を1以上設ける
敷地内の通路	傾斜路は、勾配が1／12を超えまたは高さ16cmを超え、かつ、勾配が1／20を超える傾斜がある部分には、手すりを設ける。段がある部分は手すりを設ける。表面は、粗面または滑りにくい材料で仕上げる。段がある部分は踏面の端部とその周囲の部分、傾斜路はその前後の通路部分を、色の明度、色相または彩度の差が大きいことにより段や傾斜路を容易に識別できるものとする。段がある部分には、段鼻の突き出しほか、つまずきの原因となるものを設けない
駐車場	駐車場のうちの1以上に、車いす使用者用駐車施設［※4］を1以上設ける

※1 2,000㎡（公衆便所は50㎡）｜※2 男子用及び女子用の区別があるときは、それぞれ1以上と解釈する｜※3 車いす使用者が円滑に利用できる客室｜※4車いす使用者が円滑に利用することができる駐車施設

耐震改修促進法

カイシュウあれば憂いなし

クリスティーナ・マチルド、ナスタン・オデット、ロードン・ジョゼット

マチルドは、大震教という信仰を普及してまわっているシスター。几帳面すぎて、何回も確認しないと気がすまないタイプ。オデット、ジョゼットはマチルドに拾われて修道院で育てられている。

①都道府県耐震改修促進計画
都道府県は、国土交通大臣が定める基本方針に基づき、区域内の建築物の耐震診断および耐震改修の促進を図るための都道府県耐震改修促進計画を定める［表1・耐震改修促進法5条］

②市町村耐震改修促進計画
市町村は、都道府県耐震改修計画に基づき、区域内の建築物の耐震診断および耐震改修の促進を図るための市町村耐震改修促進計画を定める努力義務がある［表2・耐震改修促進法6条］

③特定既存耐震不適格建築物
病院・学校など多数のものが利用する建築物や、危険物を貯蔵する建築物［表4・耐震改修促進法14条］

④建築物の所有者が講ずべき措置
都道府県耐震改修促進計画に記載された建築物、通行障害既存耐震不適格建築物の所有者は、耐震診断を行い、その結果を、所定の期限までに所管行政庁に報告しなければならない［表3・耐震改修促進法7条］

⑤通行障害既存耐震不適格建築
地震で倒壊した場合にその敷地に接する道路の通行を妨げ、多数の者の円滑な避難を困難とするおそれがあるもので政令で定める通行障害建築物であって既存耐震不適格建築物であるもの

備えるに越したことはありませんわ

耐震改修促進法では、多数の者が利用する建築物等で、倒壊などのおそれがあるものに対して努力義務を課し、所管行政庁が指導・助言などを行う。国が定める基本方針に則り、都道府県による都道府県耐震改修促進計画と、努力義務である市町村による市町村耐震改修促進計画が定められる。特定建築物の所有者には、建築物が現行の耐震基準と同等かそれ以上の耐震性能を確保するよう、耐震診断・改修に努める努力義務がある。要安全確認計画記載建築物の所有者は、耐震診断を行い、その結果を、表の所定の期限までに所管行政庁に報告しなければならない。また、その耐震診断の結果、地震に対する安全性の向上を図る必要があるときは、当該要安全確認計画記載建築物の耐震改修を行うよう努めなければならない。

耐震診断及び耐震改修の努力義務の対象となる特定建築物で要安全確認計画記載建築物を除くものを「特定既存耐震不適格建築物」といい、その所有者は耐震改修を行う努力義務がある。［耐震改修促進法4～7条、法14条］

表1｜都道府県耐震改修計画に記載できる事項だよ

①	病院、官公署等大地震が発生した場合に公益上必要な建築物で、政令で定めるもので、既存耐震不適格建築物であるもの［「耐震不明建築物」に限る］について、耐震診断・耐震改修の場合における、当該建築物に関する事項及び耐震診断結果報告の期限に関する事項［耐震改修促進法5条3項一号］
②	建築物が地震で倒壊した場合に、その敷地に接する道路［「建築物集合地域通過道路等」に限る］の通行を妨げ、市町村の区域を越える相当多数の者の円滑な避難を困難とすることを防止するため、当該道路にその敷地が接する通行障害既存耐震不適格建築物について、耐震診断及び耐震改修の場合における、当該通行障害既存耐震不適格建築物の敷地に接する道路に関する事項及び当該通行障害既存耐震不適格建築物［耐震不明建築物に限る］に係る耐震診断結果報告の期限に関する事項［耐震改修促進法5条3項二号］

表2｜市町村耐震改修促進計画に記載できる事項ですわ

①	建築物が地震で倒壊した場合に、その敷地に接する道路［建築物集合地域通過道路等に限る］の通行を妨げ、当該市町村の区域における多数の者の円滑な避難を困難とすることを防止するため、当該道路にその敷地が接する通行障害既存耐震不適格建築物について、耐震診断及び耐震改修の促進が必要な場合における、当該通行障害既存耐震不適格建築物の敷地に接する道路に関する事項及び当該通行障害既存耐震不適格建築物［耐震不明建築物であるものに限る］に係る耐震診断の結果の報告の期限に関する事項［耐震改修促進法6条3項一号］
②	建築物が地震で倒壊した場合に、その敷地に接する道路［建築物集合地域通過道路等を除く］の通行を妨げ、当該市町村の区域における多数の者の円滑な避難を困難とすることを防止するため、当該道路にその敷地が接する通行障害既存耐震不適格建築物の耐震診断及び耐震改修が必要な場合における、当該通行障害既存耐震不適格建築物の敷地に接する道路に関する事項

表3｜要安全確認計画記載建築物の所有者は、診断結果を期限までに報告しないといけないよ

①	都道府県耐震改修促進計画に記載された建築物は、当該耐震改修促進計画に記載された期限
②	その敷地が都道府県耐震改修促進計画に記載された道路に接する通行障害既存耐震不適格建築物［耐震不明建築物に限る］は、当該耐震改修促進計画に記載された期限
③	その敷地が市町村耐震改修促進計画に記載された道路に接する通行障害既存耐震不適格建築物［耐震不明建築物に限り、2の建築物を除く］は、当該耐震改修促進計画に記載された期限

表4｜特定既存耐震不適格建築物はこれなんだって

①	学校、体育館、病院、劇場、観覧場、集会場、展示場、百貨店、事務所、老人ホームその他多数の者が利用する建築物で、政令で定めるものでその定める規模以上のもの
②	火薬類、石油類その他政令で定める危険物で、政令で定める数量以上のものの貯蔵場又は処理場の用途に供する建築物
③	その敷地が都道府県耐震改修促進計画に記載された道路または市町村耐震改修促進計画に記載された道路に接する通行障害建築物

表5｜以下で診断・改修が行われてないと、所管行政庁が指示を出すよ

①	病院、劇場、観覧場、集会場、展示場、百貨店その他不特定かつ多数の者が利用する特定既存耐震不適格建築物
②	小学校、老人ホームその他地震の際の避難確保上特に配慮を要する者が主として利用する特定既存耐震不適格建築物
③	その他所定の特定既存耐震不適格建築物

表6｜区分所有建築物の耐震改修について、こんな認定があるんだって

①	区分所有建築物の管理者等は、所管行政庁に対し、当該区分所有建築物の耐震改修を行う必要がある旨の認定を申請することができ、所管行政庁の認定を受けた区分所有建築物については、区分所有者の集会の決議により耐震改修を行うことができる［耐震改修促進法25条3項］
②	要耐震改修認定建築物の区分所有者は、当該要耐震改修認定建築物について耐震改修を行うよう努めなければならない［耐震改修促進法25～27条］

品確法

フェア精神で住宅の質を守る

クオリティア・アシュリー

フェアプレーを重んじる騎士。志やこだわるポイントがユーリ［140頁］に似ていると言われ、事実仲は良いようだ。

①住宅紛争処理

指定住宅紛争処理機関は、建設住宅性能評価書が交付された住宅（評価住宅）の建設工事の請負契約または売買契約に関する紛争の当事者の双方または一方からの申請により、当該紛争のあっせん、調停および仲裁（住宅紛争処理）の業務を行う［品確法67条］

②住宅性能評価

設計された住宅または建設された住宅について、日本住宅性能表示基準に従って表示すべき性能に関し、評価方法基準に従って評価することを住宅性能評価という。結果は住宅性能評価書として交付される。評価書には、設計段階の評価である「設計住宅性能評価書」と、施工・完成段階の現場検査を経た「建設住宅性能評価書」の2種類が存在し、それぞれ住宅品質確保法で定めるマークが表示される［品確法5条、品確法施行規則2条］

③瑕疵担保責任

新築住宅の請負契約においては、請負人は注文者に引き渡したとき、売買契約においては、売主は、買主に引き渡したとき（新築住宅が住宅新築請負契約に基づき請負人から売主に引き渡されたものである場合は、その引渡しのとき）から10年間、住宅の構造耐力上主要な部分等の隠れた瑕疵について、民法634条第1項及び第2項前段上の瑕疵担保責任を負う。なお、規定に反する特約で注文者・買主に不利なものは、無効とする。また、一時使用のため建設されたことが明らかな住宅については、適用しない［品確法94・95・96条］

品格法では瑕疵担保責任を義務付けているのだよ

住宅の品質確保の促進等に関する法律［以下、品確法］では、住宅性能表示基準にもとづき構造耐力上主要な部分と雨水の浸入を防止する部分に対して、引渡日から10年間の瑕疵担保責任を、新築住宅の請負人に義務付けている［品確法95、96条］。品確法において、住宅の性能評価には、設計された住宅に係る設計住宅性能評価書と、建設された住宅に係る建設住宅性能評価が存在する。また、建設住宅性能評価書が交付された住宅で、建設工事の請負契約または売買契約に関する紛争が発生した場合に、それを解決するために指定住宅紛争処理機関が設けられている［品確法66、67条］。

住宅瑕疵担保履行法は、住宅の瑕疵担保の補修等が確実に行われるよう、保険や供託を義務付けるための法律で、2009年10月1日以降に引き渡される戸建て、マンション、賃貸などの新築住宅を対象に、瑕疵担保責任を確実に履行するための資力確保措置（保険加入または供託）の事業者への義務付け等を定めている［住宅瑕疵担保履行法3条］。

図1｜ きみは性能評価の流れを知っているか!?

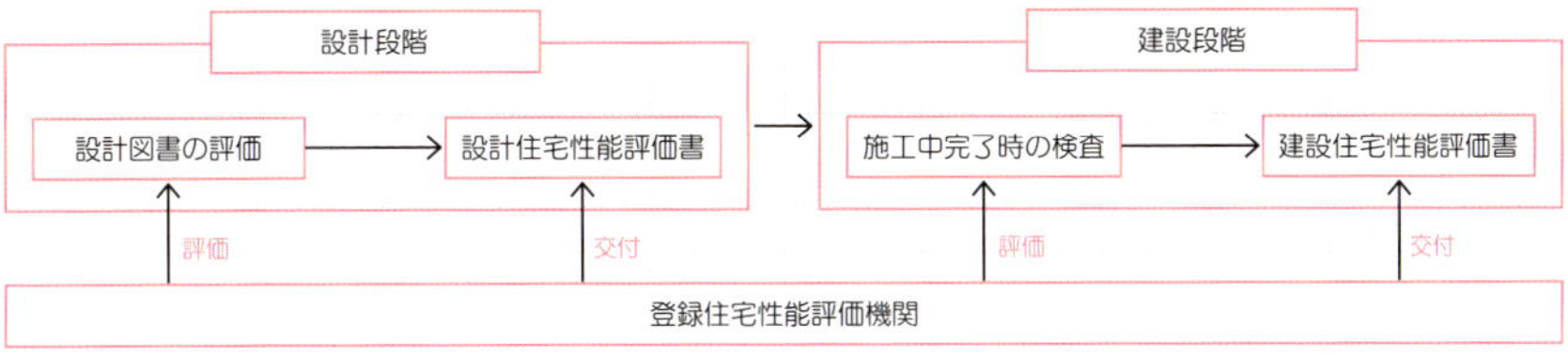

図2・表1｜ 瑕疵担保期間10年の対象となる部分がどこか、わかるかな?

①構造耐力上主要な部分	基礎・基礎杭・壁・柱・小屋組・土台・斜材［筋かい・方づえ・火打材等］・床版・屋根版、横架材［梁・けた等］で、住宅の自重・積載荷重・積雪・風圧・土圧・水圧又は地震の震動・衝撃を支えるもの。建築基準法の定義と同じ
②雨水の浸入を防止する部分	a 住宅の屋根・外壁、これらの開口部に設ける戸・枠その他の建具 b 雨水用排水管のうち、屋根もしくは外壁の内部又は屋内にある部分

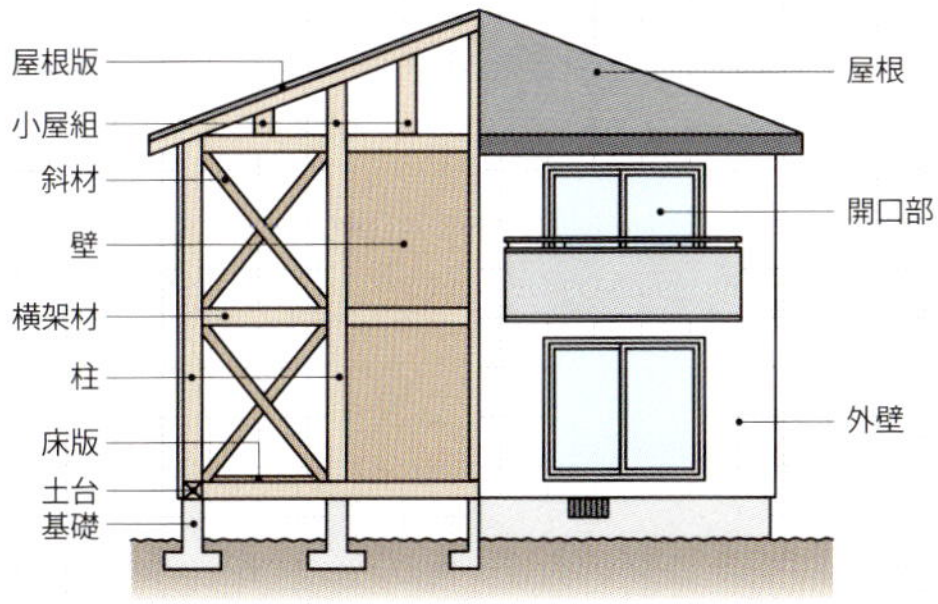

図3・表2｜ 住宅紛争処理センターの業務にはこんなのがあるぜ!

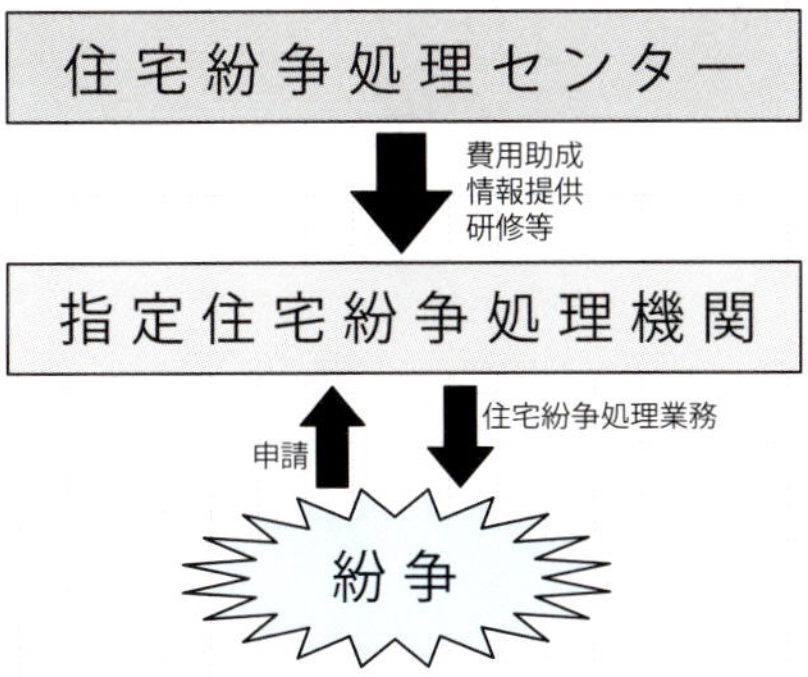

①	指定住宅紛争処理機関に対して紛争処理の業務の実施に要する費用を助成すること
②	住宅紛争処理に関する情報・資料の収集・整理をし、指定住宅紛争処理機関に提供すること
③	住宅紛争処理に関する調査・研究を行うこと
④	指定住宅紛争処理機関の紛争処理委員又はその職員に対する研修を行うこと
⑤	指定住宅紛争処理機関の行う紛争処理の業務について、連絡調整を図ること
⑥	評価住宅の建設工事の請負契約又は売買契約に関する相談、助言及び苦情の処理を行うこと
⑦	評価住宅以外の住宅の建設工事の請負契約や売買契約に関する相談、助言や苦情の処理を行うこと
⑧	住宅購入者等の利益の保護及び住宅に係る紛争の迅速かつ適正な解決を図るために必要な業務を行うこと

建築物省エネ法

口数少ない裁きの女神

セヴィーニヤ・エニエール

バランスをつかさどる女神。天秤を持っているが、本当は左目でみるだけでどちらが重いのかを見抜くことができるといわれている。非常に無口で、普段は家に篭りがち。

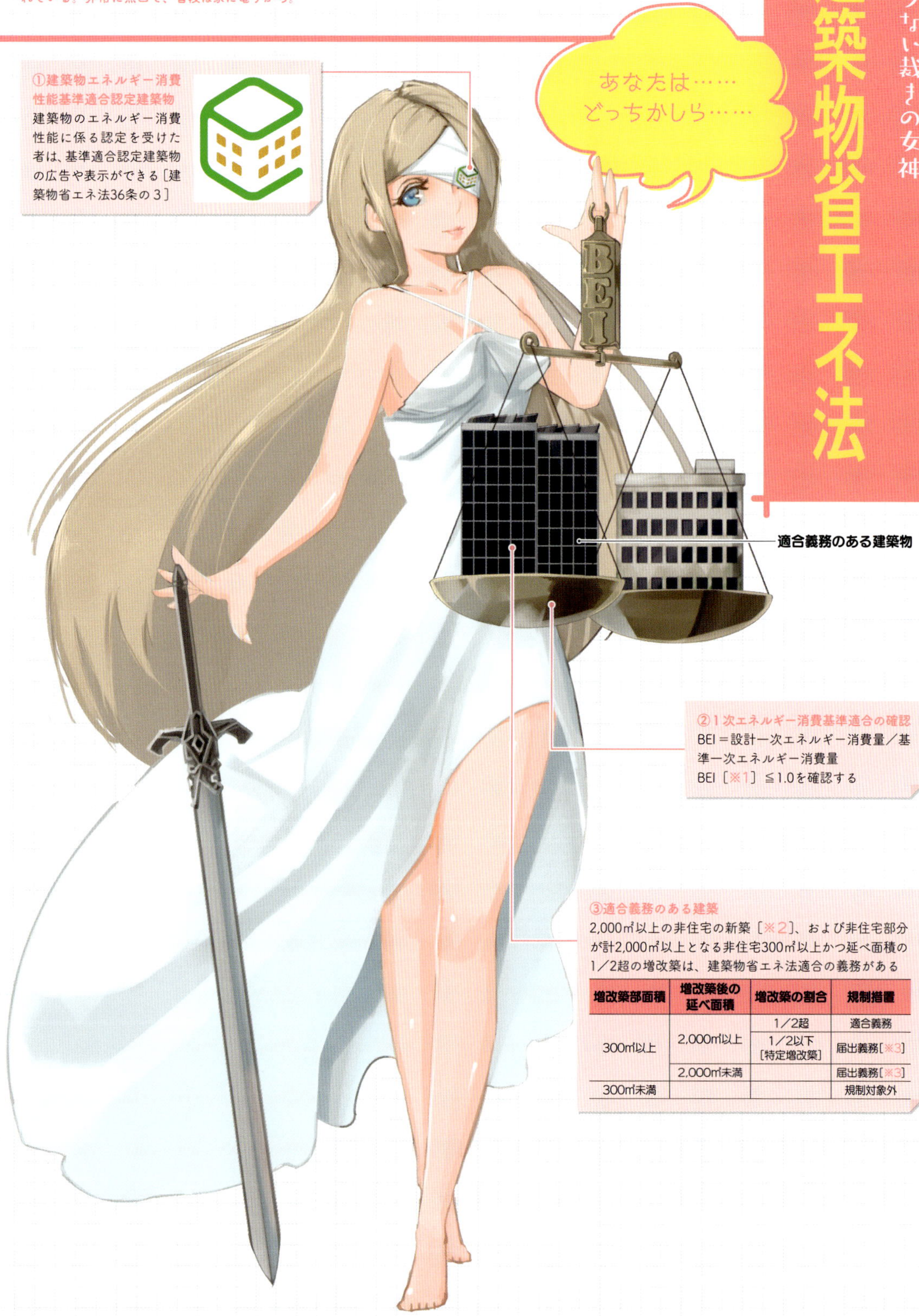

あなたは……
どっちかしら……
BEI
適合義務のある建築物

①建築物エネルギー消費性能基準適合認定建築物
建築物のエネルギー消費性能に係る認定を受けた者は、基準適合認定建築物の広告や表示ができる［建築物省エネ法36条の3］

②1次エネルギー消費基準適合の確認
BEI＝設計一次エネルギー消費量／基準一次エネルギー消費量
BEI［※1］≦1.0を確認する

③適合義務のある建築
2,000㎡以上の非住宅の新築［※2］、および非住宅部分が計2,000㎡以上となる非住宅300㎡以上かつ延べ面積の1／2超の増改築は、建築物省エネ法適合の義務がある

増改築部面積	増改築後の延べ面積	増改築の割合	規制措置
300㎡以上	2,000㎡以上	1／2超	適合義務
		1／2以下［特定増改築］	届出義務［※3］
	2,000㎡未満		届出義務［※3］
300㎡未満			規制対象外

※1 BEI＝標準入力法による設計値／標準入力法による基準値。BEIm＝モデル建物法による設計値／モデル建物法による基準値
※2 畜舎や常温倉庫、自動車車庫、文化財、仮設建築物等は対象外
※3 所管行政庁へ届出。省エネ基準に適合しない場合は、必要に応じて指示・命令がある

床面積の算定に気をつけましょう！

建築物のエネルギー消費性能の向上に関する法律〔建築物省エネ法〕は、住宅以外の一定規模以上の建築物のエネルギー消費性能基準への適合義務等を講じている。

建築物エネルギー消費性能基準とは、建築物の備えるべきエネルギー消費性能の確保のために必要な建築物の構造および設備に関する経済産業省令・国土交通省令で定める基準をいう。非住宅部分の床面積が2千㎡以上の特定建築物については、新築時等におけるエネルギー消費性能基準への適合と適合判定の義務がある。300㎡以上、2千㎡未満の建築物については、新築時等における省エネ計画の届出義務を課し、エネルギー消費性能基準に適合しないときは、必要に応じ、所管行政庁が指示等を行うことができる。容積率の算定の基礎となる延べ面積には、認定建築物エネルギー消費性能向上計画に係る建築物の床面積のうち、基準に適合させるために通常の建築物の床面積を超えることとなる場合における政令で定める床面積は、算入しない。〔建築物省エネ法19条、35条〕

図1｜ 1次消費エネルギー消費量基準への適合の確認方法よ

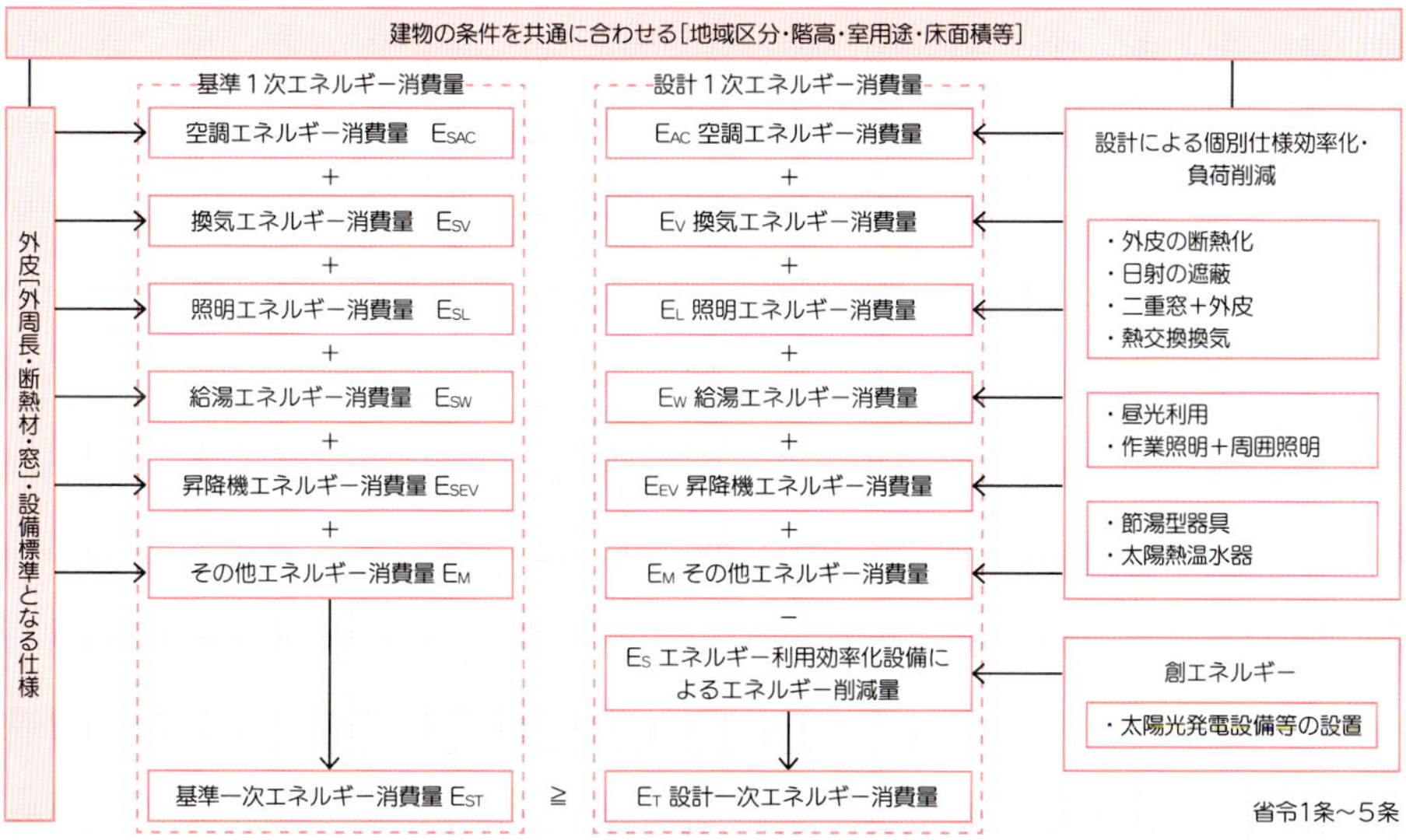

図2｜ 申請と適判の流れを押さえましょう

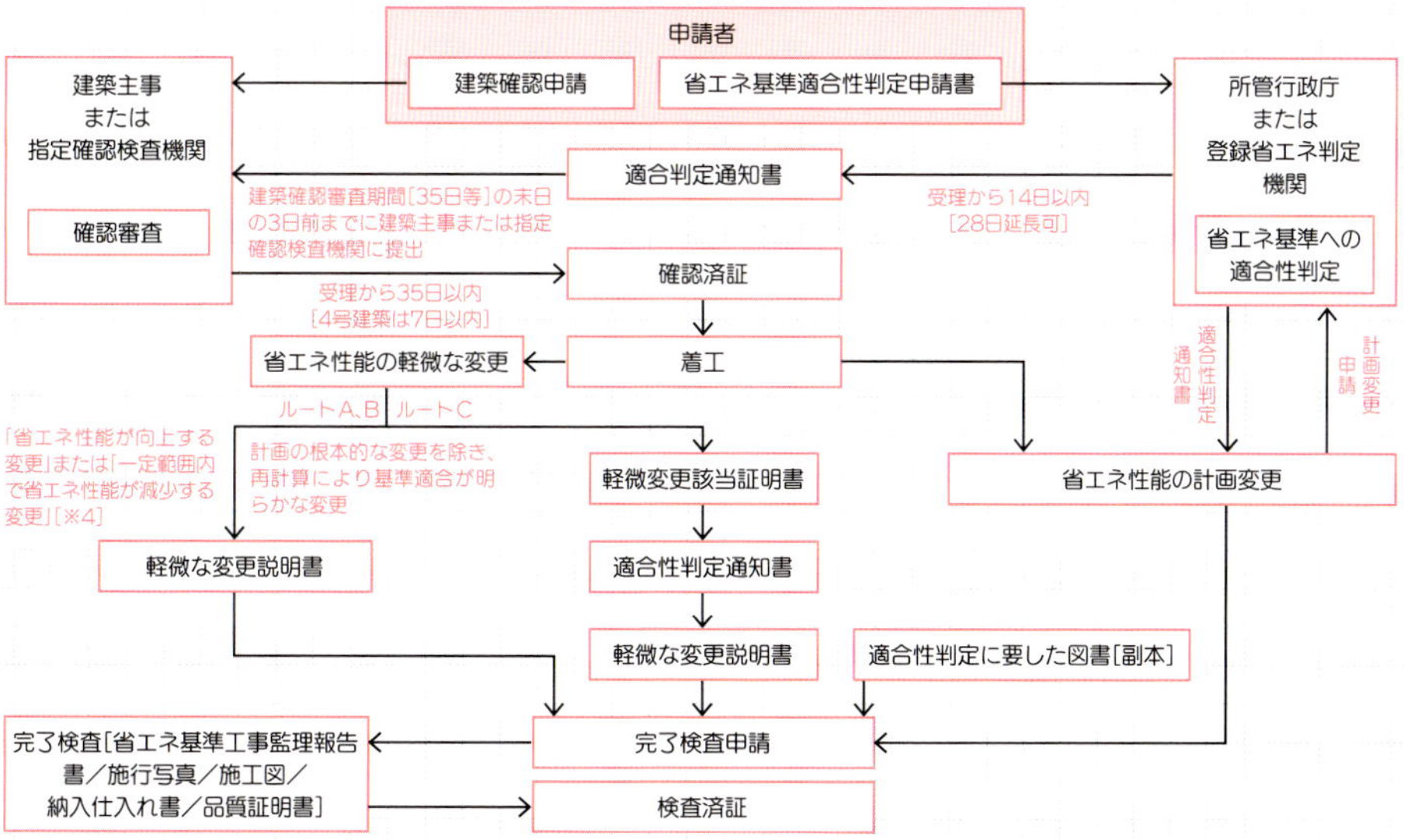

※4「建築物の高さ・外周長の減少、設備機器の効率向上等」「外壁の平均熱貫流率≦5%増かつ窓の平均熱貫流率≦5%増」「送風機の電動機出力≦10%増」「駐車場・厨房の計算対象床面積≦5%増」「照明器具の消費電力≦10%増」「給湯機器の平均効率≦10%増」「太陽光発電の電池アレイの容量≦2%減」「太陽光発電のパネルの方位角≦30°、傾斜角≦10°」など

公正意識の高い吸血鬼 建設業法

可《カー》未《ミ》羅《ラ》・痕《コン》戸《ト》羅《ラ》

吸血鬼貴族の末裔。契約書は血で交わすという信条がある。多くのこうもりを眷属として引き連れている。

わたしと契約してくださる?

①建設工事の請負契約
建設工事の請負契約の当事者は、契約の締結に際して工事内容、請負金の額、工事着手の時期等についての事項を書面に記載し、署名または記名押印して相互に交付する必要がある。［建設業法19条］

主任技術者

監理技術者

②主任技術者
建設業者は、建設工事を施工するとき、技術上の管理をつかさどる主任技術者を置かなければならない［建設業法26条1項］

③廃業等の届出
法人が合併により消滅した場合の役員など許可に関わる建設業者は、30日以内に、国土交通大臣または都道府県知事にその旨を知らせる必要がある［建設業法12条］

契約は公正にいきましょうね

建設業法は、建設工事の契約の適正化などを図る法律である。工事1件の請負代金の額が、建築一式工事の場合で1千500万円以上、それ以外の建設工事で500万円以上の場合、建設業許可が必要となり、国土交通大臣または都道府県知事の許可を受けなければならない［建設業法3条1項、令1条の2］。発注者から直接建設工事を請け負った特定建設業者は、工事を施工するために締結した下請契約の請負代金の額が一定以上の金額の場合には、当該工事に関し一定の能力を有する者で当該工事現場における建設工事の施工の技術上の管理をつかさどる監理技術者を置かなければならない［建設業法26条2項］。

建設業者は、請け負った建設工事を、一括して他人に請け負わせてはならない。ただし、工事が多数のものが利用する施設で共同住宅を新築する工事以外の建設工事である場合、当該工事の元請負人があらかじめ発注者の書面による承諾を得たときは、これらの規定は適用されない［建設業法22条、建設業法令6条の3］。

宅地造成等規制法

言いつけに背くと埋められちゃうかも⁉

森土記利絵《もりどきりえ》　女王様気質でありルールに厳しい反面、思いやりの気持ちも強い。要はツンデレである。

わらわの戒め、聞けぬとは言わせぬぞ

①切土・盛土面積＞500㎡
切土または盛土で、その面積が500㎡を超えるもの［②〜④以外］［宅造法令3条］

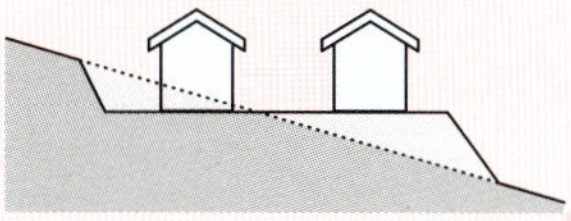
切土または盛土の土地の面積が500㎡以上

②盛土の場合
盛土で、高さが1mを超えるもの［宅造法令3条］

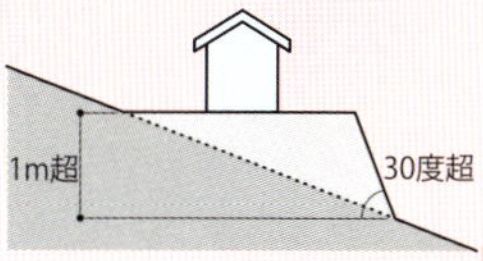

③切土の場合
切土で、高さが2mを超えるもの［宅造法令3条］

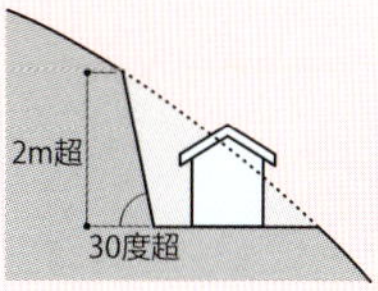

④切土・盛土両方を行う場合
切土と盛土とを同時にする場合の盛土で、盛土の高さが1m以下、かつ、切土及び盛土の高さが2mを超えるもの［宅造法令3条、宅造法施行令1条1項2号］

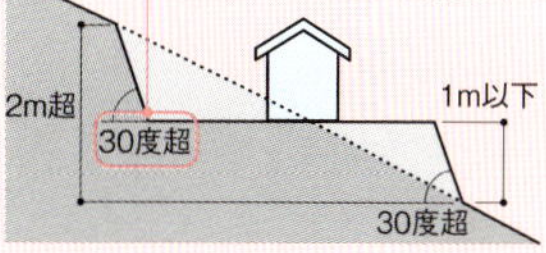

法面の勾配が30度を超える土地が、がけとして規定される

災害のおそれがあるところはわらわが指定されるぞ

宅地造成等規制法とは、宅地造成に伴う崖崩れや土砂の流出による災害が生じないように制定されたもの。宅地造成とは、宅地以外の土地を宅地にするため、または宅地において行う土地の形質の変更のことである。ただし、宅地を宅地以外の土地にするために行うものは除外される。都道府県知事［※1］は、宅地造成にともない災害が生ずるおそれが大きい市街地等で、宅地造成工事について規制を行う必要があるものを、最小限度の範囲で、宅地造成工事規制区域として指定することができる。宅地造成工事規制区域内で行われる宅地造成に関する工事について、造成主は、工事着手前に、都道府県知事等の許可を受ける必要がある［※2］。また、宅地造成に関する工事は、政令で定める技術的基準に従い、擁壁、排水施設など、造成に伴い災害を防止するために必要な措置を講じたものである必要がある。そのうえで、許可に係る工事を完了した際に、都道府県知事の検査を受ける。［宅造法2条、8条、9条、13条］

※1 指定都市、中核市、特例市は市長
※2 ただし、開発行為の許可を受けて行われる宅地造成に関する工事は除かれる。

景観法

調和を乱す人には容赦なし!?

都《みやこ》美《み》景《かげ》

舞踏の先生。厳しい修行を行うことで知られており、特に団体種目での全体の調和にはひときわ指導に熱が入るという。

稽古は
手加減しまへんで

①景観計画
景観行政団体は、一定の区域について、良好な景観の形成に関する計画である「景観計画」を定めることができ、①景観計画区域、②良好な景観形成のための行為の制限に関する事項③景観法19条1項の景観重要建造物または景観法28条1項の景観重要樹木の指定の方針（当該景観計画区域内にこれらの指定の対象となる建造物または樹木がある場合に限る）を定める〔景観法8条2項〕

②景観地区
市町村は、都市計画区域・準都市計画区域内の土地の区域について、市街地の良好な景観の形成を図るため、都市計画に景観地区を定めることができる〔景観法61条〕

③建築物の形態意匠の制限
景観地区内の建築物の形態意匠は、原則として、都市計画に定められた建築物の形態意匠の制限に適合するものでなければならない〔景観法62条〕

表｜景観計画区域内で届出が必要な行為

①	建築物の新築、増築、改築、移転、外観を変更することとなる修繕、模様替、色彩の変更
②	工作物の新設、増築、改築、移転、外観を変更することとなる修繕、模様替・色彩の変更
③	開発行為その他政令で定める行為
④	景観計画に従い、景観行政団体の条例で定める行為

建築等の行為をするときは届出が要りまっせ

景観計画区域内では、〔表〕の行為をしようとする場合、あらかじめ、その行為の種類、場所、設計、施行方法、着手予定日その他の所定の事項を景観行政団体の長に届け出る必要がある。景観地区内で建築等にあたる行為をする場合は、あらかじめその計画が規定に適合することについて、申請書を提出して市町村長の認定を受けなければならない。市町村長は、申請書を受理した日から30日以内に審査し、適合するときは、認定証を交付しなければならない。また、認定証の交付後でなければ、建築物の建築等の工事〔※〕はできない〔景観法8条、16条、61～63条〕

※ 根切り工事その他政令で定める工事を除く

屋外広告物法

調和をみだす人は斬られちゃうかも!?

広国裂姫《こうこくさき》　派手好きの侍で、自分のセンスに絶対の自信を持っている。自分の気に入らないデザインの装束は、刀で切り捨ててしまうというワイルドな性格。

無用の広告、
切り捨て候

屋外広告物［※］

①広告物の表示等の禁止
都道府県は、条例により、住居専用地域・道路・鉄道等の地域・場所について、広告物の表示または掲出物件の設置を禁止することができる［表・屋外広告物法3条］

②広告の表示等の制限
都道府県は、条例で、良好な景観を形成し、風致を維持し、または公衆への危害防止のために、広告物の表示又は掲出物件の設置について、都道府県知事の許可とすることそのほか必要な制限をすることができる［屋外広告物法4条］

③広告物の表示方法の基準
屋外広告物は、常時または一定の期間継続して屋外で公衆に表示されるものと定義される。都道府県は、広告物の形状・面積・色彩・意匠その他表示の方法の基準もしくは掲出物件の形状その他設置の方法の基準または維持方法の基準を定めることができる［屋外広告物法2条・5条］

景観をみだすことは許さぬ！

屋外広告物法とは、良好な景観を形成したり、公衆に対する危害を防止したりするために、屋外広告物の表示や屋外広告物を掲出する物件の設置・維持、および屋外広告業について、必要な規制の基準を定めたもの。屋外広告物法3～5条は、建築基準法施行令9条に定める定める建築基準関係規定で、建築確認の対象である。広告物の表示等の禁止については、橋梁、街路樹や路傍樹なども禁止対象とすることが可能［屋外広告物法3～5条］。

表｜広告物の表示等の禁止対象［屋外広告物法3条］

①	第一種低層住居専用地域、第二種低層住居専用地域、第一種中高層住居専用地域、第二種中高住居専用地域、田園住居地域、景観地区、風致地区、伝統的建造物群保存地区
②	重要文化財周辺地域等
③	保安林
④	道路、鉄道、軌道、索道またはこれらに接続する地域
⑤	公園、緑地、古墳または墓地
⑥	都道府県が特に指定する地域または場所

※ 屋外広告物とは、常時または一定の期間継続して屋外で公衆に表示されるものであつて、看板、立看板、はり紙およびはり札並びに広告塔、広告板、建物その他の工作物等に掲出され、または表示されたもの並びにこれらに類するもの

団《だん》夕《ゆう》歌《か》　女優になることを目指しながら、建物の秩序を保つべくお掃除戦士をやっている。何事も気にしない性格で、害獣駆除もお手の物である。

建築物衛生法

歌手を夢見るお掃除戦士！

今日も歌って
掃除するわよ♪

①建築物環境衛生管理基準
建築物環境衛生管理基準は、空気環境の調整、給・排水の管理、清掃、ネズミ、昆虫等の防除など環境衛生上良好な状態を維持する措置について定める［建築物衛生法４条］

②建築物環境衛生管理基準
特定建築物の所有者、維持管理者等は、［表］の基準に従って当該建築物の維持管理をしなければならない［建築物衛生法4条、建築物衛生法令2条］

③特定建築物の届出
特定建築物の所有者等は、当該特定建築物が使用されるときは、1か月以内に、所在場所、用途、延べ面積、構造設備の概要、建築物環境衛生管理技術者の氏名等の事項を都道府県知事［保健所を設置する市又は特別区は、市長又は区長］に届け出る［建築物衛生法5条］

④建築物衛生法における特定建築物
興行場・百貨店・店舗・事務所・学校・共同住宅等の多数の者が使用し、かつ、その維持管理について環境衛生上特に配慮が必要な建築物。上記用途部分の延べ面積3,000㎡以上の建築物と学校教育法1条による学校では延べ面積8,000㎡以上のもの［建築物衛生法２条、建築物衛生法令1条］

空気環境の
基準もあるのよ〜♪

多数の人が利用する建築物の維持管理に関して、環境衛生上必要な事項を定めたものが、建築物における衛生的環境の確保に関する法律［以下、建築物衛生法］である。空気調和設備［※］を設けている場合、居室における基準を表の基準に適合させる［建築物衛生法令２条］

表｜空気環境における建築物環境衛生管理基準

①浮遊粉じんの量	空気１㎥につき0.15mg以下
②一酸化炭素の含有率	10／100万以下［厚生労働省令で定める特別の事情がある建築物にあっては、厚生労働省令で定める数値以下］
③二酸化炭素の含有率	1000／100万以下
④温度	1. 17度以上28度以下 2. 居室における温度を外気の温度より低くする場合、その差を著しくしないこと
④相対湿度	40%以上70%以下
⑥気流	0.5m／秒以下
⑦ホルムアルデヒドの量	空気１㎥につき0.1mg以下

※ 空気を浄化し、その温度、湿度および流量を調整して供給・排出することができる設備。空気を浄化し、流れを調整して供給できるものは機械換気設備と呼ばれ、表の①〜③、⑥、⑦に適合させる

建設リサイクル法

几帳面な分別マイスター

壇《だん》府《ぶ》四《よ》鈴《りん》　重機を操縦する専門学校に通う女子学生だったが、重機好きが高じていつのまにか自分自身が重機と一体化していた。なんでもきちんと分別することに生きがいを感じている。

片付けるですよ!

①分別解体等

以下を分別解体と定める〔建設リサイクル法2条3項〕

①	建築物その他工作物の全部または一部を解体する建設工事で、建築物に用いられた建設資材に係る建設資材廃棄物をその種類ごとに分別しつつ当該工事を計画的に施工する行為
②	建築物の新築その他の解体工事以外の建設工事で、当該工事に伴い副次的に生じる建築資材廃棄物をその種類ごとに分別しつつ当該工事を施工する行為

②特定建設資材

建設資材廃棄物となった場合に、その再資源化が特に重要なもの〔建設リサイクル法令1条〕

①	コンクリート
②	コンクリートおよび鉄から成る建設資材
③	木材
④	アスファルト・コンクリート

③再資源化の定義

以下を再資源化と定める〔建設リサイクル法2条4項〕

①	分別解体に伴って生じた建築資材廃棄物について、資材または原材料として利用すること〔建築資材廃棄物をそのまま用いることを除く〕ができる状態にすること
②	分別解体に伴って生じた建築資材廃棄物であって燃焼の用に供することができるものまたはその可能性があるもので、熱を得ることに利用することが可能な状態にすること

解体して分別するですよ!

建設工事に係る資材の再資源化等に関する法律〔以下、建設リサイクル法〕は、再生資源を十分に利用するために設けられた法律。対象建設工事の発注者または自主施工者は、工事着手日の7日前までに、解体工事の場合は解体する建築物等の構造、新築工事等の場合は、使用する特定建設資材の種類等の事項を、都道府県知事に届け出る。なお、都道府県知事は、届出受理日から7日以内に限り、分別解体等の計画の変更その他必要な措置を命ずることができる〔建設リサイクル法10条〕。

表｜分別解体の工事規模［建設リサイクル法令2条］

①	解体工事で、当該建築物の解体工事に係る部分の床面積の合計が80㎡であるもの
②	新築または増築工事で、建築物の床面積の合計が500㎡であるもの
③	新築または増築工事で②に該当しないものは、その請負代金が1億円であるもの
④	建築物以外のものに係る解体工事または新築工事等については、その請負代金の額が500万円であるもの

環境にやさしいセクシー細マッチョ女子

長期優良住宅普及促進法

ナガイーダ・ユーリ

優れた身体能力と、それを強化する装備で超人的な能力を発揮する。実は75歳～100歳だという噂がある。

①長期優良住宅建築等計画の認定

構造・設備を長期使用構造等とした住宅を建築し、自ら建築後の住宅の維持保全を行おうとする者は、住宅の建築及び維持保全に関する計画（長期優良住宅建築等計画）を作成し、所管行政庁の認定を申請できる［長期優良住宅普及促進法5条］

②住宅の維持保存

構造の安全性や、雨水の浸入対策、給排水設備について、点検または調査を行い、必要に応じて修繕や改良を行う［長期優良住宅普及促進法2条3項］

③長期使用構造等

構造の腐食対策や、耐震性などの性能のほかに、バリアフリー性能や、家族構成の変化へ対応できる可変性、省エネルギー性能の措置が求められる［長期優良住宅普及促進法2条4項］

家を長く良好に保つのが私の務めだ

生活の基盤としての住宅を良好な状態に保ち、環境負荷や国民の住宅取得費を低減するために、耐久性、耐震性、可変性、維持保全の容易性などについて一定の性能を有する住宅を認定するのが、長期優良住宅の普及の促進に関する法律である。同法では、認定するための手続きや、構造についての基準などを定めている。

所管行政庁は、長期優良住宅建築等計画が、長期使用構造等であり、一定規模以上であること、良好な景観の形成その他の地域における居住環境の維持・向上に配慮されたものであることについて基準に適合するときは認定できる。認定申請をする者は、所管行政庁に対し、長期優良住宅建築等計画を建築主事に通知し、建築基準法の建築基準関係規定に適合するかどうかの審査を受けるよう申し出ることができる。この場合、所管行政庁は、建築主事に通知し確認済証の交付を受けた場合において、当該認定を受けた長期優良住宅建築等計画は、確認済証の交付があったものとみなす［長期優良住宅普及促進法5～6条］。

監修者プロフィール

ビューローベリタスジャパン 建築認証事業本部

ビューローベリタスは、1828年にフランス船級協会として発足し、現在約7万4千人の従業員が140カ国で業務を展開する世界最大級の第三者民間試験・検査・認証機関である。「リスクの特定、予防、マネジメント、低減に貢献する」というミッションのもと、資産・プロジェクト・製品・システムの適合性確認を通じて、品質、健康・安全、環境保護および社会的責任分野の課題に取り組む顧客を支援。リスクの低減、パフォーマンス向上、持続可能な発展の促進につなげる革新的なソリューションを提供してきた。日本国内における建築認証については、2002年に業務を開始。現在全国23カ所を拠点に、確認検査、性能評価、住宅性能評価、試験業務、建築物省エネルギー性能表示制度（BELS）評価、建築士定期講習を中心に、構造計算適合性判定、建築物エネルギー消費性能適合性判定、適合証明、住宅瑕疵担保責任保険業務、土壌汚染調査のほか、仮使用認定、技術監査、テクニカル・デューデリジェンス、建築基準法適合状況調査といったソリューション業務を展開している。

監修スタッフ〔五十音順〕
江口悠貴／駒形直彦／茂山文枝／丹波利一／辻本正寿／本多 徹／森口英樹／渡邉仁士

イラストレータープロフィール（五十音順）

紅（くれない）
2D・3Dデザイナー。広告、書籍からゲーム関係等々幅広く活動中。短い尻尾の猫と暮らしております。**【9章担当】**

さかい蔵人（さかい・くらんと）
イラストレーター・フォトグラファー。CSデジタルアートワークス代表。幅広いタッチで歴史系キャラから企業系イメージキャラクター等を数多く手がけ、広告マンガ等も制作。フォトグラファーとして各種撮影業務も請け負う。**【3章／9章担当】**

しきしまふげん
人工衛星界隈で活動する同人イラストレーター。著書に日本の人工衛星の物語について綴った『現代萌衛星図鑑（第1集・2集）』（三才ブックス）がある。**【2章担当】**

じじ
イラストレーター。メカ・ミリタリー方面の擬人化などを中心に活動しております。**【8章担当】**

夏宮ゆず（なつみや・ゆず）
農業をしながらイラストを描いているハイブリッドなイラストレーター。絵を描く他、オリジナルのゲーム制作/オリジナルWEB小説の配布を行っております。
Homepage：http://natumiya.sakura.ne.jp/natumiya/ **【5章／6章／8章／9章担当】**

ひのき26（ひのきぶろ）
フリーのイラストレーター。主にゲーム系や一般向けの挿絵など、幅広く活動中。いつか猫と一緒に住みたいです。**【7章／9章担当】**

モエストロ
超高層ビルと深夜アニメが好きな会社員。ある日、都庁の展望台からビルを眺めていたところ、京王プラザホテル・本館と南館が並び立つ様が仲睦まじい姉妹のように見えたことから、ビルの擬人化イラストを描き始める。超高層ビル同人誌『高層画報』シリーズなどを発行する同人サークル「超高層ビルを愛でる会」のメイン・イラストレーター。**【カバー／1章担当】**

唯奈（ゆいな）
イラストレーター・デザイナー。乙女向けコンテンツを中心に、書籍の挿絵・ゲームイラストで活動中。近刊に『幕末薩摩英雄図鑑』（メディアソフト）『キャラクターでわかる 哲学者コレクション』（水王舎）がある。
http://crystaldrops.xii.jp/ **【4章／9章担当】**

図版作成〔五十音順〕
小松一平／長岡伸行／濱本大樹／堀野千恵子

キーワード

キーワード

建築基準法キャラクター図鑑 完全版

2018年9月20日　初版第1刷発行

著者
ビューローベリタスジャパン株式会社　建築認証事業本部

発行者
澤井聖一

発行所
株式会社エクスナレッジ
〒106-0032 東京都港区六本木7-2-26
http://www.xknowledge.co.jp/

問合せ先
〔編集〕
TEL：03-3403-1381　FAX：03-3403-1345
MAIL：info@xknowledge.co.jp
〔販売〕
TEL：03-3403-1321　FAX：03-3403-1829